Horst-Joachim Lüdecke

CO$_2$ und Klimaschutz

Horst-Joachim Lüdecke

CO$_2$ und Klimaschutz

Fakten
Irrtümer
Politik (ClimateGate)

3. aktualisierte Aufl. 2010

BOUVIER

ISBN 978-3-416-03312-1

Persönliches Vorwort / *Z007*

Zur formalen und inhaltlichen Verbesserung studentischer Vorträge bot ich am Fachbereich meiner Hochschule vor einigen Jahren die freiwillige Zusatzveranstaltung *Präsentation* an. Von jedem Teilnehmer wurde an Samstag-Vormittagen zu einem frei gewählten technischen Thema, unterstützt durch Beamer, PTT-Software (und mitgebrachtem Kaffee und Kuchen), ein 30-minütiger Vortrag gehalten und danach gemeinsam analysiert. Freie Rede, Beherrschung der Software, gute Bild- und Textgestaltung und korrektes Zitieren von Bild- und Faktenquellen waren gefragt. Oft wurden dabei auch Themen zum *Klimawandel* gewählt.

Bei den Klimathemen fiel mir regelmäßig das Fehlen von ordentlichen Quellen auf. So wurde nie die als selbstverständlich vorausgesetzte „Tatsache" belegt, dass Extremwetterereignisse zugenommen hätten. Meine Nachfrage an die Vortragenden nach den Quellen ergab jedes Mal Fehlanzeige. Seltsam! Daher begann die eigene Suche mit dem Ergebnis, dass keine Nachweise für zunehmende Extremwetter existieren. Die Fachliteratur weist sogar auf den entgegengesetzten Befund hin. So haben beispielsweise die maximalen Windgeschwindigkeiten schwerer Stürme über dem Nordatlantik in den letzten Jahrzehnten des vorigen Jahrhunderts signifikant abgenommen (Einzelheiten unter 6.1). Hier war offenbar etwas unstimmig.

Dann fielen mir die Hochwassermarken an der alten Brücke meiner Heidelberger Heimatstadt ein. Ab und zu sieht man Touristen, die diese Marken nachdenklich studieren, weil hier Unerwartetes zu sehen ist. Die Pegelmarken zeigen an, dass die stärksten Überschwemmungen weit über hundert Jahre zurückliegen. Damals gab es noch keine nennenswerten menschgemachten Kohlendioxid-Emissionen. Der Höchststand über Normalpegel lag im Jahre 1784 bei 8,2 m, danach folgte 1824 mit 6,8 m, 1789 mit 6,1 m usw. Und wo bleiben die Pegel aus neueren Zeiten maßgeblicher CO_2-Emissionen? Die Suche ergibt für das Jahr 1947 einen

i

Pegelstand von 4,7 m und für 1993 schließlich von 4,3 m. Die modernen Höchstwerte liegen weit unter den historischen Rekorden. Zudem waren Flüsse früher unversiegelt, so dass dem Hochwasser in der Vergangenheit sogar größerer Ausweichraum zur Verfügung stand.

Der Heidelberger Befund wird von den Angaben auf allen Flusspegelwänden in Deutschland, Frankreich, Belgien und weiteren Ländern, in Stein gemeißelt, bestens bestätigt. Von zunehmenden Überschwemmungshöhen jüngerer Zeiten kann trotz des katastrophalen Hochwassers von Dresden im Jahre 2002 keine Rede sein. Sogar dieses hatte im Jahre 1845 einen noch stärkeren Vorgänger. Immerhin gibt es eine Auflösung des Rätsels. Überschwemmungen werden als ansteigend empfunden, weil vermehrt in hochwassergefährdeten Gebieten gesiedelt wird und die Versicherungsschäden ansteigen. Bei zweifelhaftem Verlass auf die Technik wird die Natur unterschätzt. Insbesondere die US-Stadt New Orleans ist dafür ein Musterbeispiel.

Bereits leicht zugängliche Fakten zeigen also an, dass die Grundlagen der Klimafurcht fragwürdig sind. Wenn aber schon über so Offensichtliches, wie Überschwemmungshöhen von Flüssen und Extremwetter-Statistiken, weitgehende Unkenntnis des Publikums besteht, wie sieht es dann wohl erst bei komplexeren Sachverhalten aus? Ist menschgemachtes CO_2 klimaschädlich? Sind die deutschen energiepolitischen Maßnahmen, die aus dem „Klimaschutz" hergeleitet werden, wie das Propagieren von Windrädern oder Solarstromanlagen, sachlich haltbar?

Erstes Resultat eigener Recherchen war ein an Studenten gerichteter Aufsatz über Klimawandel und CO_2 auf meiner Hochschulwebseite. Die Resonanz hierauf über die Hochschule hinaus war ungewöhnlich groß und weder gewollt noch erwartet. Es gab unzählige E-Mails mit engagierter Zustimmung, verärgerten Entgegnungen und Facherörterungen. Auch persönliche Beleidigungen wegen Nichteinhaltung der politischen Korrektheit fehlten nicht. Der Beitrag ist aus Aktualitätsgründen inzwischen vom Netz genommen. Das jahrelange Verfolgen von Fachveröffentlichungen zur CO_2-Problematik und die besonders in jüngster Zeit immer heftigere Klimadiskussion führte dann schließlich zum vorliegenden Sachbuch, das sich an ein breiteres Publikum wendet.

An dem Buch haben viele Physiker-Kollegen Anteil genommen und stillschweigend mitgewirkt. Ihnen sei hier gedankt. Folgenden Freunden bin ich besonders verpflichtet: Den Physikern Prof. Dr. Hubert Becker und Prof. Dr. Karl Otto Greulich für fruchtbare, langanhaltende Fachdiskussionen sowie ihre maßgebenden Hinweise und Verbesserungsvorschläge zum Buchtext, Prof. Dr.med. Peter Sinn für Hilfestellung bei den Feinheiten des Textsystems LaTeX und Peter Vazansky für sorgfältiges Korrekturlesen. Den EIKE-Mitgliedern Dipl.-Ing. Michael Limburg, Dipl.-Meteorologe Klaus-Eckardt Puls und Physiker Dr. Rainer Link bin ich durch eine intensive und fruchtbare Zusammenarbeit verbunden. Allen Institutionen und Forschern, die es freundlicherweise gestatteten, dass ihre Grafiken in diesem Buch gezeigt werden, sei gedankt. Meine Frau, Prof. Dr.-Ing. Sybille Monz-Lüdecke, hat mit vielen wertvollen Hinweisen zum Text beigetragen. Schlussendlich danke ich dem traditionsreichen Bouvier-Verlag für die vertrauensvolle, angenehme Zusammenarbeit.

Zur zweiten Auflage / 2008
Die erste Buchauflage war ungewöhnlich schnell vergriffen. Inzwischen wurden neue, maßgebende Klima-Messergebnisse bekannt, die zu einer auch von der Öffentlichkeit beachteten Revision von Computer-Klimamodellen führten. Dies lässt die Prognosequalität dieser Modelle, die bekanntermaßen die hiesigen politischen Handlungsdirektiven prägen, inzwischen auch dem Laien in einem neuen Licht erscheinen. Neben Berücksichtigung dieser neuen Entwicklungen wurden kleinere, stets unvermeidliche Textfehler in der zweiten Auflage beseitigt.

Zur dritten Auflage / 2010
Klimapolitisch und klimawissenschaftlich hat sich in jüngster Zeit zu viel getan, um einen inhaltlich unveränderten Abdruck der nunmehr vergriffenen zweiten Buchauflage noch verantworten zu können. Als Stichworte mögen das Scheitern der Kopenhagener Klimakonferenz, die nicht endenwollenden IPCC-Skandale und die seit einem Jahrzehnt stattfindende globale Abkühlung genügen, für die weder die Klimaforschung noch Klimamodelle eine schlüssige Erkärung anzubieten vermögen und die dem angeblich stetig erwärmenden Einfluss der zunehmenden CO_2-Konzentration Hohn spricht. Aus der Wissenschaft wird über die Widerlegung der Wasserdampfrückkoppelung berichtet. Falls sich die ent-

sprechenden Messungen und Analysen zumindest qualitativ langfristig bestätigen, und daran bestehen keine Zweifel, darf vom endgültigen Ende der anthropogenen Erderwärmung als praktisch einem „Nulleffekt" gesprochen werden. Ferner wird auf den erstmalig konkreten Nachweis des Sonnenmagnetfeldes auf die Wolkenbildung und damit auf Erd-Temperaturen eingegangen. Er ist der entscheidende Anfangsschritt zur Aufklärung des komplexen Zusammenhangs von Sonnenaktivität und Klimaentwicklung.

Die zentralen Abschnitte 5.3, 5.4 und 5.5 über den Treibhauseffekt, die Klimasensitivität des CO_2 und die Wasserdampfrückkoppelung wurden völlig neu geschrieben, wobei gelegentlich von der bisher eingehaltenen Regel des Buchs abgewichen wurde, keine Formeln zu Hilfe zu nehmen. Es war ein Hauptanliegen der dritten Auflage, diese zentralen Fragen nach heutigem Stand ohne unzulässige Vereinfachungen zu beschreiben, ferner gelegentlich auch einmal Brücken zwischen der populären Klimaliteratur und der fachwissenschaftlichen Diskussion selber zu schlagen. In maßgebenden Teilen liegt mit der dritten Auflage nunmehr ein völlig neues Buch vor.

Inhaltsverzeichnis

1 Einführung

Vom Wahrsagen lässt sich's wohl leben in dieser Welt,
aber nicht vom Wahrheitsagen.
(Georg Christoph Lichtenberg)

Über sechs Milliarden Menschen haben auf unserem Planeten fast endlose landwirtschaftliche Anbauflächen und ausufernde Städte zurückgelassen. Naturlandschaften mussten dafür weichen. Bei klarem Himmel sind Kondensstreifen von Düsenjets erkennbar, aus Aerosolen entstandene Wolken, die den Durchgang des Sonnenlichts beeinflussen. Die Weltmeere verkommen zu Müllkippen und sind in vielen Zonen leergefischt. So ist bei uns der früher überreichlich vorhandene Kabeljau zur Rarität geworden. Und schließlich war am Ausgang des vorigen Jahrhunderts eine Zunahme der hiesigen Mitteltemperatur zu beobachten. Sind unsere naturgegebenen Lebensgrundlagen gefährdet? Allerdings sind fast nur noch die Begriffe *Klimawandel* und *globale Erwärmung* zu vernehmen. Entsprechend haben auch nur in dieser Richtung massive Gegenmaßnahmen eingesetzt. Sie zielen darauf ab, das als schädlich für unser Klima eingeschätzte Treibhausgas CO_2 zu reduzieren.

Zahlreiche gesetzliche Maßnahmen, stellvertretend seien dass Energieeinspeisungsgesetz (EEG) und der Energieausweis für Wohngebäude genannt, sind auf den Weg gebracht. Elektrizität aus Wind- und Sonne wird durch hohe Subventionen gefördert, die, ebenso wie der ehemalige Kohlepfennig, einer verfassungsrechtlichen Überprüfung nicht standhalten würden. Dem schutzlosen Stromkonsumenten werden überhöhte Strompreise oktroyiert, die per Einspeisevergütung den Windmüllern und Photovoltaik-Betreibern - unter Umgehung einer Ausweisung dieser Kosten im Bundeshaushalt - als Subventionen gut geschrieben werden. Populär formuliert, wird dem Solardachbetreiber von seinem Nachbarn ohne Solarstromanlage die Einspeisevergütung für eine hoffnungslos unwirtschaftliche Form der Elektrizitätserzeugung zwangsfinanziert, wobei sogar von den Befürwortern dieser fragwürdigen Maßnahmen die völlige Klima-Unwirksamkeit dieser Form von Stromerzeugung offen eingestanden wird. Die in Windrad- und Photovoltaikindustrie entstandenen Arbeitsplätze gehen durch Kaufkraftverlust der Stromverbraucher infolge unserer europaweit höchsten Energiekosten auf der anderen Seite wieder verloren.

Der mit CO_2-Vermeidung verbundene Aktivismus lässt andere Umweltgefahren nahezu in Vergessenheit geraten. Neben der Schädigung der Weltmeere kann das allmähliche Verschwinden der Regenwälder genannt werden. Vor allem aber wird das ungebremste Bevölkerungswachstum in unterentwickelten Ländern mit zum Teil aggressiv-religiösen Ideologien in seiner Gefährlichkeit nur unzureichend öffentlich wahrgenommen. Ein stellvertretendes Beispiel mag die reale Bedrohung verdeutlichen: Pakistan weist heute 170 Millionen Einwohner auf, mit 40% Anteil unter 14 Jahren alt. In nur einer Generation wird demzufolge Pakistan mehr Einwohner als die USA haben. Es ist im Besitz der Atombombe, und jederzeit droht eine Machtübernahme durch religiöse Fanatiker. Aber auch in unserer unmittelbaren Nachbarschaft, in Nordafrika, brauen sich ähnliche Gefahren zusammen.

Wir machen dagegen in Klimaschutz. Die bisherigen Klimamaßnahmen und die damit verbundenen Kosten der CO_2-Reduzierung sind aber erst ein Anfang. Sie werden zukünftig mit noch weit höheren Belastungen für uns alle verbunden sein. Angesichts dieser Entwicklung wird der folgenden Forderung wohl von niemandem ernsthaft widersprochen: *Prinzipiell sollten die für den Umweltschutz nur in begrenztem Umfang zur Verfügung stehenden Mittel so wirkungsvoll wie möglich eingesetzt werden.* Welche Maßnahmen müssen dann Vorrang haben? Verdient vor allem die ungemein kostspielige CO_2-Vermeidung den ihr heute zugemessenen primären Stellenwert? Sicher sind nämlich zwei Fakten:

Deutsche Emissionsvermeidungen sind für die CO_2-Bilanz der Erde vernachlässigbar. Und jeder Euro, der für eine bestimmte Umweltschutzmaßnahme aufgewendet wird, ist für alle anderen Schutzaktivitäten verloren.

Von der Politik und in der öffentlichen Wahrnehmung werden die vielfältigen Möglichkeiten einer Klimabeeinflussung durch den Menschen zur Zeit nur auf eine einzige Hypothese reduziert: Der vorwiegend durch industrielle Aktivitäten des Menschen verursachte (anthropogene) Anteil von atmosphärischem Kohlendioxid, einem Treibhausgas mit dem chemischen Kürzel CO_2, sei allein für schädliche Klimaänderungen maßgebend. Kaum verbreitet ist dagegen die Kenntnis, dass CO_2 ein für das Pflanzenwachstum erforderliches Naturgas darstellt, welches wir ein- und ausatmen und das aktuell zu nur 0,038 Volumenprozent (380 ppmv) in unserer Luft enthalten ist. Es gehört zu den **Spurengasen** der Erdatmosphäre und hat mit dem inzwischen assoziierten Begriff *Verschmutzung* überhaupt nichts zu tun.

Die Hypothese von der Klimaschädlichkeit des CO_2, die sich durch eine unvergleichbare politische und journalistische Kampagne in weiten Teilen der Öffentlichkeit unverrückbar festgesetzt hat, wird mit einer logisch falschen Gedankenkette begründet:

▷ Ende des letzten Jahrhunderts wurde es hierzulande wärmer (Anmerkung: seit 10 Jahren kühlt es sich wieder ab).

▷ CO_2 ist ein Treibhausgas, und sein Anteil in der Atmosphäre nimmt, vom Menschen verantwortet, zu.

▷ Die Erwärmung kommt daher vom menschgemachten CO_2 und wird sich in Zukunft sehr schädlich auf das Weltklima auswirken.

Alarm wird somit als evident vorgegeben, und Einwände von Klimaexperten, die Besonnenheit anmahnen, werden von den Propheten der kommenden „globalen Erwärmungskatastrophe" allenfalls als Erbsenzählerei von unbelehrbaren Skeptikern abgetan. Schließlich wurde im Jahre 2007 nach zähen internen Verhandlungen über Detailformulierungen der Bericht für Politiker des Intergovernmental Panel on Climate Change (IPCC) veröffentlicht [81]. Er verfolgt das Ziel, die politischen Führungen dieser Welt auf die Hypothese von der Schädlichkeit des anthropogenen CO_2 für globale Klimawerte einzustimmen. Andere Treibhausgase, wie z.B. Methan, werden vom IPCC sogar in CO_2-Äquivalenten angegeben.

Das IPCC-Szenario eines durch den Menschen geschädigten Klimas ist düster. Die Welt hat Stürme, Unwetter, Dürren und steigende Meeresspiegel vermehrt zu erwarten, falls nicht schnell gegengesteuert wird.

CO_2-Vermeidung um jeden Preis wird in Befolgung der IPCC-Warnungen von der deutschen Politik als das Gebot der Stunde propagiert. Allerdings wird dem aufmerksamen Leser des jüngsten IPCC-Berichts die Formulierung nicht entgangen sein, es sei *wahrscheinlich*, dass die gegenwärtige Klimaänderung nicht auf *natürliche Ursachen* zurückzuführen ist. Im Folgenden sind stellvertretende Äußerungen von bekannten deutschen Klimaforschern zitiert, die erste Anhaltspunkte einer deutlich abweichende Sicht liefern.

Heinz Miller, Professor und stellvertretender Direktor des Alfred-Wegener-Instituts für Polar- und Meeresforschung in Bremerhaven [176]: *„Klima lässt sich nicht schützen und auf einer Wunschtemperatur stabilisieren. Es hat sich auch ohne Einwirkung des Menschen oft drastisch verändert."*

Georg Delisle, Klimaforscher an der Bundesanstalt für Geowissenschaften und Rohstoffe (BGR) in Hannovercitehilde: *„Wir haben Zweifel, ob der Kohlendioxidausstoß wirklich einen so großen Anteil an der Erwärmung hat, und ob das alles so schlimm wird, wie von den Klimafolgenforschern beschworen."*

Augusto Mangini, Professor für Paläoklimatologie an der Universität Heidelberg [36]: *„Nein, unser Planet wird nicht sterben. Und der moderne Mensch ist an der Erwärmung vermutlich weniger schuld, als die IPCC-Berichte suggerieren."*

Horst Malberg, Professor für Meteorologie- und Klimakunde an der FU Berlin und ehemaliger Direktor des meteorologischen Instituts der FU [161]: *„..... Nach den obigen Ergebnissen über die globale wie mitteleuropäische Klimaentwicklung der vergangenen 150 bzw. 300 Jahre wird der anthropogene Treibhauseffekt auf den Klimawandel in den Klimamodellen des UN-Klimaberichts überschätzt. Die daraus resultierende derzeitige Klimahysterie und der unausgegorene CO_2-Aktionismus sind vor dem Hintergrund der bisherigen Klimaentwicklung nicht nachvollziehbar."*

Niels-Axel Mörner, Professor für Paläogeophysik an der Universität Stockholm und 1999-2003 Präsident der INQUA Commission on Sea Level Changes and Coastal Evolution [116]: *„Die Behauptung, dass Meeresspiegel ansteigen, ist kompletter Betrug."*

Was steckt hinter diesen Aussagen, die durch gleichlautende Statements von beliebig vielen weiteren Fachleuten erweitert werden können? Vor der Antwort sei dem Leser ein vorläufiger Blick ins Kap. 9 empfohlen. Hier sind die wichtigsten Manifeste und Petitionen gegen die IPCC-Politik aufgeführt, ferner Umfragen unter Klimawissenschaftlern zu deren persönlicher Meinung über die „Klimaschädlichkeit" des anthropogenen CO_2. All diese Eingaben, Appelle, Petitionen und Manifeste von Kritikern wurden der Öffentlichkeit von den deutschen (nicht den angelsächsischen) Medien in freiwilliger Selbstgleichschaltung bis heute sorgsam vorenthalten. Sie strafen die Behauptung Lügen, dass Kritik heutzutage allenfalls nur von wenigen wissenschaftlichen Außenseitern geäußert werde.

> Zwischen der privaten Auffassung der Mehrheit aller Klimaforscher, die keine Lobby besitzt und dem politisch-öffentlich propagierten Glaubenskanon einer gefährlichen Klimabedrohung durch menschgemachtes CO_2, von dem nicht nur die Klimaforschung profitiert, ist daher sorgsam zu unterscheiden.

Die wissenschaftliche Klimazunft ist in der Einschätzung über den schädlichen Einfluss des anthropogenen CO_2 auf Klimawerte zweifellos unterschiedlicher Auffassung. Für die Öffentlichkeit trifft dies weniger zu, hier herrscht immer noch weitgehend der von der Politik gewünschte Konsens über eine katastrophale Schädlichkeit des menschgemachten CO_2 vor. Eines muss in diesem Zusammenhang zur Vermeidung von Missverständnissen aber deutlich betont werden:
Niemand bestreitet, dass Klimawandel grundsätzlich immer stattfindet - konstantes Klima ist unmöglich -, CO_2 ein Treibhausgas ist und damit anthropogenes CO_2 einen Einfluss auf Temperaturwerte ausübt. Die Kernfrage lautet indes, **ob dieser Einfluss maßgeblich, oder ob er vernachlässigbar ist.** Nur im erstgenannten Fall sind Emissionsreduktionen von CO_2 sinnvoll.

Die Ursachen von Klimawandel sind, von Ausnahmen abgesehen, weitgehend unbekannt. Die faktische Unwirksamkeit bisheriger Maßnahmen zur CO_2-Vermeidung wird allerdings übereinstimmend und ausnahmslos von Fachleuten aller Lager eingestanden (Kyoto-Protokoll). CO_2-Vermeidung kann daher nur dem volkspädagogischen Zweck dienen, auf noch Einschneidenderes einzustimmen. Genau dies geschieht gegenwärtig in Deutschland. Die berechtigte Frage nach einer sachlichen Begründung für die angesagte Klimaschädigung durch menschgemachtes CO_2 wird von Politik und dem immer noch überwiegenden Teil der deutschen Medien konsequent ausgeblendet.

Allen hochrangigen politischen Entscheidungsträgern ist die Fragwürdigkeit der IPCC-Katastrophenszenarien bestens bekannt, insbesondere nach dem Scheitern der Kopenhagener Klimakonferenz und den unmittelbar darauf beginnenden IPCC-Skandalen. Da dies offiziell immer noch abgestritten wird und die politisch propagierten und zum Teil schon ergriffenen Maßnahmen zum Klimaschutz einschneidende Folgen für uns alle haben werden, ist es wichtig, dass sich jeder sorgfältig selber informiert und **seine Verantwortung als mitdenkender Bürger und Wähler wahrnimmt**.

Es gibt zwei Alternativen: Zum einen *Resignation*, weil Klimazusammenhänge eben so komplex seien, dass sie nur von wenigen Spezialisten verstanden werden können. Daher ist die Entscheidung über weitgreifende Maßnahmen in die Hände von Politikern zu legen, die wiederum den Experten einer bevorzugten Meinungsrichtung *glauben*. Zum anderen aber das *Bemühen, selber* ernsthaft *nachzudenken*, wozu objektive Information über Klimawandel und menschgemachtes CO_2 unabdingbar ist. Hierzu ist dieses Buch als Hilfestellung geeignet. Es wird sich zeigen, dass die Klimafakten bei etwas Verständnis-Bemühungen zur **eigenen Meinungsfindung** keineswegs zu komplex sind.

Das Buch breitet keine neuen Erkenntnisse aus. Es erklärt den heutigen Stand des Wissens objektiv, allgemeinverständlich und aus kritischer Sicht. Es setzt sich zum Ziel, angesichts einer bereits *hysterische* Züge annehmenden Entwicklung wieder zur Vernunft und sachlicher Diskussion zurückzukehren.

Ohne die wissenschaftliche Basis zu verlassen, wird sich im Laufe des Hinführens auf die entscheidenden Punkte zeigen, dass es maßgebliche oder gar bedrohliche Klimaveränderungen durch anthropogenes CO_2 bis heute nicht gab - das ist ein durch Messungen nachgewiesenes Faktum, s. Kap. 6 - und mit an Sicherheit grenzender Wahrscheinlichkeit auch niemals geben kann (s. Kap. 5). Diese hier belegte Schlussfolgerung gibt leider nicht zu Optimismus über unsere Klimazukunft Anlass, denn die Natur nimmt auf uns Menschen keine Rücksicht. Sie wird, wie schon in der Vergangenheit, der Menschheit immer wieder Klimakatastrophen bescheren. Etwas Optimismus ist aber dennoch angebracht, weil der industrialisierte Mensch dem Klima keinen Schaden zufügen kann. **Nicht der Mensch, die Natur steuert das Klima!**

Die Aussagen dieses Buchs fügen sich bestens in die bereits erwähnten Manifeste von Klimaforschern ein, die bezeugen, dass von einem Beweis für eine Klimaschädlichkeit des menschgemachten CO_2 nicht gesprochen werden darf. Die vom IPCC propagierte Klimapolitik gehört daher auf einen objektiven und öffentlichen Prüfstand. Dies ist derzeit in Deutschland aber politisch unerwünscht und steht nicht zur Debatte.

Ein Hauptziel des Buchs ist es, die Frage zu beantworten, wie die IPCC-Aussagen zustande gekommen sind, wie sie begründet werden und ob sich hieraus tatsächlich Katastrophenszenarien rechtfertigen lassen.

Das Buch will dabei nicht polarisieren, die endgültige Meinungsfindung wird dem Leser überlassen. Nur die hierzu notwendigen Fakten werden zur Verfügung gestellt. Von gelegentlichen, sporadischen Ausnahmen abgesehen, sind nämlich kaum ernsthafte Anstrengungen der Medien erkennbar, die Klimafakten zur Kenntnis zu nehmen.

Wenn in diesen Buch allerdings politische Maßnahmen in Verbindung mit der Vermeidung von CO_2-Emissionen kommentiert werden, ist Zurückhaltung nicht mehr möglich. Politiker, viele Journalisten und leider auch einige wenige, aber einflussreiche Klimawissenschaftler wünschen keine Aufklärung der breiten Öffentlichkeit. Katastrophen „verkaufen" sich besser als nüchterne Fakten. Sie werden in stillschweigender Übereinstimmung aller politischen Parteien wirkungsvoll für Wahlstrategien missbraucht, als Begründung immer neuer Steuern hoch geschätzt und sind, kurz gesagt, das heutzutage wohl wirkungsvollste Mittel zur Manipulation des Bürgers. Infolgedessen kann man zum gegenwärtigen Zeitpunkt zutreffend feststellen:

Nicht vor weltweiter Erwärmung muss man sich hierzulande fürchten, sondern vor einer von vielen Kräften stillschweigend begrüßten Unkenntnis eines wahlpolitisch wichtigen Anteils der Bevölkerung über einfachste technische und naturwissenschaftliche Zusammenhänge.

Falls sich herausstellen sollte, dass menschverursachtes CO_2 nicht

mit „Klimagefährdung" in Zusammenhang gebracht werden darf, ergeben sich wichtige Konsequenzen: Die in der deutschen politischen
CO_2-Agenda propagierten Maßnahmen sind unsinnig, schädigen unsere
Volkswirtschaft und die Kaufkraft jedes Einzelnen. Sie würden durch eine rationale und nachhaltige Energiewirtschaft zudem weitgehend überflüssig. Diese würde konsequent den Verbrauch von Erdöl und Erdgas
reduzieren, die Kohlenutzung noch einige Jahrzehnte beibehalten und
sie schließlich später durch moderne und inhärent sichere Kernkraftwerke ersetzen.

Nichts ist verkehrter, als die immer wieder und nicht nur von Ökoideo-
logen kolportierte Behauptung, die Kernenergie sei nur eine Brückenlö-
sung. Brücke wohin, zu alternativen Energien? Die gesamte restliche
Welt mit ihren im Bau befindlichen und geplanten Kernkraftwerken zeigt
uns, dass genau das Gegenteil der Fall ist. Die in Deutschland propagierten Windräder und noch viel mehr die Photovoltaik sind hoffnungslos
ineffizient und zur Stromerzeugung einer hochindustrialisierten Volkswirtschaft absolut ungeeignet. Spätestens dann, wenn die Blase dieser
„alternativen" Energien geplatzt ist, wird der deutschen Volkswirtschaft
die Rechnung für diesen Irrweg präsentiert werden.

Das Buch propagiert die langfristige Reduzierung fossiler Brennstoffe. Dies ist auch eine Forderung der Katastrophenwarner, besteht also
Übereinstimmung? Keineswegs! Es wird sich zeigen, dass die hierzulande
propagierten Maßnahmen zum Klimaschutz und der elektrischen Energieerzeugung nur ideologisch begründet und technisch wie wirtschaftlich
unsinnig sind. Sie schädigen Volkswirtschaft und Umwelt gleichermaßen,
wie es die riesigen, landschaftsentstellenden Windradparks in den nord-
und mitteldeutschen Tiefebenen augenfällig werden lassen. Diese Anlagen können grundsätzlich kein konventionelles Kohle- oder Gaskraftwerk
oder gar ein Kernkraftwerk ersetzen und erhöhen lediglich die Instabi-
lität landesweiter Stromnetze. Mit CO_2-Vermeidung haben sie nichts zu
tun. Sie wären bei vollkommener Abschaltung am wirtschaftlichsten.

Und abschließend noch ein anderes Thema: Der Stil öffentlicher Klima-
diskussionen befremdet. Mitbürger, die selber nachdenken und Zweifel
an einer CO_2-Katastrophe äußern, werden von den IPCC-Lobbyisten als
Klimaleugner diffamiert. Dieser Stil ist nicht hinnehmbar. Vielleicht hilft
hier eine Anmerkung des berühmten deutschen Physik-Nobelpreisträgers

Werner Heisenberg weiter: *„Will man den Wahrheitsgehalt einer Aussage beurteilen, sollte man sich zuerst die Methoden des Aussagenden näher ansehen."*

Der vielen Missverständnisse und Irrtümer wegen, die die heutige Klimakontroverse begleiten, sind ausführliche Quellennachweise unverzichtbar, so dass eine recht hohe Anzahl von über 170 Quellen zusammengekommen ist. Die Quellenbezüge sind als eckig eingeklammerte Zahlen im Text angegeben. In den Grafiken bedeuten „Bildquellen" die übernommenen Originalbilder der Vorlage. Mit „Datenquelle" ist dagegen gemeint, dass die gezeigte Grafik aus entnommenen Quellendaten vom Verfasser nacherstellt wurde.

Wann immer möglich, wurden Internet-Quellen verwendet. Sind sie zu lang, wurde das praktische Abkürzungssystem *tinyurl* eingesetzt [149]. Bei der Google-Suche ist es oft geschickt, auch oder sogar vorrangig englische Suchbegriffe zu versuchen. Beispiel: Die Sucheingabe „Meeresspiegelanstiege" sollte durch eine weitere Suche nach „sea level rise" ergänzt werden, erst dann gelangt man insgesamt zu allen maßgebenden Beiträgen. Bei den im Buch angegebenen Internetquellen ist das Datum der dritten Auflage maßgebend, weil Internetquellen leider gelegentlich auch wieder verschwinden können. Auf Groß- bzw. Kleinschreibung der Internet-Adressen ist sorgsam zu achten!

Das Buch greift oft auf die umfangreiche Datenzusammenstellung der wissenschaftlichen IPCC-Berichte (nicht zu verwechseln mit den IPCC-Propagandaberichten für Politiker) als Originalquelle zurück. Mit www.ipcc.ch gelangt man über „publications" , und „online reports" zu den gewünschten pdf-Dokumenten. Leider werden die IPCC-Berichte nicht in Deutsch zur Verfügung gestellt.

Wer nicht als Angehöriger einer Universität Zugriff auf die elektronischen Literaturdatenbanken hat, muss Originalveröffentlichungen von den entsprechenden Fachjournalen käuflich erwerben. Hier gibt es aber Auswege. Manchmal stellen die Autoren ihre Veröffentlichungen auf ihrer Hochschulwebseite zum freien Herunterladen zur Verfügung. Zum zweiten gibt es die Internet-Seite *www.arxiv.org*, auf der Autoren vor dem eigentlichen Duck, der ihnen oft zu lange dauert, ihre Aufsätze veröffentlichen. Die auf dieser Seite aufgeführten Artikel sind naturgemäß nicht immer „Peer-Reviewed" . Die von der Cornell-Unversität in den USA betriebene Seite wird von den Fachverlagen verständlicherweise nicht „gliebt" .

Schlussendlich: Mit allen männlichen Formen, beispielsweise dem „Leser" , ist selbstredend immer auch die weibliche Form gemeint.

2 Klimawandel in der öffentlichen Wahrnehmung

Das erste Opfer jedes politischen
Feldzugs ist die Wahrheit

Nicht nur mitdenkende Laien sind von Fülle und widersprüchlicher Qualität der Medienmeldungen zum CO_2-Problem verunsichert. Sogar Naturwissenschaftler und Ingenieure werden nachdenklich. Muss man nicht der Expertise des IPCC Glauben schenken? Aber was ist mit Climate-Gate? Ganz offensichtlich haben das IPCC und viele Wissenschaftler, die dieser Politorganisation zutrugen, massiv geschummelt. Welche Motivation steckte hinter diesen Durchstechereien? Sind daher doch die kritischen Klimaexperten ernst zu nehmen, die abwiegeln und von Übertreibungen oder zum Teil noch Gröberem sprechen?

Im privaten Bekanntenkreis machen spontane Eindrücke die Runde. Warum war es in Deutschland bereits im April 2007 längere Zeit so warm wie sonst nur im Hochsommer? Warum werden aber trotz ansteigendem CO_2 die Winter seit etwa 10 Jahren weltweit härter und nehmen die Globaltemperaturen ab? Warum waren in der Hurrikan-Saison 2006/2007 nach dem katastrophalen Sturm Katrina schwere Stürme Mangelware, und warum blieben Überschwemmungen in Deutschland die letzten Jahre aus? Warum werden keine konkreten Pegelzahlen steigender Meeresspiegel auf den Malediven vorgelegt, obwohl bereits seit Jahrzehnten in den Medien hartnäckig über eine nah bevorstehende Räumung dieser Inseln infolge drohender Überschwemmung berichtet wird? Hat eine Biologiestudentin aus der Nachbarschaft nicht neulich die Bemerkung fallen lassen, dass höhere Kohlendioxidkonzentration nützlich für das Pflanzenwachstum sei und höhere Temperaturen den Artenreichtum vergrößerten? Lassen wir diese Fragen zunächst auf sich beruhen, und schauen wir

uns das öffentliche Theaterstück *Klimawandel* näher an! Es wird heute
auf zwei Ebenen gespielt:

> Auf der gesamten politischen und mehrheitlich der medialen Bühne
> verantwortet das anthropogene CO_2 einen zur Zeit ablaufenden,
> gefährlichen Klimawandel. Die Diskussion ist für beendet erklärt,
> Sachargumente werden ignoriert und Fragen, wo sich dieser Klima-
> wandel denn nun manifestiert, bleiben unbeantwortet. Schlagworte
> und unerschütterlicher Glaube beherrschen die Szene.

Auf der wissenschaftlichen Bühne wird heftig darüber gestritten, welche Folgerungen sich aus Messdaten und den diesen Daten widerspre-
chenden, höchst unsicheren Computer-Klimamodellen ergeben. Weiter-
denkende Journalisten und Politik-Analytiker fragen sich, welche politischen, wirtschaftlichen und ideologischen Motive hinter der CO_2-
Kampagne stecken und diese antreiben.

Als Klimawandel noch nicht im Mittelpunkt der öffentlichen Wahrnehmung stand wie heute, wurden die vielen Klimaexperten, die zur Besonnenheit in einer immer ideologielastigeren und oft jede Fairness ablegen-
den Diskussion mahnten, oder sich sogar offen gegen die IPCC-Politik
stellten, kaum wahrgenommen. Dies hat sich inzwischen geändert. Ignorieren ist angesichts der Aktualität des Themas nicht mehr möglich. Vor
allem das Internet trägt zur Transparenz bei.

Für den mitdenkenden Laien, der mit eigenen Recherchen beginnt, ist
die Situation zunächst undurchsichtig. Im Internet findet er unzählige
Beiträge sowohl von CO_2-Katastrophenwarnern als auch von Kritikern
der kommenden Katastrophe. Das Niveau ist unterschiedlich. Es reicht
von sehr gut gestalteter, populärwissenschaftlicher Information, wie in
den umfangreichen IPCC-Berichten [81], wobei zwischen *technischen Berichten* und *Berichten für Politiker* zu unterscheiden ist, bis herab zu
reiner Polemik. Die besten englischsprechenden Webseiten sind „Watts
Up With That" [165] sowie die Beiträge des britischen Soziologieprofes-
sors Benny Peiser von der Universität Liverpool, der seit langem alles
Maßgebende, was im angloamerikanischen Sprachraum zum Klimaproblem veröffentlicht wurde, in Kurzform als Rund-Mails zur Verfügung
stellt [157]. Der medienpräsente Klimaphysiker Stefan Rahmstorf, Professor an der Universität Potsdam, stellt dagegen einen polemisch aufge-

machten Beitrag *Rote Karte für Klimaleugner* (s. Bild 2.1) ins Internet [158].

Viele haben mitangepackt, als es galt, die Folgen der Hochwasserkatastrophe an der Elbe einzudämmen. Der Klimawandel lässt dagegen noch viele Menschen kalt – obwohl seine Folgen gravierend sein können.

Klimawandel –
Rote Karte für die Leugner

Der menschgemachte Treibhauseffekt ist nicht wegzu-diskutieren. Auch die Daten der jüngeren Klimageschichte belegen das, urteilt der Klimaforscher Stefan Rahmstorf.

Bild 2.1: Beispiel einer Schrift über Klimawandel-Bedrohung mit einem propagandistischen Titelbild ohne Sachgrundlage, denn gemäß IPCC-Aussage gibt es keinen erkennbaren Zusammenhang zwischen Klima-erwärmung und Hochwasserereignissen.

Der Titel erinnert an das Leugnen des Holocaust, und das Titel-bild von im Elbehochwasser watenden Menschen suggeriert einen Zu-sammenhang zwischen Extremwetterereignissen und menschgemachten CO_2-Emissionen, für den es keine Nachweise gibt und von dem entsprechend im Artikel selber auch niemals die Rede ist (s. unter 6.1). Da der Beitrag einem Laien Sachzusammenhänge erläutern soll, ergibt sich die Frage, welchen Zweck dieses unverantwortliche Layout verfolgt.

Das Buch *Der Klimawandel*, das Rahmstorf zusammen mit Hans Joachim Schellnhuber, einem ehemaligen Klimaberater unserer Kanzlerin Angela Merkel, verfasst hat, versucht mit ökoideologisch-missionarischem Eifer das Bild der kommenden Erwärmungskatastrophe zu belegen, propagiert Windräder sowie Photovoltaik und ignoriert die Kernenergie [135]. Da insbesondere Rahmstorf nicht müde wird, Kritikern einer kommenden „Klimakatastrophe" mit der Unsinnsbezeichnung „Klimaskeptiker" zu diffamieren, sei angemerkt, dass beide Autoren nur theoretische Physiker sind. Sie können ferner auch nicht gerade als Experten für die ökonomischen Konsequenzen ihrer fragwürdigen, medial-politischen Aktivitäten bezeichnet werden.

Auf der anderen Seite findet man im Internet unzählige Seiten guten Niveaus [180] mit Kritik an der IPCC-Agenda. Einzelbeiträge, die von Professoren an Universitäten, technischen Hochschulen oder von unabhängigen Fachexperten verfasst wurden, bieten Inhalte, die wegen ihrer fachlichen Detailvertiefung besonders für naturwissenschaftlich interessierte Leser geeignet sind [181]. Die Artikel von Detlef Hebert, em. Professor für Umweltphysik an der TU Bergakademie Freiberg, enthalten beispielsweise eine gute Übersicht zur CO_2-Problematik in komprimierter Form. Die Beiträge des polnischen Klimatologen Zbigniew Jaworowski, Professor an der Universität Warschau, sind von untadeligem Fachniveau, höchst interessant geschrieben und stellen nach persönlichem Geschmack des Autors immer noch das Beste zur Einführung in die Klimaproblematik dar [182]. Ein Aufsatz des weltbekannten US-Klimaforschers Richard S. Lindzen fasst den Stand der Klima-Auseinandersetzung zusammen und geht auch auf interessante klimapolitische Unregelmäßigkeiten in den USA ein [106]. Dieses Thema hat sich inzwischen durch den E-Mail-Skandal des englischen Headley-Centers in trauriger Weise nicht nur bestätigt sondern alle früheren Befürchtungen noch weit überholt (s. unter 7.4). Lindzen, der wissenschaftlichen Weltruf besitzt und kaum mangelnder Objektivität bezichtigt werden kann, wird in diesem Buch als wichtigster kritischer Zeuge noch wiederholt angeführt werden.

Die besten und aktuellsten Klima-Informationen sowie Besprechungen der neuesten Klima- und Energie-Fachpublikationen in Deutsch findet man auf der Webseite von EIKE [31]. Empfehlenswert ist auch die Webseite von Burghard Schmanck, die für jeden Geschmack und jedes Niveau Beiträge anbietet [161]. Energie- und Klimafragen aus der Presselandschaft spricht der E-Mail-Verteiler von Peter Dietze an, einem Diplom-Ingenieur, der als streitbar-engagierter Klimakritiker viele Fachbeiträge verfasst hat [25]. Das ICSC (International Climate Science Coalition) [174] liefert schließlich neben dem schon erwähnten „Watts Up With That" und dem Science and Environmental Policy Project des renommierten Physikers und Klimaforschers Prof. Fred Singer [163] die besten englischsprachigen Klimainformationen.

Auseinandersetzungen innerhalb der Wissenschaftsgemeinde, die wirksam bis weit in die Tagespresse hineinreichten, hat es in der Vergangenheit auch schon bei anderen Themen gegeben. Die Diskussion in der Klimafrage ist indes in Heftigkeit, Schärfe, Ausdehnung und Ausstrahlung in die Öffentlichkeit in der bisherigen Wissenschaftsgeschichte einzigartig. Warum?

I. Das Thema Klima geht jeden von uns etwas an. Außerdem wird mit der Angst vor Klimaänderungen handfeste Politik gemacht, die hohe Kosten für die Konsumenten nach sich ziehen.

II. Klimadetails scheinen auch vielen Laien verständlich zu sein. Dies trägt zwar zur Verbreitung der Diskussion bei, wirkt sich aber schädlich auf das Diskussionsniveau aus. Ist beispielsweise in der Physik von einem „Fallenpotential des Bose-Kondensats" die Rede, kann nur ein Physiker mit Spezialkenntnissen hierunter etwas Sinnvolles verstehen. Niemand sonst wird ernsthaft mitreden wollen. Klimabegriffe jedoch, wie zum Beispiel die wechselnde Intensität der Sonneneinstrahlung, der schwankende CO_2-Gehalt in der Atmosphäre und vieles anderes mehr, sind auch dem technisch-naturwissenschaftlich interessierten Laien zugänglich und verständlich.

III. Viele als maßgeblich oder gar gefährlich angegebenen Änderungen von Klimaparametern sind in Wirklichkeit Nulleffekte. Dies bringt ein irrationales Element mit ins Spiel. Wenn man es mit Temperaturänderungen im Jahrhundertmaßstab zu tun hat, die die natürlichen Fluktuationen nicht übersteigen, hört Wissenschaft auf, und der Glaube tritt seine Herrschaft an. Wer sich dann am lautesten bemerkbar macht und die größte wissenschaftspolitische Lobby auf seiner Seite hat, setzt sich öffentlich durch. Unterhalb von nicht mehr nachweisbaren Größenordnungen ist inzwischen so gut wie alles klimarelevant geworden, und die Hypothesen schießen ins Kraut. Da es grundsätzlich sehr schwierig ist zu beweisen, dass etwas **nicht** existiert, ist auch dem gröbsten Unsinn nur schwer beizukommen.

IV. Zwischen Klima-Forschungsaufwand und gesicherten Erkenntnissen besteht ein riesiges Missverhältnis. Dies wird am Beispiel der USA besonders deutlich. Hier sind in wenigen Jahrzehnten mehr Milliarden US-Dollar in die Klimaforschung geflossen, als es bedurfte, einen Menschen zum Mond zu bringen. Klimaforschung gehört aber inzwischen nicht nur in den USA, sondern auch bei uns, zu den am üppigsten mit Mitteln ausgestatteten Forschungsgebieten. Die Ergebnisse entsprechen diesem Aufwand nicht. Schaut man sich die technischen Berichte des IPCC an [81], so findet man mit großem Sach- und Personalaufwand erarbeitete Detailangaben in unüberschaubarer Fülle, die für einen ununterbrochenen Forschungsbetrieb mit Konferenzen überall auf der Welt sorgen. Dabei werden, nebenbei bemerkt, viel CO_2 und vor allem schädliche Aerosole auf den Flügen der befassten Forschungsmanager erzeugt. Wird aber die Gretchenfrage „*Ist menschgemachtes CO_2 für eine maßgebliche, schädliche, globale Erwärmung verantwortlich?*" gestellt, so kommt ein objektiver, kritischer Beobachter bei nüchterner Beurteilung nicht umhin festzustellen, dass die Wissenschaft trotz eines extrem hohen Aufwands heute immer noch nicht viel weiter ist als zu Zeiten von Jean Baptiste Fourier, John Tyndall oder Svante Arrhenius.

Die Forscher Fourier und Tyndall waren nämlich Anfang des 19. Jahrhunderts die ersten, die auf die Wirkung von Spurengasen und von Wasserdampf in der Atmosphäre auf Klimavorgänge hinwiesen. Arrhenius schließlich berechnete im Jahre 1896 die globale Temperaturerhöhung, die eine theoretische Verdoppelung des CO_2-Gehalts bewirken würde. Seine Rechnung wird heute als überholt angesehen, sie ist aber trotz ihrer sehr einfachen Annahmen auch nicht viel ungenauer als die modernsten Computer-Klimamodelle. Im Jahre 1957 schließlich wiesen die US-

Ozeanographen Revelle und Suess auf eine mögliche globale Erwärmung durch CO_2 hin [136]. Seit den Zeiten dieser Forscher wurden unzählige neue Detailkenntnisse gewonnen. Zur hier interessierenden Hauptaussage über die menschliche Schuld an irgendeinem Klimawandel gibt es aber tatsächlich erst seit dem Jahre 2009 maßgebende Fortschritte (s. unter 5.5).

Um bei entgegengesetzten Meinungen von CO_2-Katastrophenwarnern und Kritikern rational und auf Basis von Fakten urteilen zu können, soll in Kapitel 4. zuerst einmal begriffliche Klarheit in die Schlagworte *Klimawandel, Klimaschutz, globale Erwärmung* usw. gebracht werden. Darüber gibt es oft schon viele Missverständnisse und Irrtümer. Auf der Basis des heutigen wissenschaftlichen Stands, der weitgehend aus den wissenschaftlichen Berichten des IPCC abgreifbar ist, werden danach die wichtigsten Fakten zum CO_2 und seiner Klimawirksamkeit zusammengestellt. Auflagensteigernde Katastrophenszenarien wird man vergeblich suchen. Hauptziel ist es, dem Leser nicht nur eine objektive Kenntnisbasis, sondern auch eine unaufgeregte, rationale Sicht zu vermitteln.

> Es sei wiederholt betont, dass hier nicht abweichende Sondermeinungen oder gar eigene Theorien besprochen werden.

Bleibt man bei den gesicherten Fakten, wird sich herausstellen, dass allein schon das sorgfältige Studium der wissenschaftlichen IPCC-Berichte zu anderen Schlussfolgerungen als denen der politischen IPCC-Redaktion führen. Leider sind deutsche Medienredakteure nicht gewillt oder nicht in der Lage, die umfangreichen wissenschaftlichen IPCC-Berichte zu lesen.

Der Leser soll selber urteilen und sich informieren. Nur er ist als mitdenkender Zeitgenosse und politischer Souverän für die politisch-fiskalischen Konsequenzen der deutschen CO_2-Agenda verantwortlich. In bekannter Aufklärungstradition ist das hier verfolgte Ziel, zum **eigenen Denken und Urteilen** anzuregen. Dies ist nur auf der Basis von Fakten und Ideologiefreiheit möglich. Der Glaube an Autoritäten darf keine Rolle spielen.

Klimaforschung und Meteorologie sind Teilgebiete der Physik. Der Verfasser ist Physiker, aber kein Klimaspezialist, schon gar kein selbsternannter. Aber nicht nur Physiker, auch Chemiker und Ingenieure einschlägiger Fachrichtungen sind gefordert, sich zu Wort zu melden, und viele tun es auch in Leserbriefen an Zeitungen, in Internetbeiträgen und in Buchpublikationen. Angesichts der bereits erfolgten und insbesondere der noch zu erwartenden Konsequenzen der deutschen Klimapolitik ist es geradezu Pflicht von Fachleuten, sich zu äußern. Leider tun dies aber in der überwiegenden Mehrheit nur solche im Ruhestand. Auf die Gründe hierfür wird noch zurückzukommen sein.

Der mögliche Einwand, nur die unmittelbar zuständigen Experten dürfen gehört werden, geht fehl.

> Fachexperten sind nicht geeignet, um über **umstrittene** Fachaussagen ein objektives Urteil abzugeben.

Ein stellvertretendes Beispiel für diese vielleicht überraschende Behauptung bietet der Prozess unseres Alterns. Ein Orthopäde sieht Altersbeschwerden unter dem Aspekt schwächerer Knochen und Sehnen und empfiehlt Heilbringung durch entsprechende Gymnastik. Ein Internist weist dagegen auf die Bedeutung altersgerechter Ernährung hin, sieht diese als maßgeblich an und so fort. Solchermaßen sind einseitige Expertensichten ganz allgemein für sämtliche Fachgebiete charakteristisch. So unterschätzen die Klimamodellierer, die für die von der Politik instrumentalisierten Katastrophenszenarien verantwortlich sind, die einzige verlässliche physikalische Basis, nämlich ordentliche und für zuverlässige Aussagen ausreichend genaue *Messungen*.

Und noch ein weiteres Wort ist angebracht: Der Verfasser ist weder von der Braunkohle-, Erdöl-, Auto- oder Kernenergie-Lobby gesponsort, noch von irgendeiner ideologischen Weltanschauung getrieben. Einzige Basis sind technisch-naturwissenschaftliche Fakten, sowie der Schutz von Umwelt und Volkswirtschaft. Die hier ausgesprochenen Beurteilungen ergeben sich nicht aus fiktiven Computer-Klimamodellen.

Die daraus folgenden Forderungen münden in einen **rational-grünen** Umweltschutz. Wegen des Wörtchens „rational" hat diese Haltung mit dem Programm der Grünen in Deutschland nur wenig zu tun, die bedauerlicherweise einer ideologischen Sichtweise zuneigen und von der Mitgliederbasis bis hin zur Führungsspitze die unabdingbaren, technisch-naturwissenschaftlichen Grundlagen ignorieren.

In diesem Zusammenhang sei eine kurze politische Abschweifung gestattet. Ersichtlich werden die Grünen hierzulande noch allenfalls als Mehrheitsbeschaffer in Koalitionen gebraucht, da sich inzwischen alle Parteien ein eigenes grünes Programm auf die Fahnen geschrieben haben. Man bekommt Mitleid mit den Grünen. Angesichts des Einholens durch andere Parteien auf dem politischen Kampfplatz des Umweltschutzes fällt ihnen inzwischen nicht mehr ein, als verzweifelt den Vorzug des Originals vor der Kopie anzupreisen.

Angesichts dieser Entwicklung kann dem Zitieren eines hübschen Bonmots von Edgar L. Gärtner nicht widerstanden werden. Er schreibt sinngemäß [56]: *„Heute sind alle grün. Die einen, weil sie diese Partei wählen, die anderen, weil sie Islamisten sind und die dritte Gruppe, weil sie sich über den von den Grünen verzapften Unsinn grün ärgern."*

Um nicht auf Dauer unterzugehen, müssten die Grünen ihre Strategie radikal umstellen und auf eine rational-grüne Linie einschwenken. Dies erscheint aber auf Grund ihrer Wählerklientel und ihrem Glaubensbekenntnis *Anti-Kernkraft* unmöglich. Den Wählern der Grünen ist noch völlig unbekannt, dass viele gutgemeinten Umwelt-Auflagen inzwischen längst ihre Unschuld verloren haben. Sie haben im Extremfall bereits viele Menschenleben gekostet. So etwa die Abschaffung der giftigen polychlorierten Biphenyle (PCB) als Hydraulik- und Transformator-Öle. PCB ist nicht brennbar, die es inzwischen gemäß Umwelt-Auflagen ersetzenden, ungiftigen Öle sind es aber sehr wohl. Das tragische Unglück der Kapruner Gletscherbahn, bei dem 155 Menschen starben, wäre mit dem giftigen, aber unbrennbaren PCB-Hydrauliköl nicht passiert. Eine defekte Heizung war die Ursache der Katastrophe. Auch der harmlose Transformatorbrand im Kernkraftwerk Krümel (2007), der in der Regenbogenpresse bis zum GAU hochgespielt wurde, war durch die neuen Umweltöle bedingt.

Bei rational-grüner Betrachtung, wie sie hier eingenommen werden soll, ist eine Entscheidung angesichts dieser Sachlage gar nicht so einfach. Natürlich trinkt niemand Transformator-Öl, aber eine Umweltgefährdung bei der Herstellung und Entsorgung dieser Stoffe besteht sehr wohl. Auf der anderen Seite dürfen brennbare Öle nicht in Anlagen verwendet werden, von denen im Brandfall extreme Gefahren ausgehen (inzwischen gibt es nicht brennbare und gleichzeitig ungiftige Ersatzöle). Aus diesem Beispiel, das im hier behandelten Zusammenhang durch den ungemein umweltschädlichen Anbau von Pflanzen zur Gewinnung von Biosprit ergänzt werden könnte, geht hervor, dass die Dinge in aller Regel nicht so einfach liegen, wie es viele Weltverbesserer gerne sehen.

Rationaler Umweltschutz muss unter Hinzuziehen aller technischen Erkenntnisse Nutzen und Schaden abwägen, Ideologie ist nicht zielstellend. Der grünen Klientel beispielsweise die Kernkraft wieder schmackhaft zu machen, wird langfristig unabdingbar sein, wenn Deutschland sich vernünftigem technischen Fortschritt nicht völlig verschließen will. Auch das Thema genveränderter Nutzpflanzen wird von vielen Gutmenschen mit einer sachlichen Unkenntnis und einem irrationalen Widerstand betrachtet, der mittelalterlich ist. Echten Umweltschutz, der die technischen Gegebenheiten wahrnimmt, haben die Grünen noch gar nicht entdeckt, sie kämpfen an den falschen Fronten.

Zurück zur Klimawirksamkeit des menschgemachten CO_2! Es wird sich in den nächsten Kapiteln zeigen, dass sich die nach heutigem Stand vorliegenden Fakten mit der gegenwärtig in Deutschland herrschenden politischen Agenda und der öffentlichen Klimafurcht nicht decken.

Zur **Entwarnung** ist auf der anderen Seite aber **wenig Anlass**, im Gegenteil. Unsere Wirtschaft und jeder Einzelne von uns werden sich umstellen müssen. In der gesamten hochindustrialisierten Welt kann mit dem ungezügelten Ressourcenverbrauch von Erdöl und Erdgas nicht mehr so weitergemacht werden wie bisher, aber nicht der CO_2-Vermeidung wegen. Auf die relevanten Gründe wird im Kapitel 8. näher eingegangen.

Zusammenfassung von Kapitel 2

Klimawandel und *Klimaschutz* sind zu vorherrschenden Begriffen im Zusammenhang mit Umweltschutzmaßnahmen geworden. Wissenschaftlich gibt es für den anthropogenen Ursprung irgendeines Klimawandels keine maßgebenden Anzeichen, von Beweisen ganz zu schweigen. Der deutschen Klima-Agenda fehlt eine rationale, wissenschaftlich fundierte Basis. Sie ist nur auf Grund ihrer beabsichtigten politischen Wirkung nachvollziehbar. Für die Zukunft unseres Landes wird es von entscheidender Bedeutung sein, die richtigen Schritte auf der Basis rationaler Entscheidungen zu treffen und ideologische Motive aufzugeben.

3 Klima-Fakten

*Man erzählt von einem unserer trefflichsten Männer, er habe
mit Verdruss das Frühjahr wieder aufblühen sehen, und gewünscht,
es möge zur Abwechslung einmal rot erscheinen.*
(Johann Wolfgang Goethe)

Das menschliche Gedächtnis ist kein guter Klima-Ratgeber. Nehmen wir
als beliebiges Beispiel den Sommer 1968! Wie war das damals? War er
verregnet, oder gab es über viele Wochen nur Prachtwetter mit heißen
trockenen Tagen? Auch diejenigen, die diese Zeit bewusst erlebt haben,
wissen es im allgemeinen nicht mehr, es sei denn, markante Ereignisse
lassen sich mit der gewünschten Erinnerung verknüpfen. Vielleicht kann
sich mancher ältere Leser aber noch gut an einen der sehr seltenen,
wirklich warmen Sommerabende Ende der 60-er Jahre erinnern, der ihm
wegen des seit Jahren erstmals unnötigen Pullovers unvergesslich wurde. Hierzulande mussten daher die 60-er Jahre, verglichen mit den 90-er
Jahren, wesentlich kälter gewesen sein. Und so war es tatsächlich.

Aber wie stark waren die letzten großen Überschwemmungen im Vergleich zu früher? Erst vor wenigen Jahren ist Dresden schwer geschädigt
worden. Auch hier versagt die Erinnerung. Wird es gar schlimmer? Die
alte Brücke in Heidelberg, einer Stadt, die mehr oder weniger regelmäßig
unter Überschwemmung ihres historisch wertvollen Altstadtkerns leidet,
spricht allerdings eine unmissverständliche Sprache. Am südwestlichen
Rundpfeilerturm sind Pegelmarken aller extremen Hochwasserereignisse
eingraviert (s. Bild 3.1). Gelegentlich nehmen Touristen diese interessanten Angaben bewusst wahr. Die stärksten Überschwemmungen gab es
überraschenderweise in den Jahren 1784 und 1824 und nicht in jüngerer
Zeit.

Im Internet findet sich eine detaillierte Übersicht über historische
Hochwässer in Deutschland und seinen Nachbarländern, wobei sich der

Heidelberger Brückenbefund bestens bestätigt [72]. Die höchsten Pegelmarken finden sich generell in Zeiten, in denen es praktisch noch kein anthropogenes CO_2 gab. Sogar das Extremhochwasser der Elbe im Jahre 2002 hatte im Jahre 1845 einen Vorgänger mit höheren Pegelwerten.

Bild 3.1: Alte Brücke in Heidelberg mit Hochwassermarken am ersten südwestlichen Brückenpfeiler. Die Pegelwerte sind in der Maßeinheit des badischen Fuß eingraviert.

Neben den Hochwassermarken am Pfeiler der Heidelberger Brücke sind dort zusätzlich auch noch die Pegel-Normalhöhe des Neckars in Meter sowie in Fuß und schließlich die Umrechnung von Fuß in Meter eingraviert. Die Überschwemmungen, in der Reihenfolge nach Maximalhöhen geordnet, erfolgten in den Jahren 1784, 1824, 1789, 1817, 1947, 1882, 1845, 1993, 1780, 1956, 1970 usw. Zwischen dem absoluten Höchstpegel im Jahre 1784 und dem ersten Höchstpegel aus jüngerer Zeit

(1947) liegen stolze 3,5 Meter. Nicht nur in der Regenbogenpresse wird das Faktum einer nichtexistierenden Zunahme von Hochwasserhöhen aber immer wieder ins Gegenteil verkehrt und jedes Hochwasserereignis ursächlich der globalen Erwärmung zugeordnet. Schlussendlich ist darauf hinzuweisen, dass den Hochwässern in der Vergangenheit mehr Ausweichflächen zur Verfügung standen, als heute. Flüsse waren damals noch nicht versiegelt.

Der Hurrikan Katrina, der New Orleans verwüstete, ist vermutlich noch vielen von uns in Erinnerung. Dass aber in der Hurrikan-Saison 2006/2007 so gut wie keine gefährlichen Wirbelstürme in den Südstaaten der USA vorkamen, gerät schnell außer Blickweite. Auch eine Zunahme von Hurrikanen ist nicht nachweisbar (s. unter 6.1)

3.1 Globale Erwärmung?

Das Klimabild hatte sich Ende des 20. Jahrhunderts hierzulande gefestigt. Sommerabende in Süddeutschland, in denen man, nur im Hemd angetan, seinen Wein draußen in Gartenwirtschaften trinken konnte, waren zur Regel geworden. Meteorologen und Klimaforscher bestätigten den Eindruck. In unseren Breiten hatte die bodennahe Mitteltemperatur zugenommen. Man sprach von *Klimawandel* und sogar von *globaler Erwärmung*. Damit war eine überall auf der Erde vermutete Entwicklung gemeint. Inzwischen erfolgte wieder Umkehr. Seit etwa dem Jahre 2000 stagnierten weltweit die Jahresmitteltemperaturen und fingen dann an allmählich abzunehmen. Ob hiermit eine neue Klimawende eingeleitet wurde, steht der Kürze des Zeitraums von 10 Jahren wegen noch nicht fest. Bemerkenswert erscheint immerhin, dass keines der Klimamodelle, welche uns „Katastrophenprojektionen" von stetig zunehmenden Temperaturen infolge anthropgener CO_2-Emissionen ankündigten, diesen Abfall vorhersagen konnten.

Im Übrigen: Trifft eigentlich die immer wieder gebrauchte Bezeichnung „global" tatsächlich zu? Die IPCC-Aussage zur globalen Erwärmung basiert auf nicht übermäßig vielen Temperaturstudien, die FAZ hat insgesamt 75 wissenschaftliche Studien gezählt, die bis in die 90-er Jahre des letzten Jahrhunderts zurückreichen [39]. Was die Ergebnisse dieser Studien angeht, schauen wir vielleicht im jüngsten IPCC-Report von 2007 nach! Überwiegend wiesen die meisten Messorte ab etwa 1970 bis zum Jahr 2000 Erwärmung auf, einige aber, die von diesem Trend deutlich abweichen, zeigen Abkühlung. Insbesondere bestimmte Zonen der südlichen Hemisphäre trotzten der Erwärmung, hier wurde es kühler. Die Studien basieren im wesentlichen auf Daten aus Nordamerika, Europa und Russland. Die Arktis und Antarktis haben nur eine schmale Datenbasis, und große Teile von Afrika, Südamerika und Südostasien fehlen fast völlig. Hieraus ein globales Bild abzuleiten ist uzulässig, nur eine rezente Erwärmung in den nördlichen Weltzonen, so auch bei uns in Deutschland, ist belegt. Anlässlich der Aufdeckung des Headley-E-Mail-Skandals (s. unter 7.4) hat sich ferner herausgestellt, dass die IPCC-Aussagen über Erwärmungstendenzen gerade einmal auf 10-20 % aller Stationen weltweit beruhen, was den Begriff „global" vollends fragwürdig werden lässt [131].

Für den irritierenden Widerspruch zwischen Erwärmungs- und Abkühlungsgebieten gibt es noch keine schlüssige Erklärung. Alle bekannten Klimaänderungen der Erdvergangenheit haben sich *ungleichmäßig* in unterschiedlichen Breiten ausgewirkt. Man kann dagegen erwarten, dass sich eine homogene höhere CO_2-Konzentration auf der Erde infolge zivilisatorischer CO_2-Emissionen *gleichmäßig* in Richtung Erwärmung bemerkbar macht. Der bekannte Klimaforscher Richard S. Lindzen verwendet hierfür den Begriff *gross forcing* [106]. Weil es zur Zeit auf der Erde überwiegend wärmer, in einigen Zonen aber auch kälter wird, kann dies ein erster Hinweis auf den natürlichen Ursprung der aktuellen Klimaänderung sein. Die aus folgendem Bild 3.2 hervorgehende Datenlage verdeutlicht, wie wir schon bei einem als recht sicher vermuteten Vorgang bei näherem Hinsehen mit Fakten konfrontiert werden, die den gängigen Vorstellungen nicht entsprechen wollen. Diese Sachlage ist für fast alle Klimafragen charakteristisch. Stets gibt es große Unsicherheiten und Widersprüche. Wir werden noch mehr davon kennenlernen.

Der aus Bild 3.2 ablesbare Widerspruch zwischen Erwärmungs- und Abkühlungsregionen und die daraus folgenden Hinweise auf natürliche Ursachen werden hier nicht weiter verfolgt. Dies ist unnötig, denn es gibt wesentlich einfachere und sicherere Belege für einen vernachlässigbaren Einfluss des anthropogenen CO_2 auf Klimawerte.

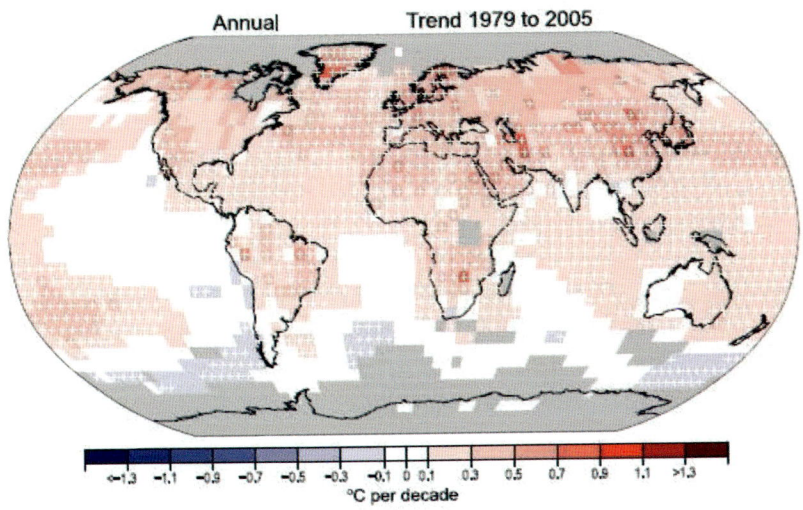

Bild 3.2: Trend von bodennahen Jahresmitteltemperaturen zwischen 1979 und 2005 mit Erwärmungs- und Abkühlungszonen. Bildquelle: IPCC, the scientific basis [171].

Zusammenfassung von Abschnitt 3.1
In den letzten 60 Jahren konnte keine durchgängige globale Erwärmung gemessen werden. Nur ein Erwärmungstrend in der nördlichen Hemisphäre ab Anfang der 70-er Jahre des vorigen Jahrhunderts bis etwa zur Jahrtausendwende ist gesichert. Danach nahmen die globalen Mitteltemperaturen wieder ab. Die globalweiten Diskrepanzen der Temperaturentwicklung deuten auf natürliche Ursachen der beobachteten Klimaänderungen hin.

3.2 Kohlendioxid ein Klimaschadstoff?

Nicht nur der Begriff „globale Erwärmung" sondern auch die angebliche Klärung anderer Kernpunkte, die von Vertretern der Katastrophensicht als gesichert angegeben wird, entpuppen sich als fragwürdig:

▷ Die für Klimawandel verantwortlichen Ursachen.

▷ Die langfristigen Auswirkungen von Klimaänderungen.

▷ Die Maßnahmen, um Klimawandel zu begegnen oder ihn auszunutzen, denn es gibt neben schädlichen auch erwünschte Klimaänderungen. Völkerwanderungen waren stets von kalten in wärmere Klimazonen und nie umgekehrt, gerichtet.

▷ Die angebliche Schuld des industrialisierten Menschen an einer schädlichen Klimaerwärmung.

An dieser Stelle wird es nun allerhöchste Zeit, einen weit verbreiteten Irrtum über das bereits mehrfach erwähnte IPCC, in dem viele Forscher bei der Veröffentlichung regelmäßig erscheinender Klima-Berichte mitarbeiten, auszuräumen (weitere Einzelheiten zum IPCC in Kap. 7):

> Das IPCC ist eine Organisation unter dem Dach der UN und hat mit Wissenschaft primär nichts zu tun. Es leistet keine eigene Forschungsarbeit, sondern sichtet, selektiert und wählt Forschungsergebnisse der sich zur Verfügung stellenden Wissenschaftler aus. Diese Arbeit mündet in die bereits erwähnten IPCC-Berichte. Infolgedessen macht das IPCC Politik und nichts weiter.

Die IPCC-Veröffentlichungen werden grundsätzlich zuerst für Politiker herausgegeben, und erst darauf folgen die umfangreichen Fachberichte. Diese sollten, entgegen dem üblichen wissenschaftlichen Vorgehen, keine zu den politischen Berichten abweichenden Auffassungen mehr enthalten, was oft nicht gelingt. Eine derart unwissenschaftliche Handlungsweise wird von Kritikern des IPCC scharf angeprangert. Die Kritik erscheint jedoch verfehlt, denn das IPCC-Vorgehen ist nicht verwerflich. Jede Institution, so auch das IPCC, hat das gute Recht, zu politisieren und zu veröffentlichen, was es will. Von den Kritikern des IPCC wird zudem die wichtige Rolle des IPCC als Forum und Dokumentationsbasis für einen Teil der weltweiten Klimaforschung übersehen. Das IPCC stellt durch seinen politischen Einfluss quasi eine Berufssicherung für Klimaforscher dar. Eine vergleichbare Institution gibt es für keine andere Forschungsrichtung.

Bemerkenswert und gemäß bisher üblicher Wissenschaftsethik fragwürdig ist nicht das IPCC, sondern die Mithilfe von öffentlich bestallten Forschern bei der IPCC-Agenda. Sie lassen sich, gewollt oder nicht gewollt, als Mitbeteiligte in eine politische Kampagne ein, wobei zu betonen ist:

> Wertfreie Wissenschaft ist ausschließlich der Wahrheit verpflichtet, muss sich stets in Frage stellen und **darf sich grundsätzlich nicht an industrielle, politische oder ideologische Interessen verkaufen.**

Die zugrunde liegenden Motive der Wissenschaftler spielen dabei keine Rolle. Immer lassen sich nämlich diese Motive als ehrenwert, für die menschliche Gemeinschaft nützlich und oft sogar als unverzichtbar angeben. Die Wirklichkeit sieht dagegen anders aus. In einem heute kaum noch vorstellbaren Extremfall wurde aus unvollständig gesicherten wissenschaftlichen Erkenntnissen eine Kampagne geschmiedet, die Menschenleben gekostet hat. Es war die Eugenik des dritten Reichs. Das Motiv der beteiligten Forscher war die Reinhaltung der arischen Rasse. Mit diesem Extrembeispiel soll keine Verbindung zwischen der heutigen CO_2-Kampagne und einem der dunkelsten Punkte der deutschen Wissenschaft hergestellt werden. Es kann aber dazu dienen aufzuzeigen, wie gefährlich es werden kann, wenn sich Forscher außerwissenschaftlichen Institutionen zur Verfügung stellen, die ihre Forschungsergebnisse, für welchen Zweck auch immer, vereinnahmen. **Jeder Verkauf wertfreier wissenschaftlicher Erkenntnisse an Interessengruppen ist ein Faustischer Handel.**

Das IPCC hat sich bekanntermaßen ausschließlich auf das menschverursachte CO_2 als Ursache für den Erwärmungstrend festgelegt. Wasserdampf als Gas und als Teil der Wolken, der weit klimawirksamer als CO_2 ist und in ungleich höherer Konzentration in der Erdatmosphäre vorkommt, wird im IPCC-Bericht für Politiker (im Gegensatz zu den wissenschaftlichen Berichten) nicht wahrgenommen. Heruntergespielt wird ferner die immer mehr in den Mittelpunkt der Klimaforschung geratende Hypothese vom Einfluss des Sonnenmagnetfeldes auf Klimavorgänge, das über einen noch nicht vollständig geklärten Verstärkungsmechanismus seit jeher bis zum heutigen Tage alle Klimavorgänge steuert (s. unter 4.3). Dass es die Hypothese vom maßgebenden Einfluss der Sonne vermag, zur Erklärung von Klimaänderungen auf eine Mitwirkung von anthropogenem CO_2 völlig zu verzichten, wird in keinem IPCC-

Bericht auch nur mit einem Wort erwähnt. Nur mit einer einseitigen Betrachtungsweise kann nämlich anthropogenes CO_2 als Hauptursache einer globalen Erwärmung politisch verkauft werden. Allereinfachste und nicht etwa differenzierte Erklärungen sind politisch brauchbar.

> Die IPCC-Berichte für Politiker versuchen in einem einzigen Grundtenor und mit Ausblenden aller entlastenden Fakten die Schuld des anthropogenen CO_2 an einer globalen Erwärmung nachzuweisen.

Dies können die wissenschaftlichen IPCC-Berichte verständlicherweise nicht gleichermaßen tun. Es sind keine reinen Forschungsberichte, sondern vielmehr populärorientierte wissenschaftliche Zusammenfassungen. Sie geben in vorbildlicher Gestaltung einen Teil - nicht alles und in einseitiger Betonung, denn sie bevorzugen, wie bereits erwähnt, eine einseitige Sicht - des heutigen wissenschaftlichen Stands der Klimaforschung wieder. Wissenschaftliche und politische IPCC-Berichte müssen aber, wie schon betont wurde, zusammenpassen. Allein dies lässt bereits auf Einseitigkeit auch des wissenschaftlichen Teils schließen. Um nun den Leser an die kommende *Klimakatastrophe* zu gewöhnen, sind in Bild 3.3 verschiedene Klimamodellprojektionen aus dem jüngsten IPCC-Bericht für Politiker gezeigt.

Die deutschen Presse hat sich entsprechend dem politischen Einfluss des IPCC bereits weitgehend positioniert. Mit an kommerzielle Werbemethoden erinnernder Wiederholung und Ausdauer der Berichterstattung über den Klimaschadstoff CO_2 ist dieser zur Schadens-Ikone großer Bevölkerungskreise avanciert, und ein quasireligiöser Glaube wird nicht mehr hinterfragt.

Diese Entwicklung treibt seltsame Blüten, wie etwa in der Wochenzeitschrift DIE ZEIT [176]. Im politischen Teil wurde ausführlich über den G8-Gipfel berichtet. Er war von der kühnen Forderung unserer Kanzlerin Angela Merkel geprägt, die globale Erwärmung auf maximal 2 ^{0}C zu begrenzen. Die von den Redakteuren als schädlich angenommenen Eigenschaften von Kohlendioxid wurden dabei in einer Glaubenssicherheit vorausgesetzt, die nur noch mit der an den heiligen Geist auf Kirchenkonzilen vergleichbar ist. Der technisch-naturwissenschaftliche Teil der gleichen ZEIT-Ausgabe enthielt dann den Artikel *Der Bohrer im Eis*, in dem der Klimaforscher Heinz Miller, Professor und stellvertretender

Direktor des Alfred-Wegener-Instituts für Polar- und Meeresforschung in Bremerhaven aussagte: *„Klima lässt sich nicht schützen und auf einer Wunschtemperatur stabilisieren. Es hat sich auch ohne Einwirkung des Menschen oft drastisch verändert. Das Klima kann nicht kollabieren. Natur kennt keine Katastrophen. Was wir Menschen als Naturkatastrophen bezeichnen, sind in Wahrheit Kulturkatastrophen, weil unser vermeintlicher Schutz vor äußeren Unbilden versagt. Wer Häuser dicht am Strand, am Fluss oder in Lawinengebieten baut, muss mit Schäden rechnen."*

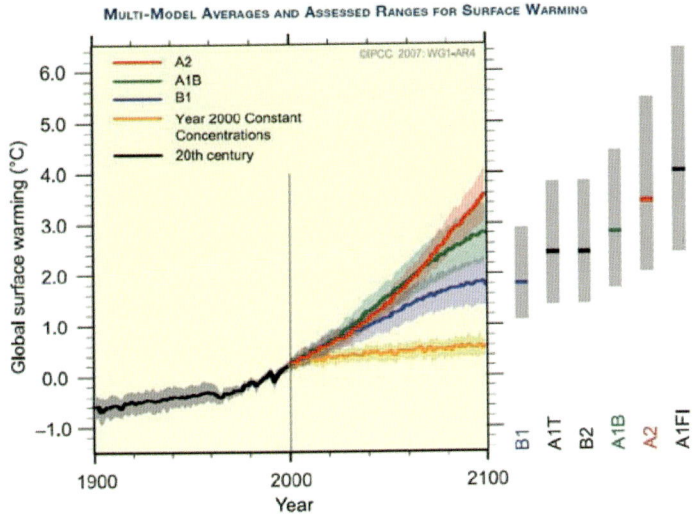

Bild 3.3: Computermodell-Projektionen globaler Mitteltemperaturen für unterschiedliche CO_2-Emissionsszenarien. Die grauen Balken am rechten Rand sind Unsicherheiten. Zur „Zuverlässigkeit" solcher Projektionen s. unter 5.6. Bildquelle [172].

Niemandem in der ZEIT-Redaktion fiel der Widerspruch auf. Sprechen die Kollegen aus Politik- und Naturwissenschafts-Abteilung nicht mehr miteinander? Das ist es nicht. Bei einer Ikone verbietet sich aber jedes Nachdenken. Entsprechend konnte von Hinterfragen der politischen Redaktion bei ihren Kollegen aus der „Wissenschaft" auch nicht die Rede sein. Zumindest einen Hinweis auf den wissenschaftlichen Teil ein paar Seiten weiter hätte man bei der ansonsten hohen Qualität dieser Wochenzeitschrift erwarten können.

> Inzwischen ist vom kristallklar durchsichtigen Spurengas CO_2, das für die Photosynthese unabdingbar ist, dem wir daher unsere Existenz verdanken und das wir mit Mineralwasser trinken, als industriellem Verschmutzungsgas, oder im weiteren Zusammenhang von Verschmutzungszertifikaten im Emissionshandel die Rede.

Wie bei jedem neuen Trend gibt es auch zahlreiche Mitfahrer der CO_2-Kampagne, die sich ohne Belege in immer größeren Katastrophenzahlen zu überbieten suchen. Ein stellvertretendes Beispiel lieferte die mediennahe Volkswirtin Claudia Kemfert, Leiterin der Abteilung Energie, Verkehr, Umwelt des deutschen Instituts für Wirtschaftsforschung (DIW) - manche Redakteure reden bereits von „kempfern" . Sie prognostizierte im Jahre 2004 den Untergang Sylts bis zum Jahre 2050 sowie die Überschwemmung von halb England und „schätzte" die Wahrscheinlichkeit, dass Extremwetterereignisse häufiger vorkommen, zu 80 bis 90% ein [35]. In einem Zeitungsinterview des Jahres 2007 wagt sie sich dann an das Problem der Klimasensitivität des CO_2 und stellt fest: *„Klimatheorien sind relativ einfach zu berechnen. Wenn der CO_2-Gehalt um 25 Prozent steigt, dann hat das eine Erwärmung von 2 ^0C zur Folge"* [175]. Bei einer Verdoppelung des CO_2-Gehalts kommen wir mit dieser Rechnung dann auf 8 ^{0}C. Hier hilft nur noch Humor.

> Ähnlicher Unsinn kennt inzwischen keine Grenzen mehr. Liegen globale Meeresspiegelanstiege bis zum Jahre 2100 im IPCC-Bericht grob um 10 cm bis maximal 90 cm, so werden daraus in Al Gore's Buch mehrere Meter [62]. Der untere IPCC-Wert von 10 cm ist im Übrigen der bekannte natürliche Anstieg (s. unter 6.3), der Höchstwert von 90 cm ist Computermodell-Fiktion (s. unter 5.6).

Im Buch von Al Gore wird eine Computersimulation gezeigt, in der weite Teile Floridas überflutet sind, wozu viele Meter Meeresspiegelanstieg erforderlich wären. Auf die Kampagne des Friedensnobelpreisträgers von 2007 und auf sein Buch wird wegen undiskutablen fachlichen Niveaus hier nicht weiter eingegangen. Al Gore ist ein skrupelloser Geschäftsmann, der durch seine Klimareligions-Kampagne reich wurde, von

Klimaphysik besitzt er überhaupt keine Kenntnisse. Sein Buch spielt mit der Angst des unwissenden Lesers, mehr nicht.

Wenn die Schilderungen des weltbekannten US-Klimaforschers Richard S. Lindzen vom Massachusetts Institute of Technology (MIT) zutreffen, in denen über den unfairen und rüden Stil von Al Gore beim Umgang mit Kritikern der IPCC-Kampagne auf Hearings im US-Senat berichtet wird, lässt die Sympathie für den ehemaligen politischen Hoffnungsträger der US-Demokraten, dem von den Republikanern der US-Wahlsieg gestohlen wurde, schnell nach [106]. Im Übrigen ist Al Gore nicht bereit, mit Kritikern zu diskutieren, was nicht nur ein einmaliges intellektuelles Armutszeugnis ist, sondern zudem belegt, wie sehr in Klimafragen bereits der Bereich des religiösen Glaubens erreicht ist.

Ausflüge von Politikern in die Wissenschaft vom Klima machen Schule. Der ehemalige SPD-Vorsitzende Kurt Beck wurde kurzfristig zum Experten und verkündete in einem Interview, die CO_2-freien Kernkraftwerke würden in der Realität mehr CO_2 produzieren als Kohlekraftwerke [144]. Würde man unter dieser „Beck-Hypothese" die Energieeffizienz eines Windrads der eines Kernkraftwerks gegenüberstellen, müssten Windräder als überdimensionale CO_2-Schleudern gelten.

Bei Politikern ist allerdings Nachsicht angebracht, denn *„Der natürliche Feind des Politikers ist der Sachverstand."* Das bedeutet nicht, dass ihn Politiker nicht besitzen. Im Gegenteil, viele von ihnen weisen hervorragende Expertenkenntnisse auf den unterschiedlichsten Fachgebieten auf. Mit dem Bonmot ist nur gemeint, dass Sachargumente in der Politik leider keine Lobby besitzen. Unsere Kanzlerin Angela Merkel, immerhin promovierte Diplom-Physikerin, schwieg bis zum G8-Gipfel des Juni 2007 in Klimafachfragen zurückhaltend. Von allen Politikern und Abgeordneten des deutschen Bundestages kann sie wohl fachlich am besten urteilen. Ein solch durchschlagend populäres Thema wie den Klimaschutz darf man aber auf keinen Fall dem politischen Gegner überlassen, daher fügte sie ungerührt die an Unsinnigkeit nicht mehr zu übertreffende „Zwei-Grad-Forderung" dauerhaft in ihr politisches Programm ein.

Ein Blick auf die zuvor zitierte Aussage des Klimaexperten Heinz Miller und ein wenig Demut vor der Natur wären hier sachlich, nicht aber politisch besser am Platz gewesen. Wohltuend in der überbordenden

Klimahektik hebt sich nur unser Altbundeskanzler Helmut Schmidt ab, der zutreffend und als Politpensionär von allen Rücksichtnahmen befreit, formuliert: *„Die Annahme, dass der Klimawandel durch irgendeine Maßnahme beim G8-Gipfel in Heiligendamm geändert werden kann, ist idiotisch [22]"* . Wäre Helmut Schmidt noch im aktuellen politischen Geschäft, würde man diese private Meinung mit absoluter Gewissheit nicht von ihm hören.

Die Äußerungen von Politikern aller Couleur zu Klimafragen sagen tatsächlich nichts über den Kenntnisstand der Aussagenden aus. Sie werfen aber ein bezeichnendes Licht darauf, wie tief unsere politische Kultur in Deutschland gesunken ist. Wäre es politisch opportun, würde man zweifellos zu hören bekommen, die Erde sei eine Scheibe. Und niemand würde öffentlich protestieren. Ein maßgeblicher Wähleranteil nicht, weil er es bei heutiger Schulbildung oft nicht mehr besser weiß und die technische Intelligenz nicht, weil sie jedweden Protest inzwischen zutreffend als wirkungslos ansieht und bei Widerstand gegen diesen Unsinn zu Recht um Stellung und Einfluss fürchtet.

Doch noch einmal zurück zur Problematik eines hierzulande politisch unkorrekten Zweifels an der Expertise des IPCC! Es ist dem verbreiteten Irrtum entgegenzutreten, generell dem Produkt einer Kommission von Fachexperten, denen zudem noch eine politische Richtung vorgegeben ist, eine besonders hohe Qualität zuzuschreiben. Gerhard Gerlich, em. Professor für theoretische Physik an der TU Braunschweig, drückt dies in seiner Kritik am heutigen Klimageschäft wie folgt aus [58]: *„Grundlage teurer Maßnahmen sollten endlich wieder wirklich gemessene Größen sein und nicht aus schlechten Modellvorstellungen geschätzte und hochgerechnete Zahlen (Szenarien). Dazu kommt die moderne Praxis mit der Kommissionspolitik, die die Entscheidungsprozesse der Demokratie aushöhlt. Solche Kommissionen (wie Hartz, PISA, IPCC, ...) produzieren Spesen und beweisen immer nachträglich ihre Existenzberechtigung. Sie finden immer überzeugende Gründe für ihr Weiterbestehen. Diese Kommissionen entlassen die gewählten Abgeordneten aus ihrer Verpflichtung, mit ihrem eigenen Verstand und Gewissen Gesetze zu verabschieden. Statt dessen berufen sich die Politiker auf „Expertenmeinungen" anonymer Kommissionen und stehlen sich so aus ihrer Verantwortung. Die von „Kommissionen" beauftragten „Wissenschaft-*

ler" liefern dann die politisch gewünschten, mit angeblich „berechneten"
Unsicherheiten verzierten „Ergebnisse". Es handelt sich hier um die ty-
pische, unfreie „Proposal-Wissenschaft", die ihre Existenzberechtigung
nur ihrem politischen Auftrag verdankt."

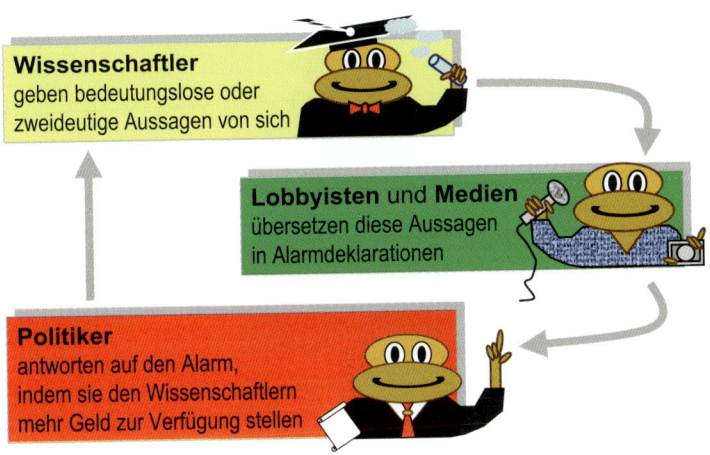

Wissenschaftler
geben bedeutungslose oder
zweideutige Aussagen von sich

Lobbyisten und **Medien**
übersetzen diese Aussagen
in Alarmdeklarationen

Politiker
antworten auf den Alarm,
indem sie den Wissenschaftlern
mehr Geld zur Verfügung stellen

Bild 3.4: : Der Kreislauf von politischem Alarmismus und Wissenschaft.
Bildidee: Lindzen [106].

Das unheilvolle Wechselspiel von Expertenkommissionen und Volks-
vertretern in Klimadingen sieht auch der bereits erwähnte, renommierte
US-Klimaforscher Richard S. Lindzen gemäß Bild 3.4 in ähnlicher Weise.

Schon einfachste Beispiele aus dem täglichen Leben vermögen bereits
die scheinbar hohe Kompetenz von Expertengruppen zu widerlegen. Betrachten wir hierzu nur unser Geld, die Euromünzen! Wer hat sich noch
nicht über die optische Ununterscheidbarkeit der 2- und 5-Cent-Münzen
sowie der 20- und 50-Cent-Münzen geärgert. Sicheres Bezahlen und Ent-
gegennehmen dieser Münzen ist bei schwachem Licht fast unmöglich.
Wieviele Experten haben wohl an dem Entwurf mitgeholfen, wieviele
Regierungskommissionen ihr Plazet gegeben, und durch wieviele Hände
von weiteren Expertengruppen und Prüfern mag der Entwurf dann noch
gegangen sein? Und niemand ist dabei auf die Idee gekommen, dass
das optisch ansprechende Kunstprodukt der Euromünze für Zeitgenossen, die nicht mehr über die Adlersehschärfe der Jugend verfügen, bei

schlechtem Licht unbrauchbar sein könnte!

Zurück zum IPCC! Es muss nachdenklich stimmen, dass es, wie schon geschildert, nicht nur vereinzelte Gegenstimmen gibt. Ein anschwellender Strom von hochrangigen Klimafachleuten distanziert sich inzwischen vom IPCC, und das wird nach ClimateGate noch verstärkt zunehmen (s. unter 7.4). Berücksichtigt man eine schweigende Mehrheit von Klimaforschern, die bei kritischen Äußerungen Einfluss und Institutsmittel aufs Spiel setzen, darf man zutreffend vom **heimlichen Mainstream** aller einschlägigen Fachleute sprechen, die **anderer Meinung als das IPCC** sind [85].

Durch politischen Einfluss und Druck hatte es das IPCC zumindest in Deutschland erreicht, dass kritische Stimmen in den Medien bis zur Kopenhagener Klimakonferenz im Jahre 2009 fast vollständig verstummten. Zu stark war der politische Konsens aller Parteien, zu stark die Übernahme der Meinungshoheit in fast allen Zeitungsredaktionen durch Öko-Ideologen, zu stark der Druck auf große Unternehmen, sich für „Klimaschutz" zu erklären, um Imageschädigung zu vermeiden. Beiträge, wie der nachfolgende Aufsatz der FAZ [37], der immer noch lesenswert ist, gab es in überregionalen Tageszeitungen nicht mehr.

„Wer sich in Gefahr begibt, kommt leicht darin um. 2500 Wissenschaftler aus aller Welt haben sich in den Dienst der Politik gestellt, um insbesondere den Industrieländern zu helfen, ihre verschwenderische Energiepolitik umzustellen. Das Wissen um die Endlichkeit der fossilen Brennstoffe, die unsere Wirtschaft am Laufen halten, hatte nicht genügt, um einen Sinneswandel herbeizuführen. Es musste ein zusätzliches Druckmittel her, um der Umstellung den nötigen Schub zu verleihen. Und gerade in demokratisch verfassten Ländern ist die Politik darauf angewiesen, dass der Schub von der Bevölkerung kommt. So war der Anfang der 90-er Jahre eingeleitete Kyoto-Prozess, dessen Auswirkungen auf das Klima selbst von seinen Befürwortern nicht für wesentlich gehalten werden, weniger ein Umweltprogramm als ein Erziehungsprojekt. Die Weltöffentlichkeit sollte mit seiner Hilfe auf die Folgen eines allzu sorglosen Umgangs mit endlichen Ressourcen aufmerksam und für politische Gegenmaßnahmen zugänglich gemacht werden. Für diesen guten Zweck haben sich viele Wissenschaftler, die seit langem mit Sorge die Auswirkungen ungebremsten Wirtschaftswachstums auf der Grundlage

konventioneller Energieproduktion beobachten, von der Politik einspannen lassen, zumal sie dafür auch mit Forschungsmitteln überhäuft wurden. Manche wundern sich allerdings jetzt darüber, was die Politik aus ihrer Unterstützung macht. Schon die Tatsache, dass dem vierten IPCC-Bericht die „Zusammenfassungen für Politiker" vorausgehen, nicht ihm folgen, zeigt, in welchem Maße die Wissenschaft inzwischen instrumentalisiert wird. Gefragt sind nicht differenzierte Erkenntnisse, sondern Angstszenarien, mit denen die Bevölkerung für jede Maßnahme gefügig gemacht werden soll. Was mit einfacher Umweltpolitik nicht möglich war - etwa die Besteuerung des Flugbenzins - rückt nun in greifbare Nähe. Klimapolitik unter Androhung apokalyptischer Strafen hat eine geradezu bunkerbrechende Durchschlagskraft. Das macht sie bei Politikern so beliebt. Die Wissenschaft aber hat sich in politischen Verhandlungen in einer Weise zur Magd gemacht, die ihre Wissenschaftlichkeit selber untergräbt - denn die besteht immer noch darin, sich immer von neuem selbst in Frage zu stellen."

An den Wissenschaftsdokumentationen der öffentlich rechtlichen TV-Sender war diese Entwicklung am besten zu beobachten. Die hervorragend recherchierte und bestens mit Fakten belegte TV-Sendung von Joachim Bublath *Rettung für das Klima?* [12] führte dazu, dass dieser ausgezeichnete Physik-Moderator niemals wieder mit einer Wissenschaftsdokumentation betraut und umgehend aufs Altenteil geschickt wurde. Sein „Nachfolger" Prof. Harald Lesch, der als Astrophysiker ansonsten hochrangige und interessante Wissenschaftssendungen moderierte, war sich danach nicht mehr zu schade, in der *„Die lange Nacht des Klimas"* des ZDF Al-Gore-Propaganda zu verbreiten, die das Original an angehäuftem Unsinn und groben Fehlern sogar noch übertraf und als trauriger Tiefpunkt von Wissenschaftsdokumentationen im deutschen Fernsehen gelten darf.

In diese Stimmung platzte dann der E-Mail-Skandal des englischen Headley-Klimazentrums (s. unter 7.4). Von bis heute unbekannten Hackern oder evtl. sogar einem internen Mitarbeiter wurden hunderte vertrauliche E-Mails gestohlen und im Internet veröffentlicht - mit erschreckendem Ergebnis. Aus diesen Mails ging hervor, wie von hochrangigen, dem IPCC zuarbeitenden Klimaforschern manipuliert, bedroht und getrickst wurde, um die anthropogene Erwärmungshypothese zu propagieren. Die Entwicklung ist hier noch nicht abgeschlossen, denn der verantwortliche Leiter des Zentrums, Prof. Phil Jones musste zurücktreten. Ferner laufen aktuell (Feb. 2010) parlamentarische Untersuchungen in England und den USA. Der E-Mail-Skandal war kein Einzelfall, denn inzwischen kam ans Licht, dass alle IPCC-Aussagen über die angebliche Gletscherschmelze im Himalaya in den wissenschaftlichen IPCC-Berichten eine bewusste Fälschung der politischen IPCC-Redaktion waren. Es ist schwer vorstellbar, dass sich die Weltöffentlichkeit auf Dauer über die wahren Hintergründe der IPCC-Agenda weiterhin wie bisher täuschen lässt.

Leider waren erst sichtbare Betrugsfällen nötig, um die deutschen Medien zögerlich und sehr langsam zu veranlassen aufzumerken. Zuvor hatten unbequeme Abweichler nie ein Chance. So etwa Klimaforscher der Bundesanstalt für Geowissenschaften und Rohstoffe (BGR) in Hannover [70]. Deren kleines Team wollte in den allgemeinen Chor nicht einstimmen, eine Aussage des Klimaforschers Georg Delisle wurde bereits erwähnt. Die Geowissenschaftler aus Hannover wurden daher schnell als *Klimaleugner* stigmatisiert und von vielen Klimaforschern der IPCC-Linie als „Außenseiter mit abwegigen Ansichten" bezeichnet. Auch der ehemalige Bundesumweltminister Sigmar Gabriel war verständlicherweise nicht gut auf die Fachbehörde zu sprechen. Da werde *„aus der Tiefe des Gemüts Propaganda gegen den Klimaschutz gemacht - auf Kosten des Steuerzahlers"* , kritisierte der SPD-Politiker. Er fände es gut, wenn die Bundesanstalt dies künftig einstellen würde. *„Man müsse sich fragen, was die BGR mit ihren Stellungnahmen bezweckt"* , sagte ein Sprecher des Ministers. *„Hier gehe es doch offenbar darum, die Interessen der Energiewirtschaft zu vertreten."* Dies vermuteten auch die Kollegen vom Potsdam Institut für Klimafolgenforschung (PIK): *„Jedes Argument der BGR ist seit Jahren widerlegt. Er kenne niemanden, der bezweifle, dass die Erhöhung des Kohlendioxidausstoßes um ein Drittel ohne Folgen bleiben werde."* , ließ Prof. Wolfgang Cramer verlauten. Ob Cramer wahr aussagte, darf bezweifelt werden, denn jedem Klimafachmann sind die unter 10. genannten Manifeste unzähliger Klimaexperten, die eine solche Widerlegung bestreiten, bestens bekannt. Der zweite Satz seiner Einschätzung trifft dagegen zu. Tatsächlich gibt es kaum jemanden, der Folgenlosigkeit des Anstiegs der atmosphärischen CO_2-

Konzentration vorgibt. Was Cramer verschweigt, sind die erdrückenden Hinweise auf die Geringfügigkeit dieser Folgen.

Bezweifelt wird also nur das von den Katastrophenpropheten angegebene Ausmaß dieser Folgen, denn diese sind gemäß bisheriger Messlage ein **Nulleffekt**.

Wieso *„Propaganda gegen den Klimaschutz"*- so Sigmar Gabriel - auf Kosten des Steuerzahlers geht, bleibt das Geheimnis unseres ehemaligen Umweltministers. Immerhin trägt der Steuerzahler die hohen Kosten unnötiger CO_2-Vermeidung. Nur fehlendes (sinnvolles) Energiesparen trifft den Steuerzahler, vielleicht war ja dies gemeint. Seine Bemerkung *„Aus der Tiefe des Gemüts"* geht ebenfalls daneben, denn die Kritik von Georg Delisle gründet sich auf belegbare Fakten, nicht auf Gemütsverfassungen und stellt die Expertise eines Klimafachmanns dar. Eine Tiefe des Gemüts in der Klimafrage weisen diejenigen auf, die Fakten in ideologischer Verblendung nicht zur Kenntnis nehmen wollen.

In der BGR versteht man die Anwürfe von Sigmar Gabriel verständlicherweise auch nicht. *„Das Wort Klimaleugner ärgert uns wirklich"* sagt Klimafachmann Delisle. *„Es gibt einen Treibhauseffekt - das bestreiten wir überhaupt nicht. Aber die Frage ist, wie stark ist der Einfluss des Kohlendioxidausstoßes und wieviel Anteil hat die natürliche Entwicklung? Hierzu gebe es unterschiedliche Einschätzungen. Er und sein Team stünden nicht alleine da mit ihren Zweifeln. Allerdings scheuten viele davor zurück, sich öffentlich mit dem mächtigen IPCC, dem Klimarat der UN, anzulegen. Da gehe es auch um Forschungsaufträge, ist hinter vorgehaltener Hand auch von anderen Klimaforschern zu hören."*

Die Einschätzung von Georg Delisle trifft zu. Daher finden sich hierzulande keine aktiven jüngeren Fachwissenschaftler an Universitäten oder technischen Hochschulen, die unmissverständlich öffentliche Kritik wagen. Die meisten kritischen Stimmen kommen aus den Reihen von Forschern, die sich in gesicherten Positionen befinden oder bereits pensioniert sind. Experten-Statements in Zeitschriften-, Rundfunk- oder Fernsehinterviews beachten in der Regel die geforderte politische Korrektheit, was die Schuld des anthropogenen CO_2 an einem, wie immer gearteten Klimawandel betrifft. Vorbehalte und kritische Anmerkungen in Interviews werden allerdings immer mal wieder laut. Hier können als stellvertretende Beispiele für verhältnismäßig weites Herauslehnen der Klimaforscher Hans von Storch, Professor für Meteorologie der Universität Hamburg und der bereits erwähnte Klimaexperte Heinz Miller genannt werden. Insbesondere von Storch hat beispielsweise die Temperaturkurve von Mann et al., auf die sich das IPCC stützte und die sich später als Fälschung herausgestellt hat, schon frühzeitig auf fachlicher Ebene, aber auch öffentlich scharf kritisiert [34].

Die Gretchenfrage nach der Schuld des menschgemachten CO_2 an irgendeinem Klimawandel wird aber immer noch in vorsichtiger Befolgung politischer Korrektheit auch von neutralen Experten in der öffentlichen Diskussion peinlich gemieden. Es sei kein Fehler, zum Zweck der CO_2-Vermeidung seinen nächsten Urlaub einmal in Deutschland zu verbringen und nicht zu fliegen, ist dagegen unverbindlich und politisch korrekt zu vernehmen. Dem kann man natürlich nicht widersprechen: **CO_2-Vermeidung ist natürlich nicht falsch, nur unwirksam und extrem kostspielig. Das ausgegebene Geld wäre an anderer Stelle für den Umweltschutz und unsere Energiesicherung besser aufgehoben.**

Auffallend ist die zurückhaltende CO_2-Politik der deutschen physikalischen Gesellschaft (DPG), denn sie ist hierzulande fachlich für eine mögliche Diskussion der CO_2-Frage zuständig. Ein ehemaliges Vorstandsmitglied der DPG, Konrad Kleinknecht, Professor für Elementarteilchenphysik an der Universität Mainz, hat immerhin die Buchveröffentlichung *Wer im Treibhaus sitzt* vorgelegt, die im wesentlichen die IPCC-Auffassung wiedergibt. Diese Meinungsrichtung scheint aber keineswegs allgemeiner Konsens im DPG-Vorstand zu sein. Im Aprilheft 2007 des Physikjournals der DPG mahnt nämlich der DPG-Präsident Eberhard Umbach unter dem Titel *Fakten für die Klimadebatte*, wie folgt, an: *„Wir müssen ohne Vorurteile und ohne ideologische oder rein ökonomische Befangenheit handeln, und zwar auf der Grundlage von stichhaltigen technischen und wissenschaftlichen Fakten."*

Dies war unmissverständlich und gleichzeitig irritierend, weil keine weiteren Hinweise darauf erfolgen, wie diese Fakten denn nun aussehen. Warum die Vorsicht? Die Antwort fällt leicht. Die DPG spricht sich sachlich gut begründet für eine stärkere Nutzung der Kernenergie aus und ist in diesem Punkt tatsächlich geschlossen einer Meinung.

Der Begriff Kernenergie ist aber in Deutschland, wie die mittelalterliche Hexerei längst vergangener Zeiten, mit einem Tabu belegt. Wer politisch korrekt sein will, sollte die Kernenergie besser nicht erwähnen.

Tatsächlich existieren inzwischen ausführliche Beiträge über Energieerzeugung, die die Kernkraft schlicht ignorieren. Deutsche kernphysikalische Institute gibt es kaum noch, viele wurden inzwischen in Umweltinstitute umbenannt.

Die DPG verfolgt daher eine politisch nachvollziehbare Linie. Die wissenschaftliche Behandlung der CO_2-Frage wird ausgespart, denn dann ist auch keine Festlegung erforderlich. Die DPG hat zuviele fachkundige Mitglieder, um sich ähnliche Vereinfachungen und nur politisch zu rechtfertigende Kampagnen, wie sie die IPCC-Berichte für Politiker darstellen, erlauben zu können. Ein kollektiver Protest und Austritte aus der DPG wären zu befürchten. Somit bleibt die DPG dabei zu betonen, dass Kernkraftwerke frei von CO_2-Emissionen sind, was zutrifft. Falls nämlich die DPG zum wissenschaftlich untermauerten Schluss käme, menschgemachtes CO_2 sei weitgehend klimaunwirksam, wäre eines der zur Zeit wichtigsten politischen Argumente zu Gunsten der Kernkraft verloren. Die Politik könnte sich fragen, warum man nicht Kohlekraftwerke den scheinbar so gefährlichen Kernkraftwerken vorzieht, schließlich hat die Menschheit noch sehr lange ausreicend Kohle. Angesichts der Furcht weiter Bevölkerungskreise vor Kernenergie würde die Politik dann wohl wieder Kohlekraftwerke öffentlich favorisieren. Übrigens unternimmt sie das gegenwärtig tatsächlich - stillschweigend! Wer die wissenschaftlichen Beiträge der DPG in deren Physik-Journal verfolgt, hat entsprechend auch noch keinen einzigen Fachaufsatz, der sich in jüngster Zeit dediziert der CO_2-Frage widmet, finden können. Einzige Ausnahme ist ein Aufsatz zur Rolle der Sonne als Klimakraft [140]. Und dies bei einem Thema, das an Aktualität nicht mehr zu überbieten ist.

Wem kann der Laie denn angesichts dieser Gemengelage noch Glauben schenken? Kann man überhaupt noch irgendeinem Experten glauben? Man erinnert sich in diesem Zusammenhang vielleicht an die Ozonproblematik. Hier zweifelt heute zu Recht niemand mehr daran, dass FCKW-Gase die Ozonschicht schädigen und ein optisches Fenster für die schädliche UV-Strahlung öffnen. Das Verbot von FCKW-emittierenden Industrie-Substanzen, wie zum Beispiel von Halon in Kühlanlagen oder Feuerlöschsystemen war und ist daher berechtigt. Die einschlägigen physikalisch-chemischen Mechanismen über das atmosphärische Ozon wurden aufgeklärt und brachten dem Meteorologen Paul J. Crutzen den Nobelpreis ein. Die Ozonfrage ist erledigt, weil eine schlüssige Theorie mit den Messdaten im Einklang ist. Dies ist bei der CO_2-Hypothese nicht der Fall. Es gibt zwei maßgebende Unterschiede zum „Ozon-Fall" : **Zum einen ist CO_2, im Gegensatz zu den künstlichen, in der Natur nicht vorkommenden und schädlichen FCKW-Gasen, ein lebensnotwendiges Naturgas, dessen Konzentration in der Erdvergangenheit schon ein Vielfaches des heutigen Wertes betrug, ohne dass durch CO_2 verursachte Klimakatastrophen bekannt sind. Zum zweiten zeigen alle bisherigen Messergebnisse keinen Einfluss des anthropogenen CO_2 auf Klimawerte an.**

Sieht man die Problematik näher an, Experten Glauben schenken zu müssen, wird es völlig düster. Ist der deutsche Bürger nicht schon wiederholt massiv betrogen worden? Die Liste ist lang. Stellvertretend nur drei besonders markante Havarien: Die gebetsmühlenartigen, vollmundigen Beteuerungen des ehemaligen Arbeitsministers Norbert Blüm, die in volksnaher Diktion die felsenfeste Sicherheit unserer Renten verkündeten, die stets wiederkehrende Versicherung der deutschen Innenpolitik, ernsthaft das Rückfahren der überbordenden Staatsverschuldung in Angriff genommen zu haben und die Beteuerungen fast aller Finanzexperten vor der großen Krise des Jahres 2008, Banken und Hedgefonds würden mit ihren Derivaten ein ganz neues, properierendes Zeitalter der Finanzwirtschaft eröffnen, alles sei sicher und stünde zum Besten.

Es ist ein fataler Irrtum anzunehmen, die Wissenschaft sei gegen Irrtümern und Betrügereien gefeit. Insbesondere das immer wieder hervorgeholte, uralte Fehlargument, man sei heute eben weiter als in der Vergangenheit und wisse inzwischen alles viel besser, ist ein massiver Trugschluss. Nachfolgend einige stellvertretende Beispiele für kräftig irrende Wissenschaft:

▷ Die Zurückweisung der Kontinentaldrifthypothese des Forschers Alfred Wegener. Heute kennt jeder den Begriff der Plattentektonik.

▷ Die nicht eingetroffenen Katastrophenszenarien des Club of Rome.

▷ Die als unumstößlich angesehene Tatsache, dass Bakterien im sauren Magenmilieu nicht überleben können und Magengeschwüre daher psychosomatisch verursacht sein müssen. Heute weiß man, dass Magengeschwüre von Bakterien ausgelöst werden, wozu erst ein gefährlicher Selbstversuch, der den Nobelpreis für Medizin einbrachte, nötig war.

▷ Das deutsche Waldsterben, an dem angeblich kein ernsthafter Wissenschaftler zweifelte. Heute ist dieser Begriff stillheimlich verschwunden.

▷ Die „wissenschaftlich begründeten" Warnungen vor einer neuen Eiszeit noch vor wenigen Jahrzehnten.

Besonders an den letzten Irrtum, der heute nur noch den Älteren unter uns bekannt ist, wird gegenwärtig von der Klimaforschung nur ungern erinnert. In Kapitel 5. wird die Eiszeithypothese näher geschildert.

Zusammenfassung von Abschnitt 3.2

Das lebensnotwendige Naturgas CO_2 ist zur Schadens-Ikone einer desinformierten Öffentlichkeit geworden, ein fast unvorstellbarer Vorgang in einer hochtechnisierten Gesellschaft mit hohem Anteil an naturwissenschaftlichen Akademikern. Die Gefahren, die für eine Wissenschaft bestehen und von ihr ausgehen, die nicht mehr wertfrei ist, sondern sich politischen Zielen - hier denen des IPCC - unterordnet, wurden geschildert. Das Ergebnis ist durch verantwortungslose „Advocacy-Experten" unterstützte IPCC-Propaganda, wie etwa die des deutschen PIK, die keine andere Auffassung mehr zulässt oder gar diskutiert und z.Teil mit fragwürdigen Methoden jede Abweichung in und außerhalb der Wissenschaftsgemeinde bekämpft. Es gibt keine Hinweise und schon gar keinen Beweis für die Hypothese, dass anthropogenes CO_2 in maßgebendem Umfang klimarelevant ist. Zu Tausenden zählende Klimaexperten, darunter viele Nobelpreisträger, als Kritiker der IPCC-Politik, die Protestmanifeste verfassten, fanden niemals öffentliches Gehör (eines dieser Manifeste in Kapitel 9. im Wortlaut und mit allen Unterzeichnern).

3.3 Wege zu Antworten

Angesichts einer offiziellen Katastrophenhypothese und unzähliger Klimaforscher als Kritiker dieser Sichtweise entsteht die Frage, nach welchen Kriterien überhaupt verlässliche Aussagen zur Klimafrage erhalten werden können. Die Antwort kann nur folgendermaßen lauten:

> **Vom bisher verbindlichen wissenschaftlichen Vorgehen, wie es in allen anderen naturwissenschaftlichen Disziplinen üblich ist, darf auch in der Klimawissenschaft nicht abgewichen werden. Infolgedessen sind nur Hypothesen ernst zu nehmen, die mit Messungen belegbar sind. Aussagen aus Computer-Klimamodellen gehören nicht dazu.**

Diese Forderung ist das Leitmotiv aller weiteren Erörterungen dieses Buchs. Der Leser möge es im Auge behalten.

Ein klimafachfremder Naturwissenschaftler oder Ingenieur sollte sich aber möglichst nicht in Fachdiskussionen über umstrittene Klimafragen einmischen. Er kennt in der Regel nicht die aktuelle Originalliteratur und wird sich in Auseinandersetzungen, die der Sachklärung wenig hilfreich sind, verlieren. Verfolgt man den Klimastreit im Internet, sowie Zeitungsbeiträge und Buchveröffentlichungen, dann sieht man, wie fachfremde Kritiker meist an den falschen Fronten kämpfen. Antworten auf umstrittene Klimadetails, so interessant sie auch sein mögen, sind in der Regel nicht geeignet, die Kernfrage nach einer angeblichen Klimaschädlichkeit des anthropogenen CO_2 zu beantworten.

Allein schon die wissenschaftlichen IPCC-Berichte [81], die vermutlich nur von wenigen Nichtfachleuten gelesen werden, bieten, von Ausnahmen abgesehen (s. unter 5.2), ausreichende Fakteninformation. Die aus diesen Fakten unter Beachtung der oben formulierten Prämisse folgenden Aussagen geben zu keinerlei Beunruhigung Anlass.

Allerdings betont das IPCC die Computerergebnisse aus fiktiven Klimamodellen, weicht daher von der in diesem Buch gestellten Forderung ab und begründet damit eine andere Sichtweise. Besorgniserregende Temperaturen aus fiktiven Computer-Klimamodellen kommen aber auch hier **erst in der Zukunft** vor. Vor allem ist den Annahmen des IPCC-Lagers zur sog. Klimasensitivität des Kohlendioxid ein großes Fragezeichen hinzuzufügen. Auf die Klimasensitivität von CO_2 wird, weil sie für die hier behandelte Fragestellung zentral ist, in den eigenen Abschnitten 5.4 und 5.5 eingegangen.

Die geschilderte Sachlage ist dann auch der Grund, warum die IPCC-Berichte nicht müde werden, die eigenen Bewertungen als *wahrscheinlich* oder *sehr wahrscheinlich* zu kennzeichnen. Einzige und letzte Zuflucht beim Fehlen stringenter Nachweise sind, um es zu wiederholen, fiktive Computer-Klimamodelle, deren Vorhersagen oder Projektionen man *glauben* muss.

Im Nachvollziehen der Klimavergangenheit haben Computer-Klimamodelle indes stets dramatisch versagt, warum soll dies für die Klimazukunft anders sein?

Aber wiederum: Darf dies so sicher behauptet werden, schließlich sind doch Verbesserungen der Modelle denkbar? Die Antwort auf diesen Einwand wird unter 5.6 gegeben. Es wird sich zeigen, dass eine langfristige Vorhersagekraft von Computer-Klimamodellen aus prinzipiellen mathematisch-numerischen Gründen unmöglich und daher niemals erreichbar ist.

In diesem Zusammenhang sei ein Blick ins Buch von Rahmstorf und Schellnhuber geworfen, das hier als stellvertretend für die Auffassung der Katastrophenwarner angesehen und auf das daher wiederholt kritisch eingegangen wird. Erhalten wir wenigstens hier die gesuchten Auskünfte? Leider nein. Belegte Antworten auf die Frage, ob anthropogenes CO_2 irgendeinen Klimawandel maßgeblich verursacht, sucht man vergeblich. Das Gleiche gilt für Antworten auf die Frage, wie die gefährliche Verschwendung der wertvollen Reserven an Erdöl und Erdgas mit Maßnahmen aufgehalten werden kann, die umweltgerecht sind und dabei nicht gleich unsere Volkswirtschaft zerstören. Lesen wir nämlich im Kapitel *die Lösung des Klimaproblems* nach, wird augenfällig, dass die hier vertretenen Vorschläge vernünftigen technisch-wirtschaftlichen Kriterien Hohn sprechen. Die vorgeschlagene Sequestrierung von CO_2 aus Kohlekraftwerken erzeugt beispielsweise wieder einen großen Teil des CO_2, das man gerade sequestrieren will (Einzelheiten unter 8.4).

Amüsant wird es dann im politischen Teil des Buchs der beiden PIK-Experten. Im Abschnitt *Die Lobby der Leugner* stellt der Leser überrascht fest, dass er bereits ein Leugner ist, weil er es wagt selber nachzudenken. Aber den Klimawandel leugnet doch niemand, diese Unterstellung der beiden prominenten Autoren ist absurd, denn konstantes Klima ist unmöglich und Klimawandel gibt es immer, das weiß jeder intelligente Grundschüler! Also was soll die an Unsinn nicht mehr zu überbietende Bezeichnung „Klimaleugner" seitens der beiden Autoren? Ob Kohleindustrie und Autofirmen tatsächlich alle IPCC-Kritiker korrumpiert haben? Wo findet man eigentlich die so schädliche Leugner-Lobby? Die Autoren geben leider keine Aufklärung. Wir wollen diese spannenden Fragen jetzt gegenüber so verdienten Experten respektvoll und in freundlich anerkennender Unklarheit zurücklassen.

Zusammenfassung von Abschnitt 3.3
Zur Beantwortung der Frage nach einer möglichen Schuld des modernen Menschen an einem schädlichen Klimawandel dürfen nur Aussagen Berücksichtigung finden, die auf Messungen und physikalischen Gesetzen basieren. Projektionen aus Computermodellrechnungen, die der gestellten Forderung nicht einmal ansatzweise genügen, sind zu ignorieren.

3.4 Klima-Hypothesen und -Messwerte

In den vorangegangenen Abschnitten wurden die Meinungsstandpunkte zum Klimaproblem skizziert. Um nun aber eine verlässliche Ausgangsbasis zu erhalten, wollen wir die drei maßgebenden, kontroversen Hypothesen zu den Ursachen der rezenten Klimaveränderungen ab Beginn des 20. Jahrhunderts beschreiben. Der Grund für die Wahl dieses Anfangszeitpunkts liegt auf der Hand, wenn man sich den atmosphärischen CO_2-Gehalt in Bild 3.5 ansieht. Es besteht kein Zweifel, dass zumindest der überwiegende Anteil des CO_2-Anstiegs anthropogen ist. Analysen des Anteils am Kohlenstoffisotop ^{14}C im Verlauf der letzten 50 Jahre beweisen, dass diese Zunahme nur durch Verbrennung fossiler Brennstoffe erklärt werden kann.

Dem Anstieg des anthropogenen CO_2 werden jetzt Temperaturentwicklungen gegenübergestellt. Wir betrachten hierzu lokale Langzeit-Temperaturreihen der Nordhemisphäre (Bild 3.6).

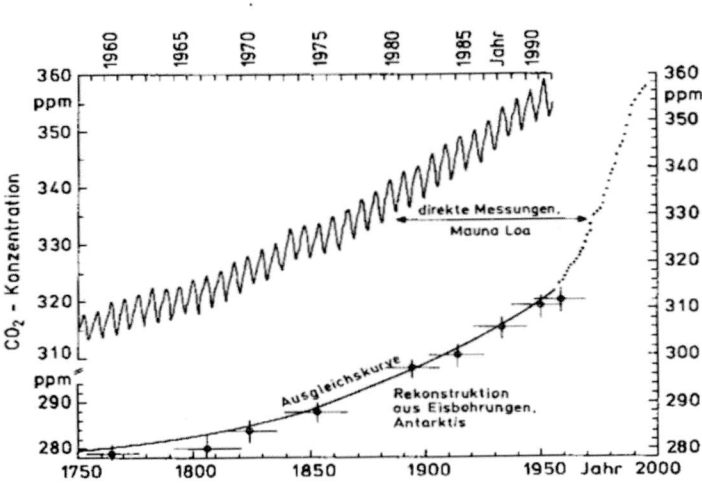

Bild 3.5: CO$_2$-*Konzentration der Atmosphäre von 1750 bis 2000. Die kleinen, regelmäßigen Fluktuationen im oberen Teil des Bildes mit den Konzentrationswerten ab etwa 1960 zeigen deutlich die durch die wechselnden Jahreszeiten verursachten Schwankungen. Bildquelle: Schönwiese [141].*

In Bild 3.7 ist danach, sozusagen als „Gegenprogramm" , eine Temperaturreihe der Südhalbkugel gezeigt (Wellington in Neuseeland). In Bild 3.8 sind schließlich die offiziellen Temperatur-Anomalien des IPCC als globale ortsgemittelte Ganglinien angegeben. Mit „Anomalien" sind hier Abweichungen von einem künstlich gewählten Mittelwert gemeint.

Eine Anmerkung an dieser Stelle: Im Gegensatz zur Zeitmittelung (Beispiel: Jahres-Mitteltemperatur) ist die Ortsmittelung von Temperaturen für über große Abstände verteilte Messstationen problematisch. Die Physik kennt den Begriff der Temperatur-Ortsmittelung nicht. Man verbinde beispielsweise eine 50 ^{0}C warme Eisenplatte mit einer Styroporplatte identischer Abmessung, die aber nur 10 ^{0}C warm ist. Die Temperatur-Ortsmittelung ergibt die Mitteltemperatur von $(10 + 50)/2$ = 30 ^{0}C für diesen Verbund von Eisen- und Styrpor. Tatsächlich stellt sich der sehr viel höheren Wärmekapazität der Eisenplatte wegen eine weit höhere Ausgleichstemperatur als 30 ^{0}C für den Plattenverbund ein. Analoges liegt beim physikalisch unzulässigen Vermischen von Ozean- und Landtemperaturen vor, denn Wasser besitzt eine höhere Wärmekapazität als Land. Im Grunde lassen sich zuverlässige Aussagen nur für **lokale** Temperaturen machen [33].

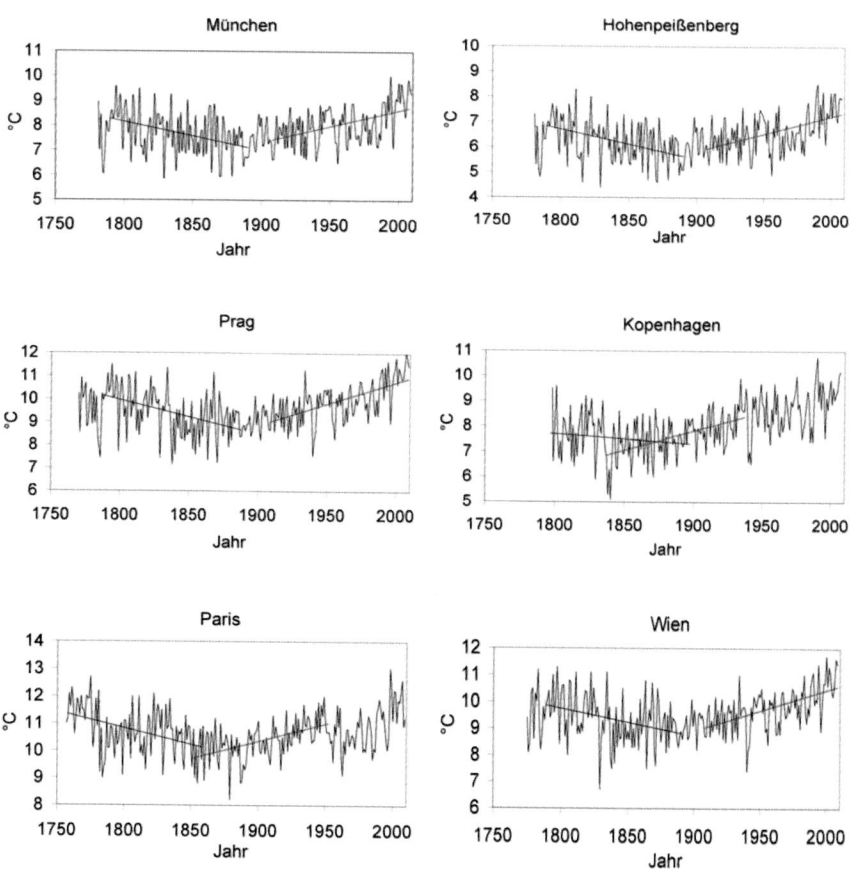

Bild 3.6: Nordhemisphärische Langzeit-Temperaturreihen mit Regressionsgeraden der jeweils stärksten 100-Jahre-Temperaturanstiege bzw. Temperaturabstiege, Datenquellen [26]. Anstiege und Abstiege der Regressionsgeraden sind etwa gleich groß!

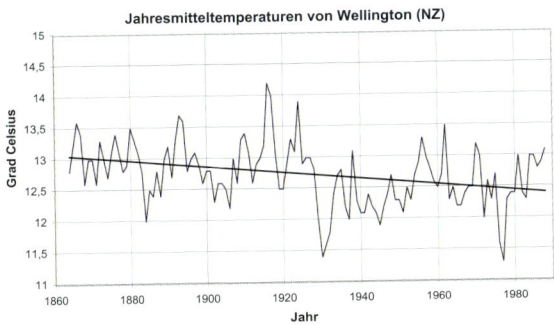

*Bild 3.7: Temperaturreihe der Stadt Wellington in Neuseeland. In Über-einstimmung mit der in Bild 3.2 gezeigten, ungleichmäßigen Tempera-turentwicklung der Erde ist diese Temperaturreihe ein Beispiel für lang-fristige **Abkühlung**, Datenquelle [153].*

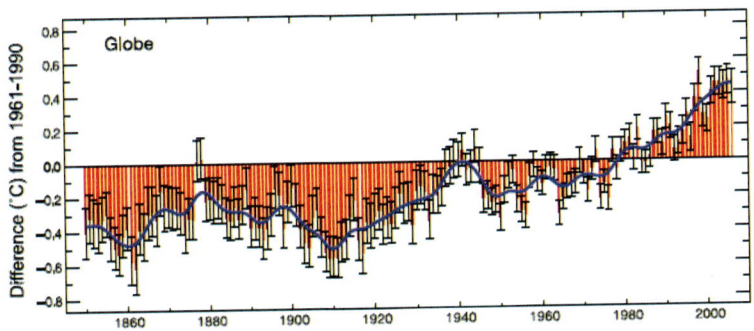

Bild 3.8.: Bodennahe Globaltemperaturen als Differenz zu den Mittelwer-ten in den Jahren 1961-1990. Die Fehlerbalken geben Ungenauigkeiten an. Bildquelle: IPCC-Bericht 2007 (the scientific basis) [173].

Einem aufmerksamen Leser drängt sich nun die Frage auf, wie der offensichtliche Widerspruch der Bilder 3.6, 3.7 und 3.8 erklärt werden kann. Was sagt eigentlich die Fachliteratur (nicht die IPCC-Berichte) hierzu aus? An einer Arbeit, die sich mit Methoden der Persistenz-Analyse dieser Frage an Hand einer Untersuchung von insgesamt 95 weltweiten Temperaturstationen annahm, war auch der medienbekannte PIK-Professor Hans-Joachim Schellnhuber als Autor beteiligt [139]. Er wird bekanntlich nicht müde, eine gefährliche Klimaerwärmung in Zeitungsinterviews zu verkünden. In seiner Fachveröffentlichung dagegen ist auf S. 5 in der Zusammenfassung der folgende (hier ins Deutsche übersetzte) Satz zu lesen: *„ In der überwiegenden Anzahl der Stationen konnten wir keine Anzeichen für eine globale Erwärmung der Atmosphäre auffinden"* . Zweifel, ob überhaupt von einer globalen Erwärmung im 20. Jahrhundert gesprochen werden darf, äußern auch die renommierten Experten Joseph D'Aleo und Anthony Watts in einer Arbeit mit dem bezeichnenden Titel „Surface Temperature Records: Policy Driven Deception?" (Temperaturrekorde der Erdoberfläche: Eine politisch angetriebene Täuschung?) [19]. Eines scheint aber gemäß Bild 3.6 festzustehen: **Auf der Nordhemisphäre hat es sich im 20. Jahrhundert erwärmt - sozusagen als Ausgleich für die etwa gleich große Abkühlung des 19. Jahrhunderts.**

Von den Vertretern der anthropogenen Erwärmung wird der in Bild 3.6 und Bild 3.8 beobachtbare Anstieg insbesondere seit etwa 1970 mit dem Anstieg der CO_2-Konzentration von Bild 3.5 verknüpft. Dies ist die vom IPCC bevorzugte **anthropogene CO_2-Hypothese**.

Stärke der CO_2-Hypothese:
- Sichtbarer Gleichklang von Temperatur- und CO_2-Konzentrationssteigerung Ende des 20. Jahrhunderts.

Schwächen der CO_2-Hypothese:
- Die Abkühlungsphasen, etwa in Bild 3.8 in den Jahren von 1940 - 1970 sind nicht erklärbar
- Widerspruch von Erwärmung im Norden und Abkühlung im Süden der Erde können nicht erklärt werden.
- Die Erwärmungswirkug durch zunehmendes CO_2 ist viel zu schwach, um den Temperaturanstieg erklären zu können (s. unter 5.4).
- Die dem CO_2 zugeschriebene Erwärmung liegt im Bereich der natürlichen Temperaturschwankungen, wie sie die Klimaänderungen der letzten 10.000 Jahre stets mit sich gebracht hat. Anthropogenes CO_2 ist zu einer Erklärung unnötig.

- Ein anthropogenes Signal auf Erdtemperaturen konnte bisher nicht nachgewiesen werden. Dies wird vom wissenschaftlichen Beirat der Bundesregierung WBGU noch im Jahre 1997 ausdrücklich bestätigt [154].

Die Vertreter der **Sonnenhypothese** weisen dagegen auf den exzellenten statistischen Gleichklang zwischen Sonnenaktivität und Erdtemperaturen hin, der über alle Klimazeitskalen bis viele Millionen Jahre vor unserer Zeit zurückverfolgbar ist (s. unter 4.2).

Stärken der Sonnenhypothese:

- Sehr gute Korrelation zwischen Erdtemperaturen und Sonnenaktivität (Sonnenflecken, ^{10}Be Proxy) auf längerfristiger Zeitskala.

Schwächen der Sonnenhypothese:

- Keine gute Korrelation auf kürzester Zeitskala. Der 11-jährige Zyklus ist in Temperaturreihen nicht auffindbar.
- Noch nicht vollständig abgesicherter Mechanismus der Wolkenbildung durch wechselndes Sonnenmagnetfeld.

Die Sonnenhypothese vermag beim gegenwärtigen Wissensstand keine Vorhersagen für die nahe Zukunft zu machen, wohl aber eine sehr verlässliche für die weitere Zukunft. Es wird mit an Sicherheit grenzender Wahrscheinlichkeit eine neue Eiszeit kommen (s. hierzu Bild 4.2). Wann es soweit sein wird, wissen wir nicht. Prinzipiell kann es bereits in wenigen Jahrzehnten losgehen, es kann aber auch noch ein paar hundert oder tausend Jahre dauern.

Der politischen Führung des IPCC waren die oben geschilderten Fakten nicht ausreichend. Hiermit ließ sich nämlich der Gründungsauftrag des IPCC, eine gefährliche, durch menschgemachtes CO_2 verursachte Globalerwärmung zu beweisen, nicht vereinbaren. „Hilfe" brachten Computer-Klimamodelle, in denen die sog. Wasserdampfrückkoppelung als maßgebender Verstärkungsmechanismus eingebaut war. Diese bedeutet, dass der geringfügige Erwärmungseffekt des CO_2 zusätzlichen Wasserdampf entstehen lässt, dessen sehr viel stärkere Treibhauswirkung in einer Rückkoppelungsschleife die Erwärmungswirkung des CO_2 praktisch nach Belieben verstärkt; und dies erklärt endlich auch die in Bild 3.3 gezeigten Temperatursteigerungen. Rückkoppelungen sind jedem aus dem

Jaulen einer Mikrophon-Verstärkeranlage bekannt, wenn das verstärkte Tonsignal wieder ins Mikrofon gelangt, weiter verstärkt wird usw. Auf die Wasserdampfrück- bzw. Gegenkoppelung wird unter 5.5 detailliert eingegangen.

Stärken der Computer-Klimamodell-Hypothese:
- kann alle politisch gewünschten, zukünftigen Temperatursteigerungen durch geeignete Rückkoppelung erzeugen.

Schwächen der Computer-Klimamodell-Hypothese:
- Die Klimavergangenheit konnte bis heute in den Klima-Modellen nicht nachgebildet werden.
- Die Wasserdampfrückkoppelung war ein fiktives, nicht durch Messungen belegtes Konstrukt. Dies hat sich inzwischen geändert, denn durch Messungen wurde im Jahre 2009 das Gegenteil, nämlich temperaturabschwächende Gegenkoppelungen nachgewiesen (s. unter 5.5).
- Die verwendeten Computer-Klimamodelle basieren nicht durchgängig auf physikalischen Gesetzen, sondern verwenden zusätzliche, willkürliche ad-hoc-Annahmen.

Für eine vorläufigen Bestandsaufnahme sind nunmehr folgende Punkte zu beachten:

1. Es geht um globale Temperaturänderungen, nicht um CO_2-Konzentrationen. Die CO_2-Konzentrationen in der Atmosphäre steigen an und suggerieren Gefahr. Dies ist unbegründet, denn CO_2 ist und bleibt auch nach (theoretischem) Verbrennen sämtlicher fossiler Brennstoffe der Erde, immer nur ein lebensnotwendiges Spurengas in unserer Atmosphäre. Auch eine verdoppelte CO_2-Konzentration würde, von einem besseren Pflanzenwachstum abgesehen, für uns keine Rolle spielen.

2. Für die bisher gemessenen Temperaturanstiege und alle durch Sonnenhypothese, CO_2-Hypothese oder beider Überlagerung zu erwartenden weiteren Temperatursteigerungen ist die Bezeichnung „Gefährdung" nicht angebracht.

3. Es ist zwischen Messungen und Modellen zu unterscheiden. Erstere liefern unstrittige Werte, falls ordentlich gemessen wurde. Letztere sind fiktive Gebilde, die sich laufend ändern.

4. Wir befinden uns ab etwa dem Jahre 2000 wieder in einer globalen Abkühlungsphase [89]

Zusammenfassung von Abschnitt 3.4
Es wurde ein Überblick zu den drei aktuellen Hypothesen über die Ursachen der rezenten Klimaänderung gegeben. Im 20. Jahrhundert hat ein menschverursachter CO_2-Konzentrationsanstieg von 290 ppmv auf 360 ppmv stattgefunden. Im Gegensatz zum CO_2-Anstieg war kein global durchgehender Temperaturanstieg auffindbar, und seit etwa dem Jahre 2000 wird es sogar überall auf dem Globus wieder kälter. Alle bisherigen Temperaturänderungen blieben im Rahmen der bekannten, natürlichen Klimafluktuationen, die zur Erklärung kein anthropogenes CO_2 benötigen. Die in Klima-Computermodellen eingebaute Wasserdampfrückkoppelung wurde im Jahre 2009 durch Messungen falsifiziert.

3.5 Ockhams Rasiermesser

Entia non sunt multiplicanda praeter necessitatem
(Stanislaw Lem)

Der Philosoph William Ockham lebte von 1285 bis 1349 und ist durch ein aus seinen Schriften bekannt gewordenes Prinzip, das Ockham'sche Rasiermesser, berühmt geworden. Es bezeichnet das Sparsamkeitsprinzip für Hypothesen in der Wissenschaft und sagt aus, dass von mehreren Hypothesen oder gar Theorien, die den gleichen Sachverhalt erklären können, die einfachste zu bevorzugen ist. Unsere Naturwissenschaft konnte seit Ockham ihre Überlegenheit gegenüber den Bemühungen aller außereuropäischen Völker unter anderem nur deswegen so mächtig entfalten, weil sie sich zunehmend nach seinem Prinzip gerichtet hat. Frei nach Wikipedia ein anschauliches Beispiel für das Prinzip von Ockham:
Nach einem Sturm sieht man einen umgefallenen Baum. Aus den Beobachtungen „Sturm" und „umgefallener Baum" lässt sich die einfache Hypothese ableiten, dass der Baum vom starken Wind umgeweht wurde. Diese Hypothese erfordert nur eine Annahme, nämlich dass der Wind

den Baum gefällt hat, nicht ein Meteor oder ein Elefant, ferner ist bereits ein bewährter Mechanismus bekannt, nämlich die Kraft, die der Wind auf einen Baum ausübt. Die alternative Hypothese „der Baum wurde von wilden, 200 Meter großen Außerirdischen umgeknickt" ist laut Ockhams Rasiermesser weniger hilfreich, da sie im Vergleich zur ersten Hypothese mehrere zusätzliche Annahmen erfordert. Zum Beispiel die Existenz von Außerirdischen, ihre Fähigkeit und ihren Willen, interstellare Entfernungen zu bereisen, die Überlebensfähigkeit von 200 m hohen Wesen bei irdischer Schwerkraft usw. Solange nicht anderweitige zwingende Gründe dagegen sprechen, ist daher an der einfachsten Hypothese von der Sturmkraft festzuhalten.

Wenden wir das bewährte Prinzip von Ockham auf die Frage nach der Verantwortung des menschgemachten CO_2 auf irgendeine Klimaerwärmung an, bedeutet dies: **Nur wenn die Klimaentwicklung der jüngsten Zeit Besonderheiten aufweist, die mit den bisher bekannten und gemessenen Daten definitiv nicht erklärt werden kann, darf eine neue Ursache, wie etwa das anthropogene CO_2 ins Spiel gebracht werden.** Davon kann aber nicht die Rede sein. Alle rezenten Klimaänderungen bleiben im unauffälligen, natürlichen Bereich und entsprechen den Veränderungen der Vergangenheit. Würde man für die nordhemisphärische Erwärmungsphase des 20. Jahrhunderts, die in Bild 3.6 so deutlich erkennbar ist, anthropogene Ursachen zugrundelegen, hätte man das neue Problem eingehandelt, wo dann die Ursachen der ebenfalls in Bild 3.6 ablesbaren Abkühlung des 19. Jahrhunderts zu suchen sind.

Die Menschheit erzeugt einen Anteil von grob 3% der natürlichen CO_2-Emissionen. CO_2 ist ferner unbestritten ein Treibhausgas. Die zusätzliche anthropogene Menge muss daher aus physikalischen Gründen einwirken. Der entscheidende Punkt liegt in dem oft übersehenen Wort **maßgeblich**. Einflussgrößen auf Klimavorgänge gibt es unzählig viele, natürlich auch das zusätzliche anthropogene CO_2. Maßgeblich ist sein Einfluss aber aber nicht, er ist vernachlässigbar. Dies wird unter 5.4 und 5.5 gezeigt.

4 Ordnung in die Klimabegriffe!

Den Wind können wir nicht ändern, wir können nur das Segel setzen (Aristoteles)

Verfolgt man die Klimadiskussion in den Medien, fällt auf, dass oft keine Kenntnis darüber besteht, was Klima und Wetter voneinander unterscheidet. Diese Kenntnis ist aber unabdingbar, um verstehen zu können, um was es in der Klimadiskussion geht.

4.1 Klima oder Wetter?

Klimakunde war früher ein Teil der Geographie oder Erdkunde. Ein globales Klima gibt es nicht, nur verschiedene Klimazonen oder Klimate (Plural von Klima). Grob kennzeichnet man Klimate wie folgt:

- tropisch,
- subtropisch,
- gemäßigt,
- subpolar,
- polar.

Ereignisse wie besonders heiße Sommer, Überschwemmungen, Hurrikane usw. sind Erscheinungen, die mit dem Begriff Klima oder gar Klimaänderung zunächst noch nichts zu tun haben.

> **Der kleinste Zeitraum, in dem für gemittelte Daten wie Temperaturen, Niederschlagsmengen, maximale Windgeschwindigkeiten usw. von Klimaänderung die Rede sein kann, beträgt etwa 30 Jahre.**

Diese offizielle Definition stammt von der Weltmeteorologieorganisation (WMO). Wenn also im Jahre 1997, wie bereits erwähnt, der wissenschaftliche Beirat der Bundesregierung (WBGU) noch keinen Nachweis für anthropogenes CO_2 auf Klimawerte erkennen konnte [154], müssen in dem kurzen Zeitraum bis heute ganz neue Messergebnisse oder Erkenntnisse vorliegen, um die globale Erwärmungskatastrophe zu begründen. **Solche Messwerte oder Erkenntnisse gibt es aber nicht.** Was sich geändert hat, ist die personelle Besetzung des WBGU.

Die weiteren Ausführungen sind einem Vortrag des bereits erwähnten theoretischen Physikers und Professors an der TU Braunschweig, Gerhard Gerlich [58] entnommen und sollen dem Leser ihrer hübschen Diktion wegen nicht vorenthalten bleiben:

„Es gibt auf der Erde sehr viele Klimate, die das lokale mittlere Wettergeschehen beschreiben. Es gibt für die Erde kein Klima im Singular, also kein Globalklima (Erdklima). Globalklimatologie ist ein Widerspruch in sich, also die leere Menge, ein Nichts. Es gibt deshalb keine globalen Klimaänderungen, nur eventuelle zeitliche Veränderungen berechneter globaler Zahlen, für die es keine Wissenschaft gibt. Um Klimakunde handelt es sich auf keinen Fall, eventuell um ein Teilgebiet der Astrologie, die mehr physikalische Gesetzmäßigkeiten verwendet als die Globalklimatologie. In den Zeiten der Völkerwanderungen gab es einen eindeutigen Trend in die Gegenden der Erde, in denen damals die Jahresmitteltemperaturen höher lagen als in den Herkunftsländern der wandernden Völker. Diesen Leuten konnte man mit höheren Mitteltemperaturen keine Angst einflößen, es war gerade umgekehrt: die Leute machten sich auf den Weg, um in einem angenehmeren Klima zu leben. Höhere (lokale) Mitteltemperaturen sind also keine Katastrophe, sondern das Gegenteil: ein angenehmeres Klima, in dem man z.B. weniger Heizkosten und (zusammen mit Wasser und Kohlendioxid) einen besseren Pflanzenwuchs hat. Dies kann jeder Mensch ohne große Rechnungen selbst beobachten, indem er seinen Wohnsitz in die Richtung zum Äquator verlegt.“

Besonders den letzten Satz wird jeder nachvollziehen können, der schon einmal längere Zeit in subtropischen Gegenden hoch entwickelter Länder gelebt hat, wie beispielsweise in Ostaustralien auf der Höhe von Brisbane. Das ganze Jahr über ist keine Heizung oder warme Kleidung nötig, nur im Winter gelegentlich ein leichter Pullover oder eine Regenjacke. Damit entfallen Heizkosten und Heizungsanlagen in Häusern, die kostengünstiger gebaut werden können. Das Angebot an Gemüse und Früchten ist, verglichen mit dem heimischen Angebot, überwältigend. Neben so gut wie allem, was auch in unseren Breiten wächst, kommen noch unzählige Köstlichkeiten, wie Mangos, Papayas, Ananas usw. hinzu. Australien ist dank modernster Hygiene und Medizin nicht von Malaria oder sonstigen Tropenkrankheiten geplagt, nur vor der sehr starken Sonneneinstrahlung muss man sich, speziell um die Mittagszeit, schützen. Diese Fakten widersprechen den im Buch von Rahmstorf und Schellnhuber artikulierten Befürchtungen [135], wenn als Argument für die Schädlichkeit wärmeren Klimas von vermehrten Todesfällen kreislauf- und herzgeschädigter Patienten die Rede ist. Natürlich sind solche Patienten in kühlerem Klima besser aufgehoben, genauso wie umgekehrt die permanent von grippalen Infekten geplagten Mitmenschen in wärmerem Klima. Von einer geringeren Lebenserwartung in hoch entwickelten Ländern mit warmem Klima, wie in Israel, Südafrika, Australien usw., verglichen mit kühleren Ländern, wie Schweden oder Finnland, ist nichts bekannt.

Über das ganze Jahr sind Freizeitaktivitäten möglich. Nachteile eines wärmeren Klimas, verglichen mit unseren Breiten, sind nicht zu erkennen, ganz im Gegenteil. Nicht wenige unserer Landsleute ziehen ein wärmeres Klima unserem ewig nasskalten Schmuddelwetter, das trotz „globaler Erwärmung" leider immer noch fast ein halbes Jahr andauert, bei weitem vor. In diesem Zusammenhang braucht nur an das Flugreisen-Abstimmungsergebnis vieler Deutscher erinnert zu werden, die möglichst lange Zeit lieber in der Wärme als der Kälte verbringen möchten.

Der Evolutionsbiologe Josef Reichholf, Autor des Buchs „Eine kurze Naturgeschichte des letzten Jahrtausends" führt zum Thema höhere Temperaturen aus [148]: „...... *Und vollkommen falsch ist es, wie vielfach behauptet wird, dass es noch nie so warm gewesen wäre wie heute. Das ist absurd: vor 120.000 Jahren gab es Nilpferde am Rhein und an der Themse. Diese Daten sollte man sich anschauen, bevor man die aktuellen Zahlen zu Horrorszenarien aufbauscht. Außerdem, und das zeigt der Rückblick in die vergangenen tausend Jahre in aller Deutlichkeit: Es waren die Kaltzeiten, in denen wir und andere Teile der Welt von den großen Katastrophen heimgesucht wurden. Nicht die Warmzeiten."*
Reichholf weist ferner auf die Vorteile eines wärmeren Klimas infolge höherer Artenvielfalt hin.

So wie es kein globales Klima geben kann, ist auch der Begriff „Klimaschutz" ohne Sinn. Was soll denn hier geschützt werden? Wie wir unter 4.2 sehen werden, ist jede Klimazone einer mehr oder weniger raschen natürlichen Wandlung unterworfen. Soll vielleicht der Status Quo geschützt werden? Dies ist ein unmögliches Unterfangen und würde, falls wir in das Klimageschehen eingreifen könnten, Vergewaltigung der Natur bedeuten. Vielleicht ist Klimaschutz ja dies:

„Falls es menschliche Einflüsse gibt, die Klimaänderungen zum Schädlichen hin verursachen, sollen diese Einflüsse so weit wie möglich zurückgedrängt werden."

Aber gleich tauchen wieder Vorbehalte auf. Was ist zu tun, wenn unterschiedliche Auffassungen über Schädlichkeit und Nützlichkeit bestehen? Eine dauerhafte Erwärmung der nördlichen Zonen Europas, von denen bisher nicht die Rede sein kann, würde natürlich Auswirkungen auf die Tier- und Pflanzenwelt haben, wobei sich die Natur, wie es die Erdvergangenheit beweist, immer wieder anzupassen versteht. Landwirte würden sich über höhere Ernteerträge und die Schiffahrt sich über eine eisfreie Nordwestpassage freuen. Die Einwohner der nördlichen Städte würden weniger heizen müssen. Auf Permafrost gebaute Häuser wären beim Schmelzen des Untergrunds gefährdet, was heute bereits passiert, aber nicht durch Klimaerwärmung, sondern vielmehr durch marode, leckende Kanalisations- und Heizungsrohre. Wer will unter diesen Umständen über Klimaschutz dieser Klimazonen entscheiden, falls er denn möglich wäre?

Die meisten russischen Klimawissenschaftler fürchten konsequenterweise auch weniger die Folgen einer globalen Erwärmung als das Auftauchen einer neuen Kaltzeit. Und die überwältigende Bevölkerungsmehrheit der nordrussischen Klimazonen würde eine Erwärmung enthusiastisch begrüßen.

Zusammenfassung von Abschnitt 4.1

Es gibt grundsätzlich kein *globales* Klima, nur unterschiedliche Klimazonen, deren Spanne von *tropisch* bis *polar* reicht. *Klimaschutz, globales Klima, globale Erwärmung* sind infolgedessen unsinnige Begriffe, die in seriösen Diskussionen nicht verwendet werden dürften. Höhere Mitteltemperaturen (Klimaerwärmung) sind bei ausreichender Verfügbarkeit von Wasser wünschenswert und günstig, wie es die Attraktivität und der hohe Lebensstandard von subtropischen Gebieten hochzivilisierter Länder beweisen.

4.2 Die Klimavergangenheit

Jedem von uns ist die Klimavariabilität der Vergangenheit geläufig, denn *Eiszeiten* und *Warmzeiten* kennen wir schon aus der Schule. Dass es in der Vergangenheit variables Klima gab und dies selbstverständlich auch heute noch immer der Fall ist, ist bereits ein deutlicher Hinweis auf die Natürlichkeit des heutigen Erwärmungstrends. Dieser Hinweis ist, wie bereits erwähnt, nicht völlig ausreichend, denn menschverursachtes CO_2 könnte an einem natürlichen Klimatrend maßgeblich in schädlicher Richtung mitwirken. Auch die Vertreter der CO_2-Katastrophe streiten natürliche Ursachen von Klimaänderungen nicht ab, sie spielen sie nur herunter. Wir stellen also fest: **Klimawandel ist unvermeidbar, es wird ihn immer geben, ob wir die Erde bevölkern oder nicht.**

Zur Einstimmung auf die Überraschungen, die die Natur für uns bereithalten kann, sei daran erinnert, was Johann Peter Hebel vor 200 Jahren im Rheinischen Hausfreund über *Klimakapriolen* seit dem 12. Jahrhundert berichtet [64]:

„Der warme Winter von .. 1806 auf .. 1807 hat viel Verwunderung erregt und den armen Leuten wohlgetan; der und jener ... wird ... als alter Mann ... seinen Enkeln erzählen, dass ... man Anno 6, als der Franzose in Polen war, zwischen Weihnacht und Neujahr Erdbeeren gegessen und Veilchen gerochen habe. Solche Zeiten sind selten, aber nicht unerhört, und man zählt in den alten Chroniken seit siebenhundert Jahren achtundvierzig dergleichen Jahrgänge ...... 1289 ... war es so warm, dass die Jungfrauen um Weihnacht und am Dreikönigstag Kränze von Veilchen, Kornblumen und anderen trugen ... 1420 war der Winter und das Frühjahr so gelind, dass im März die Bäume schon verblüheten. Im April hatte man schon zeitige Kirschen und der Weinstock blühte. Im Mai gab es schon ziemliche Trauben-Beerlein ... Im Winter 1538 konnten sich auch die Mädchen und Knaben im Freien küssen, wenns nur mit Ehre geschehen ist; Denn die Wärme war so außerordentlich, dass um Weih-

nacht alle Blumen blühten. Im ersten Monat des Jahres 1572 schlugen die Bäume aus, und im Februar brüteten die Vögel. Im Jahre 1585 stand am Ostertag das Korn in den Ähren ... 1617 und 1659 waren schon im Jänner die Lerchen und die Trosteln lustig ... 1722 hörte man im Jänner schon wieder auf, die Stuben einzuheizen. Der letzte ungewöhnlich warme Winter war im Jahre 1748. Summa, es ist besser, wenn am St.-Stephans-Tag die Bäume treiben, als wenn am St.-Johannis-Tag Eiszapfen daranhängen."

Trotz dieser prachtvollen Schilderung sind die *Klimakapriolen* von Hebel nur *Wetterkapriolen*, wie es sie immer wieder gibt. Wir gewinnen aus dieser Schilderung nur die jedem Meteorologen geläufige Kenntnis, dass ungewöhnliches Wetter die gewöhnliche Eigenschaft von Wetter ist. Weil, wie wir bereits wissen, Klimaänderungen, von wenigen Ausnahmen abgesehen, erst ab Zeiträumen von mehr als 30 Jahren so genannt werden dürfen, folgt, dass es sich bei der Schilderung um lokale meteorologische Abnormitäten handelt. Deren Ursachen liegen im Ungewissen, wie oft bei länger anhaltenden, ungewöhnlichen Wettersituationen. Es geht im Folgenden aber nun nicht mehr um meteorologische Parameter sondern tatsächlich um die Klimaentwicklung in unseren Breiten.

Unser hiesiges Klima war niemals konstant, sondern seit jeher sehr variabel. Die Klimaforschung kennt inzwischen recht gut die mit unterschiedlichen Periodenlängen ablaufenden Klimazyklen. **Seit etwa 2,6 Millionen Jahren leben wir in einem Eiszeitalter**. Die gleichzeitige Vereisung beider Erdpole - dies ist die wissenschaftliche Definition von Eiszeit - ist noch immer aktuell [120]. Es sei angemerkt, dass dies eigentlich die Ausnahmesituation auf der Erde ist, denn eisfreie Pole machen etwa 80% bis 90% der Erdgeschichte aus.

Seit etwa einer Million Jahren sind die Erdtemperaturen relativ kurzfristigen Schwankungen unterworfen, den *Kaltzeiten* oder Glazialen und den *Warmzeiten* oder Interglazialen. In einem, dem vorgenannten langfristigen Zyklus überlagerten, kürzerfristigen Zyklus befinden wir uns momentan am Ende einer Zwischenwarmzeit und sehen uns daher in den nächsten Jahrtausenden mit Sicherheit einer weiteren Kaltzeit gegenüber. Hoffentlich kommt diese Kaltzeit nicht zu schnell, prinzipiell kann es jederzeit losgehen!

Die Frühgeschichte der Menschheit vor etwa 30.000 Jahren wird von gut bekannten, zum Teil extrem kurzfristigen und sehr heftigen Klimaschwankungen geprägt, die, das ist zu betonen, wesentlich stärker als heute waren und sich manchmal sogar innerhalb eines Menschenlebens durch klimatisch relevante Temperaturerhöhungen oder -absenkungen um **mehrere** Celsius-Grade bemerkbar machten, heute geht es dagegen nur um Zehntelgrade. Erst in jüngster Zeit erdgeschichtlichen Maßstabs, seit etwa 10.000 Jahren, gibt es in unseren Breiten ein relativ gleichmäßiges Klima. Immer wieder gelangt die hohe Klimavariabilität der Vergangenheit durch Auswertungen von paläontologischen Daten einem breiteren Publikum durch entsprechende Medienberichte zur Kenntnis.

Um den Zeitraum bis 11.000 Jahre vor der Gegenwart zu veranschaulichen, ist die Entwicklung von Mitteltemperaturen in Bild 4.1 gezeigt. Für historisch kundige Leser kommt die Temperaturkurve in Bild 4.1 keineswegs überraschend daher, denn ihr Verlauf deckt sich mit tradierter Geschichte. Die holländischen Genre-Bilder einer schlittschuhlaufenden Dorfbevölkerung in der kleinen Eiszeit, die in Bild 4.1 gut identifizierbar ist, sind weltberühmt. In dieser Zeit muss es nach dem Gefühl der Zeitgenossen sehr kalt gewesen sein. Anderenfalls hätte sich Schnee und Eis nicht so prägnant in der Malerei niedergeschlagen.

Die Burgbewohner des Mittelalters hätten sich ohne die höheren Temperaturen der mittelalterlichen Wärmeperiode in ihren Gemäuern sehr viel unbequemer gefühlt. Und ob sich bei solch kühlen Verhältnissen eine so warmherzige Kultur wie der Minnesang ausgebildet hätte, darf bezweifelt werden. Auch waren die Berner Alpen im 13. und 14. Jahrhundert gletscherfrei, denn ohne diesen günstigen Umstand wären die alemannischen Walser nicht so leicht vom Berner Oberland ins Wallis gelangt. In dieser Warmperiode war sogar Grönland weitgehend grün. Der von den Wikingern verliehene Name, der darauf hinweist, hat sich bis heute erhalten. Die Römer haben fast ganz Europa mit Sandalen und den aus Historienfilmen anschaulich bekannten Beinkleidern erobert. Und ob der Marsch von Hannibal mit seinen Elefanten, von Norden her über die Alpen nach Oberitalien hinein, bei den heutigen Schnee- und Gletscherverhältnissen gelungen wäre, darf bezweifelt werden. Diese Frage gibt vielleicht ein interessantes Dissertationsthema für einen Klimahistoriker ab.

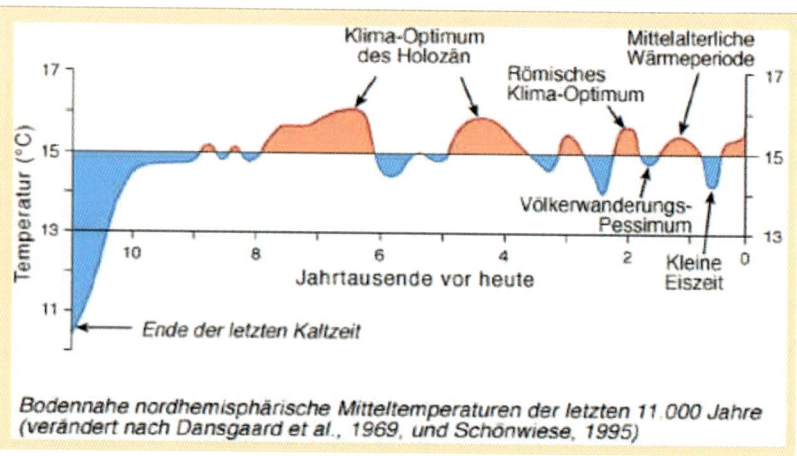

Bild 4.1: Nordhemisphärische Mitteltemperaturen der letzten 11.000 Jahre. Die Temperaturen zu Zeiten des römischen Klima-Optimums, im Mittelalter und insbesondere im Holozän waren höher als heute. Bildquelle: Potsdamer Geoforschungszentrum, KIHZ [133].

Die Sahara war vor 6000 Jahren eine grüne Savanne. Von dem damaligen Regen profitieren heute noch Oasen, wobei mehrere tausend Jahre altes Untergrundwasser an die Oberfläche gepumpt und für die Landwirtschaft genutzt wird. Das Vordringen von Nordvölkern nach Klimaverschlechterung hat den Untergang des römischen Imperiums verursacht.

Gletscherforscher können uns wichtige Aussagen zur Klimavergangenheit machen, denn Gletscher sind wegen ihrer Höhenlage besonders empfindliche Zeugen für Temperaturänderungen. So bezeugt beispielsweise Prof. Gernot Patzelt, em. Professor für Gletscherkunde der Universität Innsbruck, dass es **2/3 des Zeitraums der letzten 10.000 Jahre bei uns wärmer war als heute** [129].

Der aktuelle Rückgang der Alpengletscher, der bereits Mitte des 19. Jahrhunderts einsetzte, als es praktisch noch kein anthropogenes CO_2 gab, ist keineswegs so weit fortgeschritten wie in den Warmzeiten der Vergangenheit. Wenn also von IPCC-Meinungsvertretern angeben wird, heute sei es seit 650.000 Jahren „wahrscheinlich" am wärmsten, so ist dies falsch.

Zu Bild 4.1 sind Erläuterungen erforderlich, denn der Leser wird sich fragen, wie man diese Kurve erhält. Ausführlich ist die Antwort hier nicht möglich, eine kurze Skizze muss genügen. Weil es vor tausenden von Jahren natürlich noch keine Thermometer oder schriftliche Überlieferungen gab, ist nur der indirekte Weg mit Hilfe von sogenannten Proxy-Daten oder kurz „Proxies" möglich. Bei der Kollision von Atomen in der Atmosphäre mit hochenergetischen Teilchen der kosmischen Strahlung entstehen die sog. kosmischen Isotope. Hierzu zählt z.B. das Kohlenstoffisotop ^{14}C oder das Berylliumisotop ^{10}Be. Diese Isotope werden in Eisschichten und Sedimenten eingelagert und stellen somit kosmochrone Archive für die Intensität der Höhenstrahlung und damit der Sonnenaktivität dar. Hinzu kommen Vergleiche mit Baumringen, Korallen, Stalagmiten, See- und Meeressedimenten sowie Luftbläschen in Eisbohrkernen. Stoma-Indizes von fossilen Blattresten erlauben Rückschlüsse auf den CO_2-Gehalt zu Lebzeiten des Blatts. Stomata sind kleine Poren im Blatt, durch welche CO_2 aufgenommen und Sauerstoff wieder abgegeben wird.

Zur erforderlichen Altersbestimmung der Fossilfunde gibt es eine Reihe von ausgefeilten physikalischen Methoden, auf die hier nicht näher eingegangen werden kann. Wegen der geringen Isotopenkonzentrationen sind die methodischen Ansprüche an alle einschlägigen Verfahren sehr hoch, ferner kann es zu Verfälschungen durch Ablagerungsprozesse kommen (s. unter 5.2). Die Fehlermargen bei der Datengewinnung sind daher relativ groß und geben ausreichend zu Detailauseinandersetzungen unter Fachleuten Anlass.

Zusammenfassung von Abschnitt 4.2

Bereits in historischen, aber sehr viel dramatischer, in prähistorischen Zeiten herrschte eine starke Klimavariabilität vor, die die heutigen Klimaveränderungen weit übertrafen. Die heutige Erwärmung auf der Nordhemisphäre war keineswegs die höchste seit 650.000 Jahren, wie es von den CO_2-Katastrophenvertretern behauptet wird. Dies beweisen paläontologische Daten, sowie die tradierte Historie seit etwa Beginn unserer Zeitrechnung. Gletscherforscher bezeugen, dass es zwei Drittel der letzten 10.000 Jahre wärmer war als heute. Auch in jüngerer Vergangenheit, um die Jahre 1800-1810, als es noch kein anthropogenes CO_2 gab, war es in Deutschland etwa so warm wie heute. Alle Vergangenheitsdaten belegen, dass sich die Erwärmung zwischen den Jahren 1970 und 2000 bestens in die schon immer vorhandenen, natürlichen Klima-Fluktuationen einfügt.

4.3 Ursachen von Klimaänderungen

Here comes the Sun.
Here comes the Sun and I say
It's alright.
Little darling, it's been a cold, long, lonely winter.
Little darling, it feels like years since it's been here.
Here comes the Sun. Here comes the Sun and I say
It's alright.
Littel darling, the smiles returning to their faces......
Sun, Sun, Sun here it comes.
(The Beatles)

Unter 4.1 wurde bereits beschrieben, dass man unter Klima das mindestens 30-jährige Mittel von Wetterparametern, wie beispielsweise von Temperaturen, Niederschlagsmengen und Windgeschwindigkeiten versteht. Welche Prozesse steuern nun aber das Klima? Diese Frage kann heute leider noch nicht befriedigend beantwortet werden.

Die Ursache der wohl einzigen, allerdings kurzen und die genannte 30-Jahresfrist in der Regel unterschreitenden Klimaänderungen, die zweifelsfrei geklärt ist, bestand in extrem großen Vulkaneruptionen mit globalen Auswirkungen. Bei einer solchen Explosion werden gigantische Mengen von Material kilometerweit in die Luft geschleudert. Der Rauchpilz, der dann über dem Vulkan hängt, besteht aus Gasen (unter anderem aus Wasserdampf, Kohlendioxyd und Schwefeldioxyd) und feinen Staubteilchen. Millionen Tonnen Gas geraten in die Stratosphäre. Aus dem Schwefeldioxid entstehen kleine Schwefelteilchen, sog. Aerosole. In der Atmosphäre können sie das Licht reflektieren und teilweise absorbieren, wobei nur ein Teil der Sonnenstrahlen die Erde erreicht. Bekannte Beispiele solcher Ausbrüche sind:

▷ 1813 die Eruption des Vulkans Tambora in Indonesien. Das darauffolgende Jahr wurde noch oft das Jahr ohne Sommer genannt. Der Staub in den höheren Luftschichten leitete die Sonnenstrahlen jahrelang um und verursachte rotglühende Sonnenuntergänge auf der ganzen Erde. Missernten und Hungersnöte waren weitere Folgen.

▷ 1883 der Ausbruch des Krakatau in Indonesien,

▷ 1992 der Ausbruch des Pinatubo auf den Philippinen.

Die Belege für den Zusammenhang von Klimaänderungen und extremen Vulkanausbrüchen besitzen als eine der wenigen Klima-Erklärungen Beweisqualität. Zunächst ist es die mathematische Korrelation zwischen Ereignis, dem Vulkanausbruch mit vermehrten Aerosolen und Ascheteilchen in der Atmosphäre und deren Folge, einer globalen Temperaturabsenkung. Es muss aber noch eine schlüssige physikalische Erklärung mit den passenden Größenordnungen hinzukommen. Die gibt es, denn Asche und Aerosole absorbieren Sonnenlicht und verursachen Abkühlung. Und schlussendlich treten unter günstigen Umständen noch weitere Faktoren, z.B. Nachweise von Vulkanascheteilchen in Sedimenten aus der betreffenden Zeit hinzu.

Es sei betont, dass nur einer der genannten Faktoren nicht ausreicht, um von einem Beweis zu sprechen. Ein Paradebeispiel für monofaktoriellen Irrtum liefern Störche und Geburtenraten. Vor längerer Zeit haben einmal in Deutschland sowohl die Storchpopulationen als auch die Geburtenraten abgenommen. Obwohl hier mathematisch eine überzeugende Korrelation vorlag, kann daraus wohl nicht gefolgert werden, die Kinder wurden zur damaligen Zeit vom Storch gebracht.

Betrachtet man die anthropogene CO_2-Hypothese nüchtern, drängt sich der Vergleich mit Störchen und Geburten auf. Als einziges plausibles Argument für diese Hypothese kann nämlich nur der Gleichklang von atmosphärischer CO_2-Zunahme und Temperaturen (der Nordhalbkugel) in den letzten 30 Jahren des vorigen Jahrhunderts aufgeführt werden. Mehr gibt es nicht! Wir werden in Kap. 5 erfahren, dass die Treibhausgas-Wirkung von CO_2 nicht ausreicht, um diesen Anstieg zu erklären. Damit fehlt die unabdingbare zweite Hauptstütze, um aus dieser Korrelation eine plausible, durch einen nachgewiesenen physikalischen Mechanismus belegte Hypothese zu machen. In der Klimageschichte gab es immer wieder weit höhere Temperaturanstiege in vergleichbaren Zeiträumen - hier naturgemäß ohne anthropogenes CO_2.

Einige wenige, dem IPCC nahe stehenden Forscher propagierten sogar die Extrem-Hypothese, CO_2 steuerte auch in der Vergangenheit primär und maßgebend die klimatische Entwicklung. Diese Position hat sich als unhaltbar erwiesen. Die Ergebnisse historischer Temperaturereignisse zeigen nämlich, wie Temperatur- und Kohlendioxidkonzentration zwar parallel (s. Bild 4.2), aber stets um mehrere 100 bis 1000 Jahre zeitversetzt verliefen, wobei die CO_2-Konzentration dem Temperaturverlauf immer *hinterherhinkte* [178].

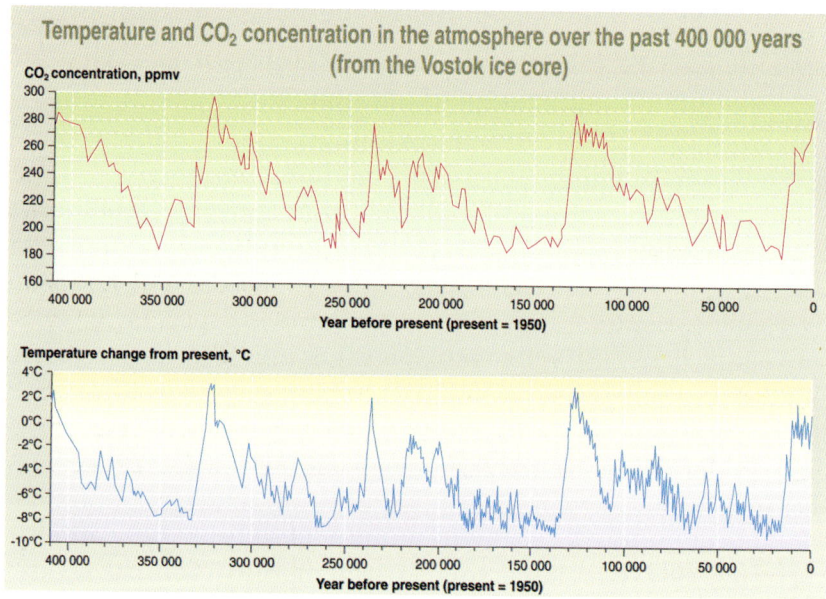

Bild 4.2: Temperatur (unten) und CO_2-Gehalt (oben) aus Eisbohrkernen der Antarktis. Der Wert $0\,^{0}C$ der Temperaturkurve entspricht etwa unserer heutigen globalen Durchschnittstemperatur. Bildquelle: Petit et al. [130], Grafik-Designer: Philippe Rakacewicz, UNEP/GRID-Arendal [74].

Höhere CO_2-Werte der Klimavergangenheit waren daher die Folge, nicht die Ursache von Temperaturerhöhungen. Das Hinterherhinken des CO_2-Gehalts ist nachvollziehbar, denn Wasser bindet CO_2 bei tieferer Temperatur besser. Temperaturerhöhung führt daher zu Entgasung von CO_2 aus einem Weltmeer. Dieser Vorgang ist um mehrere tausend Jahre zur primären Temperaturerhöhung zeitverschoben, denn so lange braucht das Wasser eines großen Meeres, um sich vollständig umzuwälzen.

Die Temperaturkurve in Bild 4.2 zeigt, dass es in den letzten 400.000 Jahren über mehr als **90% der Gesamtzeit wesentlich kälter war als heute**. Hierzu braucht man nur gedanklich eine parallele Linie durch den Temperaturwert von 0 ^{0}C, der unserer heutigen globalen Mitteltemperatur entspricht, zu ziehen und erkennt dann, dass nur wenige Spitzen des gesamten „Temperaturgebirges" diese Linie überragen. Der Neandertaler (130.000 - 30.000 Jahre vor unserer Zeit) hatte das Pech, vorwiegend in extrem kaltem Klima leben zu müssen. Verlängert man die Temperaturkurve von Bild 4.2 in die Zukunft, vermutet man intuitiv, dass es bald - mit „bald" sind einige tausend Jahre gemeint - **wieder eine Kaltzeit geben muss**. Trifft diese Intuition zu?

Ja, denn hauptverantwortlich für die unübersehbare Periodizität in Bild 4.2 sind astronomische Zyklen. Der serbische Astrophysiker Milutin Milankovich hat in den 20-er Jahren des vorigen Jahrhunderts den Zusammenhang von „Solarkonstante" (Strahlungsintensität der Sonne) und ihrer planetaren Ursachen entdeckt. Er konnte nachweisen, dass die Strahlkraft der Sonne bis zu 10% langfristig schwankt. Dafür sind im wesentlichen verantwortlich [79]:

- Die Präzession der Erdrotationsachse mit Zyklen von 25.700 bis 25.800 Jahren.
- Die Änderung des Neigungswinkels der Erdachse mit einem Zyklus von 41.000 Jahren.
- Die Radiusänderung der Erdumlaufbahn um die Sonne mit einem Zyklus von 100.000 Jahren

Allein ausreichend ist die Milankovich-Hypothese allerdings nicht. Zur endgültigen Erklärung sind noch weitere Effekte einzubeziehen, von de-

nen hier nur die Veränderung von Meeres- und Luftströmungen durch
Gebirgsbildungen und die Kontinentaldrift genannt werden sollen. Will
sich der Leser über das Thema unserer Klimavergangenheit weiter informieren, wird hierzu das ausgezeichnete Buch „Klimafakten" von Ulrich
Berner empfohlen.

> **Die maßgebende Klimakraft, die bis herunter auf kurze Kli-
> mazeiten wirkt, ist aber die Sonne. Alle längerfristigen glo-
> balen Temperaturänderungen stehen mit der wechselnden
> Aktivität der Sonne in kausalem Zusammenhang.**

Für die Sonnenhypothese gibt es, wie die Bilder 4.3, 4.4 und 4.5 stellvertretend zeigen, beste statistische Belege.

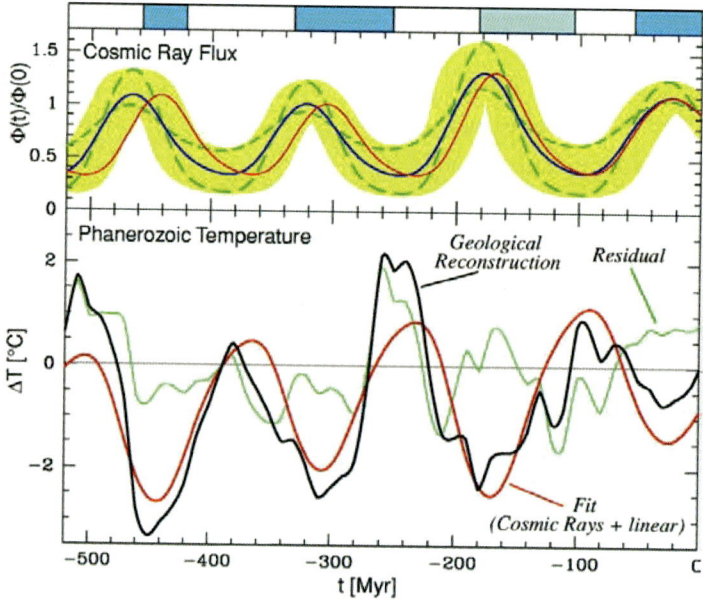

*Bild 4.3: Intensität der kosmischen Strahlung (oberes Teilbild) und Tem-
peratur (unteres Teilbild). Zeitachse in Millionen Jahren vor heute. Bildquelle: Shaviv und Veizer [142]*

Der Artikel im Physik-Journal vom März 2007 wurde bereits genannt.
In Bild 4.3, das in diesem Aufsatz gezeigt wird, ist über den langen

Zeitraum von 500 Millionen Jahren im oberen Bildteil die Intensität der vom Sonnenmagnetfeld gesteuerten kosmischen Strahlung angegeben. Der untere Bildteil gibt die zeitlich zugehörigen Erdtemperaturen wieder. Der Zusammenhang - Maxima der kosmischen Aktivität fallen auf Minima der Erdtemperaturen - ist unübersehbar.

Bild 4.4 zeigt die Anzahl der Sonnenflecken in dem historischen Zeitraum ab etwa dem Jahre 1600. Ab dieser Zeit existieren zum Teil bereits schriftlich dokumentierte Temperaturaufzeichnungen, und es begannen die zuverlässigen Sonnenbeobachtungen. Wiederum ist erkennbar, wie die Sonnenaktivität auf längerfristiger Skala treibende Kraft für Temperaturänderungen gewesen ist. Das fast völlige Fehlen von Sonnenflecken zwischen etwa 1650 und 1700 (Maunder-Minimum) fällt mit der sog. kleinen Eiszeit des 17. Jahrhunderts zusammen.

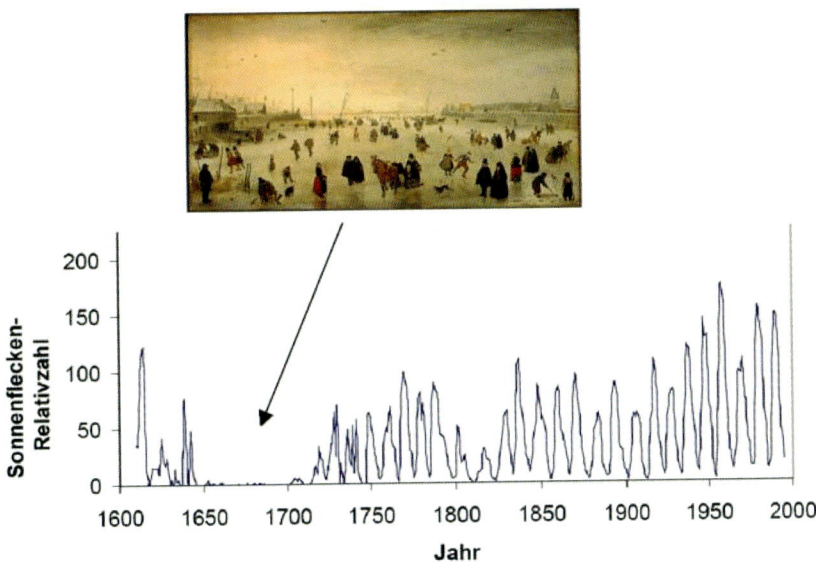

Bild 4.4: Sonnenfleckenaktivität seit Beginn des 17. Jahrhunderts. Datenquelle: National Geophysical Data Center (NGDC, USA) [121]

Die sehr tiefen Temperaturen des Maunder-Minimums beeinflussten insbesondere die flämische Malerei mit ihren weltberühmten Winterbildern. Man erkennt ferner den bekannten 11-jährige Sonnenfleckenzyklus. Die Sonne strahlt übrigens bei weniger Flecken schwächer, bei mehr Flecken stärker! In Bild 4.5 ist schließlich der relativ kurze Zeitraum zwischen den Jahren 1880 und 2010 gezeigt.

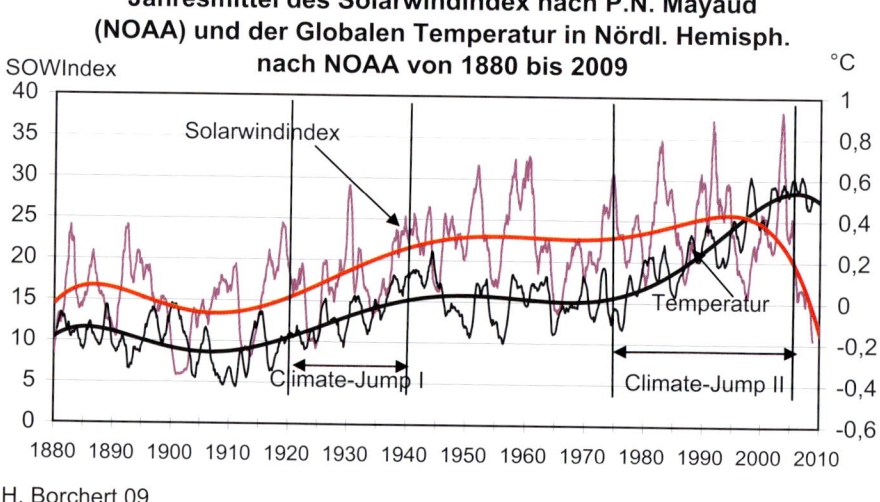

Jahresmittel des Solarwindindex nach P.N. Mayaud (NOAA) und der Globalen Temperatur in Nördl. Hemisph. nach NOAA von 1880 bis 2009

H. Borchert 09

Bild 4.5: Solarwindindex und global gemittelte Bodentemperaturen von 1880 bis 2009, mit freundlicher Genehmigung zur Verfügung gestellt von Dr. Horst Borchert (EIKE, ehem. Univ. Mainz)

Entgegen einer denkbaren einfachen Vorstellung reichen aber die sehr kleinen Änderungen der solaren Strahlungsintensität in Zeiträumen von etwa 100 Jahren nicht aus, um den per mathematische Korrelation belegten Einfluss der Sonne auf Erdtemperaturen zu erklären. Der **indirekte** Mechanismus, wie eine nur relativ wenig strahlungsvariierende Sonne dennoch hohe Klimavariabilität erzeugt, wurde zuerst von den Forschern Eigil Friis-Christensen, Knud Lassen und jüngst von Henrik Svensmark und weiteren Forschern untersucht [179]. Maßgebend ist hierbei die bereits erwähnte kosmische Strahlung. Diese wird vom variablen Magnetfeld der Sonne sowie deren Weg durch die Spiralarme unserer Galaxis beeinflusst. Bei schwacher solarer Aktivität tritt vermehrt kosmische Strahlung auf, weil das solare Magnetfeld die Erde weniger schützt. Es werden dann mehr Wolken erzeugt, die die Sonnenstrahlung abschirmen und für Abkühlung sorgen. Die Temperaturmaxima müssen daher mit den Minima der kosmischen Strahlungsintensität zusammenfallen, was Bild 4.3 bestens bestätigt. Die physikalischen Details des Mechanismus sind zur Zeit noch unbekannt. Am Centre des Recherches Nucléaires (CERN) bei Genf ist ein Experiment mit der Bezeichnung *Cloud* in Vorbereitung, welches helfen soll diese Details aufzuklären [17].

Vor kurzem erschien eine Veröffentlichung, die als erster Durchbruch bei der Suche nach dem Mechanismus „Sonne-Klima" gelten darf. Der schon genannte Klimaforscher Henrik Svensmark präsentierte zusammen mit seinen Mitautoren in 2009 erstmalig Messungen, die beweisen, dass kosmische Strahlung die Bildung atmosphärischer Aerosole und Wolkenkeime beeinflusst [147]. Eine Abbildung aus dieser Arbeit zeigt Bild 4.6.

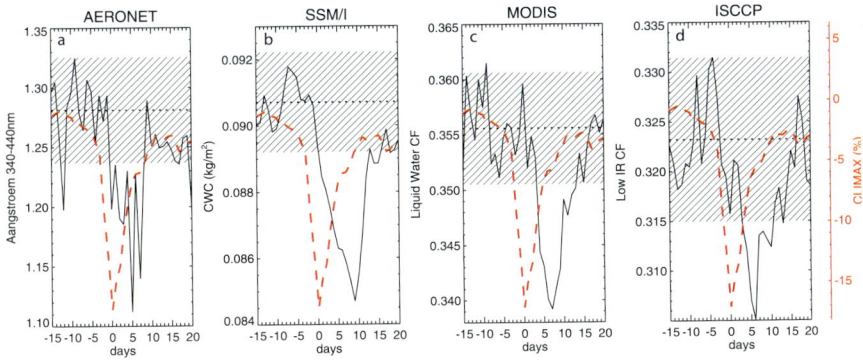

Bild 4.6: Für die 5 stärksten Abnahmen der kosmischen Strahlung (Forbush Decreases [52]) gemittelte Werte von Wolkenwassergehalt SSM/I, Wolkenanteil an Flüssigwasser MODIS und IR-identifizierten tiefen Wolken ISCCP, verglichen mit der Entwicklung von Aerosolpartikeln der unteren Atmosphäre AERONET. Die rote Kurve zeigt die prozentuale Änderung der Neutronenzählrate als ein Maß der Sonnenaktivität [164].

Neben dem klimarelevanten Einfluss der Wolken ist die Klimawirksamkeit des variierenden Sonnenmagnetfeldes das Teilgebiet der Klimatologie, auf dem in naher Zukunft vermutlich die interessantesten und wichtigsten Ergebnisse zu erwarten sind. Auch in der mathematischen Korrelationsanalyse werden inzwischen sehr ausgefeilte und moderne neue Verfahren versucht [160].

Noch folgende interessante Fakten dürfen in dem behandelten Zusammenhang Sonne/Klima nicht unerwähnt bleiben: Von der astronomischen Forschung wurde eine Erwärmung des Mars [119] und des Jupitermondes Triton beobachtet [169]. Es schien in dem betrachteten Zeitraum, der sich mit der globalen Erwärmung gegen Ende des 20. Jahrhunderts deckt, auch anderswo in unserem planetaren System wärmer geworden zu sein.

Das zweite Faktum betrifft die zur Zeit (Maßstab jetzt mehrere tausend Jahre) ungewöhnliche Aktivität der Sonne. Sie wurde für den Verlauf der letzten 11.400 Jahre, also zurück bis zum Ende der letzten Eiszeit, erstmals von einer internationalen Forschergruppe um den Sonnenforscher Sami K. Solanki durch Isotopenanalyse von tausende Jahre alten Baumfossilien und von Polareis rekonstruiert. Wie die Wissenschaftler des Teams aus Deutschland, Finnland und der Schweiz berichten [118], muss man über 8000 Jahre in der Erdgeschichte zurückgehen, bis man einen Zeitraum findet, in dem die Sonne im Mittel so aktiv war wie Ende des vergangenen Jahrhunderts. Aus dem Studium früherer Perioden mit hoher Sonnenaktivität sagen die Forscher voraus, dass die gegenwärtig hohe Aktivität der Sonne wahrscheinlich nur noch wenige Jahrzehnte andauern wird [108]. Dies kann durch eine Aussage von Solanki [54] wie folgt ergänzt werden: *„Zeitreihenanalysen zeigen, dass die Wahrscheinlichkeit einer gleichbleibend hohen Sonnenaktivität in den nächsten Jahren bis Jahrzehnten unter 1% liegt."*

Wir haben es daher mit einer Abkühlung zu mehr als 99% Wahrscheinlichkeit in naher Zukunft zu tun. **Die Befürchtungen vieler russischer Klimaforscher, dass eine neue Eiszeit droht, sind nicht grundlos.** Sollte anthropogenes CO_2 tatsächlich maßgeblich klimaerwärmend wirken - dafür spricht allerdings nichts -, müssten wir, falls die Sonnenforscher des Max-Plack-Instituts in Katlenburg-Lindau richtig liegen, den heutigen zivilisatorischen CO_2-Sünden der Menschheit eines Tages sogar dankbar sein. Dankbarkeit ist nämlich angesagt, wenn es auf unserem Planeten wieder richtig kalt wird. **Die allerjüngs-**

te, von den bekannten Zyklen stark abweichende Abnahme der Sonnenflecken deutet tatsächlich bereits eine abnehmende Sonnenstrahlstärke an.

Zusammenfassung von Abschnitt 4.3

Temperatur- und CO_2-Analysen aus Eisbohrkernen der Antarktis zeigen, dass es während der letzten 400.000 Jahre in mehr als 90% des Gesamtzeitraums wesentlich kälter, z.Teil sogar katastrophal kälter als heute war. Diese Analysen zeigen weiterhin einen Parallelverlauf von Temperatur und CO_2-Konzentration. Eine bessere Zeitauflösung dieses Zusammenhangs zeigte, dass die CO_2-Konzentration der Temperatur in der Größenordnung von tausend Jahren hinterherläuft, so dass sie nicht die Ursache der Temperaturschwankungen sein kann. Die Ursache sind vorwiegend die von Milutin Milankovich entdeckten langfristigen und periodischen Veränderungen der Erdbahn. Die Hypothese von der Sonne als Hauptagens aller Klimavariationen von Vergangenheit und Gegenwart beruht auf einer auffälligen Korrelation zwischen Sonnenaktivität und globaler Mitteltemperatur auf längerer Zeitskala. Die Sonnenforschung gibt 99% Wahrscheinlichkeit dafür an, dass es in den nächsten Jahren oder Jahrzehnten zu einer Abnahme der Sonnenstrahlungsstärke und somit zu einer globalen Abkühlung kommen wird. Aktuell nimmt die Strahlungsstärke der Sonne entgegen dem aus den bekannten Sonnen-Zyklen zu erwartenden Verhalten in ungewöhnlich starkem Umfang ab.

5 Klima und CO$_2$

Lies, Damned Lies, Statistics
(Mark Twain)

Zu Beginn dieses zentralen Kapitels ist eine Vorbemerkung unabdingbar, die gar nicht deutlich genug betont werden kann und den entscheidenden Punkt in der Diskussion um die Treibhauswirkung des menschgemachten CO$_2$ anspricht.

> Es geht nicht um die Treibhauswirkung von CO$_2$ schlechthin, die niemand bestreitet. Es geht darum, **wie sich zusätzliches, menschgemachtes CO$_2$ auswirkt.**

Der Unterschied ist sorgfältig zu beachten. Die oft vernommene Argumentation, CO$_2$ sei ein Treibhausgas und jedes Leugnen dieser Tatsache mache einen Kritiker der kommenden Erwärmungskatastrophe unglaubwürdig, ist irreführend. Kritiker sprechen ausschließlich die umstrittene Frage an, *in welchem Maße* sich diese *Treibhauswirkung* bei *Zunahme* des Gases CO$_2$ in der Atmosphäre *verstärkt.*

Die erste öffentlich beachtete Stellungnahme der wissenschaftlichen Gemeinde zu Klimafragen wurde in einem Beitrag der angesehenen US-amerikanischen Zeitschrift Newsweek des Jahres 1975 veröffentlicht. Man staunt, denn hier ist vom genauen Gegenteil der heutigen CO$_2$-Agenda die Rede. In der Übersetzung des Physikers von Alvensleben schrieb damals die Newsweek:

„Es gibt bedrohliche Anzeichen, dass die Wetterverhältnisse der Erde begonnen haben, sich dramatisch zu verändern, und dass diese Änderungen hindeuten auf eine drastische Abnahme der Nahrungsmittelerzeugung - mit ernsten politischen Auswirkungen für praktisch jede Nation auf der Erde. ...Die Anhaltspunkte für diese Voraussagen haben sich nun so massiv angehäuft, dass Meteorologen Schwierigkeiten haben, damit Schritt zu

halten. ...Letztes Jahr im April, beim verheerendsten Ausbruch von Tornados, der je zu verzeichnen war, haben 148 Wirbelstürme mehr als 300 Menschen getötet und Schaden in Höhe von 500 Millionen Dollar in 13 US-Staaten angerichtet. Wissenschaftler sehen in diesen ... Ereignissen die Vorboten eines dramatischen Wandels im Wettergeschehen der Welt. ...."

Ein größerer Klimawechsel würde wirtschaftliche und soziale Anpassungen in weltweitem Maßstab erzwingen, warnt ein kürzlich erschienener Bericht der National Academy of Sciences (NAS). Und weiter: „*Klimatologen sind pessimistisch dass die politischen Führer irgendwelche positiven Maßnahmen ergreifen werden, um die Folgen des Klimawandels auszugleichen oder seine Auswirkungen zu verringern. ... Je länger die Planer zögern, desto schwieriger werden sie es finden, mit den Folgen des klimatischen Wandels fertig zu werden, wenn die Ergebnisse erst bittere Wirklichkeit geworden sind.*"

Der Newsweek-Text von 1975 warnte vor dem **Gegenteil** der heutigen Befürchtungen, nämlich vor einer katastrophalen, globalen **Abkühlung** infolge der von der Industrie verursachten Luftverschmutzung durch Aerosole, die dann nicht mehr genug wärmendes Sonnenlicht hindurchlassen würden. Ältere Leser werden sich vielleicht noch an den *globalen Winter* im Zusammenhang mit Aerosolfreisetzungen nach befürchteten nuklearen Explosionen erinnern. Sogar der National Science Board der National Science Foundation der USA warnte vor einer globalen Abkühlung.

Tatsächlich zeigt die Temperaturkurve der nördlichen Hemisphäre in Bild 3.5 unter 3.4 eine Abkühlungstendenz zwischen etwa 1940 und 1970, die der gleichzeitig ansteigenden CO_2-Konzentration zuwiderlief und daher mit der anthropogenen CO_2-Hypothese überhaupt nicht zusammenpasst. Von den Vertretern der IPCC-Auffassung wird eingewendet, dass am Ende dieses Zeitraums viele Kohlekraftwerke, sogar solche in Entwicklungsländern, mit Rauchgasentschwefelungsanlagen ausgerüstet wurden. Damit nahm die Aerosolkonzentration der Atmosphäre, die für die Temperaturabsenkung verantwortlich war, ab, und es konnte wieder wärmer werden. Der erste Teil der Argumentation trifft zu, allerdings vermag beim gegenwärtigen Kenntnisstand niemand zu sagen, ob die Aerosole tatsächlich einen hinreichenden Einfluss auf Erdtemperaturen im fraglichen Zeitraum ausgeübt haben. Die Sonne reicht als Erklärung aus, wie es Bild 4.5 zeigt.

Die moderne Fassung des uns heute so stark bewegenden CO_2-Problems hatte zwei Ursprünge. Zum einen wurde aus der Analyse von Eisbohrkernen in Grönland und der Antarktis festgestellt, dass der CO_2-Gehalt der eingeschlossenen Luftbläschen während der Eiszeit wesentlich geringer war als danach [123]. Hieraus ergab sich die Hypothese, der abgefallene CO_2-Gehalt habe eine Abnahme des Treibhauseffekts und damit die Eiszeit ausgelöst. Diese Hypothese ist inzwischen widerlegt [49]. Zum zweiten wurde man auf die in Bild 3.5 unter 3.4 dokumentierte Zunahme der CO_2-Konzentration der jüngsten Zeit aufmerksam. Die Verknüpfung der beiden Ereignisse war die Geburt der modernen CO_2-Problematik. Inzwischen haben sich bekanntermaßen die Zeiten geändert und Meinungen unverrückbar festgesetzt. Anthropogenes CO_2 und die hierdurch verursachte globale Erwärmung ist immer mehr die Bedrohung der Stunde. Allerdings ist der Einfluss von anthropogenem CO_2 als Treibhausgas bereits von Svante Arrhenius als erstem im Jahre 1909 öffentlich geäußert worden.

5.1 Die Eigenschaften von CO_2

CO_2 ist ein Naturgas mit gegenwärtig 0,038 % Volumenanteil (380 ppmv) in unserer Luft. Es ist nur ein Spurengas, wird aber von Pflanzen zum Wachstum benötigt und hat mit industriellen Abgasen primär nichts zu tun. Bei Verbrennung wird, neben anderen schädlichen Produkten, aber auch das Naturgas CO_2 freigesetzt, etwa von Personenkraftwagen grob zwischen 100 g bis 200 g CO_2 pro km. Der Mensch atmet im Laufe eines Jahres rund eine halbe Tonne CO_2 aus [103]. Diese Masse wäre nur dann im natürlichen CO_2-Kreislauf neutral, wenn er sich ausschließlich von rohem Fleisch, Pflanzen, Beeren und wilden Früchten ernähren würde. Dies ist aber nicht der Fall. Die Nahrungsmittelproduktion erzeugt riesige CO_2-Mengen. Allein zur Herstellung von einem Laib Brot wird ein Liter Öl benötigt, wovon der Bäcker bereits ca. 0,7 Liter verheizt.

Eine kleine Überschlagsrechnung weist aus, dass der gesamte PKW-

Verkehr auf der Welt größenordnungsmäßig die gleiche Masse CO$_2$ erzeugt, wie sie die Weltbevölkerung im gleichen Zeitraum auf ganz natürliche Weise beim Ausatmen hervorbringt. Wenn wir die Jahreskilometerleistung eines Mittelklasse-Autos des deutschen „Otto-Normalverbrauchers" mit 15.000 km ansetzen und dieses Fahrzeug etwa 150 g CO$_2$ pro km emittiert, erzeugt sein Fahrzeug 15.000 x 0,15 = 2250 kg, also grob 2 Tonnen CO$_2$ pro Jahr. Jedes Fahrzeug erzeugt demnach etwa die vierfache Menge an CO$_2$ wie sein Besitzer ausatmet. Da nicht jeder Erdbewohner ein Auto fährt, dürfen wir konstatieren, dass der gesamte Autoverkehr die gleiche Größenodnung CO$_2$ erzeugt, wie die Menschheit beim Ausatmen. Wie damit eine CO$_2$-Steuer zu begründen ist, sollte jeder Wähler vor dem nächsten Urnengang seinen Parlamentsvertreter befragen.

> Man muss also sorgsam unterscheiden: Verbrennungsvorgänge setzen schädliche Stoffverbindungen, wie Schwefel- und Stickoxidverbindungen sowie, bei unzureichender Filterung, auch Schmutzpartikel und Aerosole frei. Daneben wird auch das Naturgas CO$_2$ erzeugt. Eine sorgfältige Vermeidung der erstgenannten Schmutzstoffe durch Filterung oder andere geeignete Maßnahmen ist unabdingbar. CO$_2$-Vermeidung ist dagegen sinnlos und überflüssig.

CO$_2$ ist für sichtbares Licht, wie der Blick zum nächtlichen Himmel beweist, durchlässig. Es absorbiert aber in bestimmten Frequenzbereichen Infrarotstrahlung (Wärmestrahlung) und trägt daher neben den wesentlich stärker infrarotabsorbierenden Gasen Wasserdampf, Methan, Lachgas und den FCKW-Gasen zum sog. Treibhauseffekt bei (s. unter 5.3). In der folgenden Tabelle 5.1 sind die wichtigsten, in unserer Atmosphäre vorhandenen Gase zusammengestellt. Nur die Gase Wasserdampf, CO$_2$ und CH$_4$ (Methan) sind maßgebende Treibhausgase. Natürliches CO$_2$ trägt zwischen 9% und 26% zum Treibhauseffekt bei [91], Methan 4% bis 9% und Ozon 3% bis 7%. Der große Rest stammt im wesentlichen vom Wasserdampf, ferner von weiteren Treibhausgasen sowie einem nicht näher spezifizierten Rest.

Gas	Volumenprozent in Luft
N_2: Stickstoff	78,08
O_2: Sauerstoff	20,95
Ar: Argon	0,934
CO_2: Kohlendioxid	0,038
Ne: Neon	0,0018
CH_4: Methan	0,000175
Kr: Krypton	0,0001
Xe: Xenon	0,000009
O_3: Ozon	0,000001

Tabelle 5.1: Die wichtigsten Gase der Erdatmosphäre

Die größte Unsicherheit stammt von dem weitgehend unbekannten Einfluss der Wolken her (s. unter 5.6), so dass der wahre Beitrag von Wasserdampf zum Treibhauseffekt wahrscheinlich wesentlich höher anzusetzen ist. Der bereits erwähnte Klimaphysiker Richard S. Lindzen vom MIT gibt entsprechend auch weniger als 2% für den Beitrag des CO_2 am natürlichen Treibhauseffekt an [105], aber auch andere Klimaforscher nennen tiefere Werte, so beispielsweise Gerald E. Marsh [111] den Wert 10% und Zbigniew Jaworowski [85] den Wert 3%. Wir haben demnach für den Beitrag von CO_2 am Treibhauseffekt Werte zwischen 2% und 30% zur Kenntnis zu nehmen, was leider einer sehr hohen Unkenntnis entspricht. Methan ist rund zwanzig- bis dreißigmal klimawirksamer als CO_2, seine Konzentration in der Atmosphäre indes relativ gering, so dass dieses Gas insgesamt doch einen kleineren Treibhausbeitrag als CO_2 leistet. Es ist nochmals zu betonen, dass generell alle Prozentwerte über Beiträge zum Treibhauseffekt ungesicherte Schätzungen mit extrem hohen Fehlermargen sind.

Die weiteren in diesem Buch aufgeführten Zusammenhänge basieren aber, um der pessimistischen IPCC-Sicht möglichst nahe zu kommen und sich nicht dem Vorwurf der Verharmlosung auszusetzen, auf einem Wert nahe dem Maximum, d.h. von grob 20% Beitrag des CO_2 am Treibhauseffekt.

Riesige Mengen von CO_2 sind in den Weltmeeren gebunden, und ganze Gebirge setzen sich aus $CaCO_3$ zusammen. Unsere Alpen und der Himalaja gehören dazu. 90% des $CaCO_3$ sind übrigens organischen Ursprungs, erzeugt von Einzellern [145]. Zur Biologie des CO_2 soll hier aber nur wenig gesagt werden, weil uns dieser Aspekt lediglich am Rande interessiert. Die großen Tropenwälder sind infolge Zersetzungsprozessen Erzeuger von CO_2 und, wie man noch nicht sehr lange weiß, auch vom starken Treibhausgas Methan. Pflanzen und Algen benötigen CO_2, sind also CO_2-Senken und produzieren hierbei, zusammen mit Sonnenenergie, Sauerstoff. Viele Pflanzen, z.B. Korn, wachsen mit höherer CO_2-Konzentration besser, wobei bei der gegenwärtigen CO_2-Konzentration der Erdatmosphäre noch längst keine Sättigung dieses Effekts erreicht ist. Weizen gedeiht z.B. erst bei einer sehr hohen CO_2-Konzentration von 0,12% am besten, also etwa dem Drei- bis Vierfachen des heutigen Werts, der auch bei Verbrennung aller fossilen Brennstoffe der Erde niemals erreicht werden kann. Für die Atmung ist CO_2 bis zu einer Konzentration von ca. 2% unerheblich.

Zahlreiche Quellen und Senken von CO_2 spielen in dem überaus komplexen CO_2-Zyklus mit. Die Ozeane enthalten beispielsweise 50 bis 65 mal soviel CO_2 wie die Atmosphäre, während der Boden und die Landpflanzen etwa dreimal soviel speichern. Das IPCC schätzt den menschgemachten Anteil am natürlichen CO_2-Zyklus auf knapp 3% ein. Es sei bereits jetzt schon angemerkt, dass, um sinnvolle, quantitative Aussagen über die Verhältnisse im Detail machen zu können, der CO_2-Zyklus sowie der Einfluss des CO_2 auf den Treibhauseffekt mit einer Genauigkeit verstanden sein muss, die besser als 3 von 100 ist. Oder anders ausgedrückt: Sollen Klima-Simulationsmodelle überhaupt relevante Aussagekraft besitzen, muss ihr Rauschen kleiner als 3% sein. Mit Rauschen sind dabei zufällige Schwankungen der Ergebniswerte aus Unsicherheiten gemeint, wobei man das Bild eines Radiosenders im Auge hat, dessen Signale nur dann verständlich sind, wenn sie das Untergrundrauschen übertönen.

Die Hauptschwierigkeiten beim Einschätzen der Rolle des menschgemachten CO_2 liegen in den Unbekannten des CO_2-Zyklus. Die Aufnahme- bzw. Abgabemengen der Ozeane können nur grob geschätzt werden, insbesondere besteht keine ausreichende Kenntnis über die großen Hydratvorkommen unter Wasser. Aufnahme- bzw. Abgabemengen von Bodenorganismen sind weitgehend unbekannt usw. Die geschätzte globale Kohlenstoffbilanz geht aus Bild 5.1 hervor, das den stark vereinfachten Kohlenstoffzyklus zeigt.

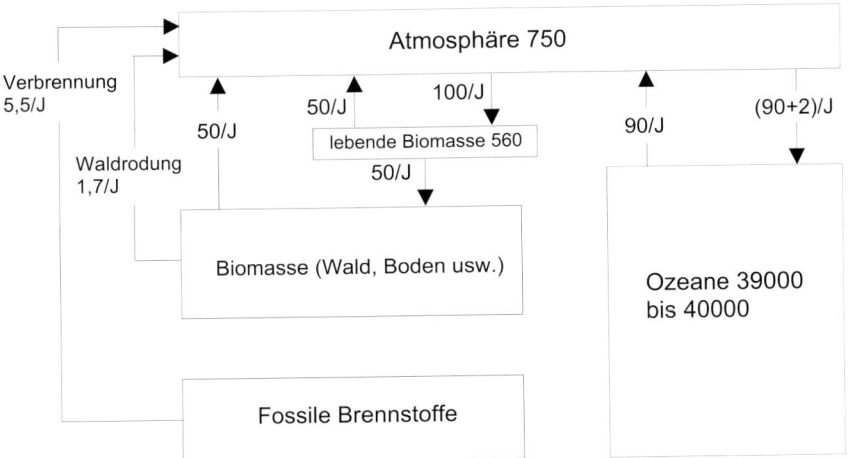

Bild 5.1: Globale Kohlenstoffbilanz in Gigatonnen (Gesamtmasse Erdat-mosphäre = 5000.000 Gigatonnen). Datenquelle: Roedel [137].

Der natürliche Zustrom an Kohlenstoff beträgt etwa 197 Gt/Jahr, mit einem anthropogenen Anteil von 5,5 Gt/Jahr. Dies ist etwa 3% vom gesamten Zustrom und stellt eine vernachlässigbare Störung des natürlichen Kreislaufs dar. Der US-Klimaphysiker Gerald E. Marsh liefert eine Fehlerbetrachtung des CO_2-Zyklus und kommt zu dem Ergebnis, dass dieser Zyklus weder qualitativ noch quantitativ genau genug bekannt ist, um den Anteil des menschgemachten CO_2 an der gemessenen CO_2-Zunahme befriedigend genau angeben zu können [111]. Er führt aus: *„Der Kohlenstoff-Zyklus ist nicht gut verstanden, und die gegenwärtigen Abschätzungen der Kohlenstoff-Ströme weisen sehr große Fehler auf. Die dynamische Antwort der Meeres- und Landpflanzen sind in gekoppelten Ozean-Atmosphärenmodellen nicht enthalten. Obwohl der Anstieg von CO_2 in der Atmosphäre durch zunehmende Verbrennung fossiler Brennstoffe und Änderungen der Land-Nutzung verursacht sein kann, ist es schwierig zu bestimmen, in welchem Maße diese Zunahme von Änderungen in der Wirksamkeit der biologischen Pumpe durch andere Mechanismen verursacht wird, die nichts mit dem Verfeuern fossiler Brennstoffe zu tun haben.“*

Zusammenfassung von Abschnitt 5.1

Die wichtigsten Eigenschaften des CO_2 werden beschrieben. Am natürlichen Kohlenstoffzyklus der Natur verantwortet der moderne Mensch nur einen vernachlässigbaren Anteil von grob 3%. Da Schätzungen der Mengen des natürlichen Kohlenstoffzyklus weit größere Unsicherheiten als 3% aufweisen, kann über den Einfluss des anthropogenen CO_2, seinen Verbleib, seine Anreicherung in der Atmosphäre und den Ozeanen nichts Verlässliches ausgesagt werden.

5.2 Der Konzentrationsanstieg von CO_2 in der Atmosphäre

Der Abschnitt befasst sich mit den Einzelheiten des CO_2-Konzentrationsverlaufs in jüngerer und fernerer Vergangenheit. Über Schuld oder Unschuld des anthropogenen CO_2 an Klimaänderungen können die CO_2-Konzentrationsdaten allein natürlich nicht entscheiden.

In Bild 3.5 unter 3.4 wurde bereits gezeigt, wie die Konzentration des Kohlendioxid in der Atmosphäre seit etwa 1750 Jahren bis heute verlief. Bild 5.2 zeigt nunmehr auch einmal die ferne Vergangenheit. Betrachten wir jetzt die Argumentationslinie des IPCC-Lagers etwas näher! Es wird behauptet, dass die heutigen CO_2-Konzentrationen die höchsten seit etwa 650.000 Jahren seien. Die Einmaligkeit der heutigen Konzentrationswerte suggeriert dann, dass nur Kohlendioxid für die heutige Erwärmung verantwortlich sein kann. Zunächst einmal kamen weit vor 650.000 Jahren CO_2-Konzentrationen bis zum Achtfachen des heutigen Höchstwertes vor, daran bestehen keine Zweifel (Bild 5.2). Zu einem *Run Away*, also einem nicht mehr rückgängig zu machenden Zustand laufend höherer Temperaturen durch Rückkoppelung infolge CO_2-Ausgasung aus den Weltmeeren kam es aber nicht. Warum, ist unbekannt. Offensichtlich waren die vermuteten Rückkoppelungen hierfür zu schwach, oder es müssen Gegenkoppelungen eine Rolle gespielt haben.

Für die letzten 10.000 Jahre sind Werte bis rund 350 ppmv sicher bekannt [152], die somit nur etwa 10% unter dem heutigen Höchstwert von 380 ppmv liegen. Dem widersprechen die offiziellen IPCC-Angaben, deren Werte bis etwa zum Jahre 1800 n.Chr. die Größe von 280 ppmv niemals überstiegen haben sollen und erst in allerjüngster Zeit bis auf 380 ppmv angewachsen seien. Woher kommt der Widerspruch? Um den Ursachen der Diskrepanz auf den Grund zu gehen, wird es notwendig, kurz auf die Gewinnung von historischen und prähistorischen CO_2-Konzentrationen aus Proxy-Daten einzugehen.

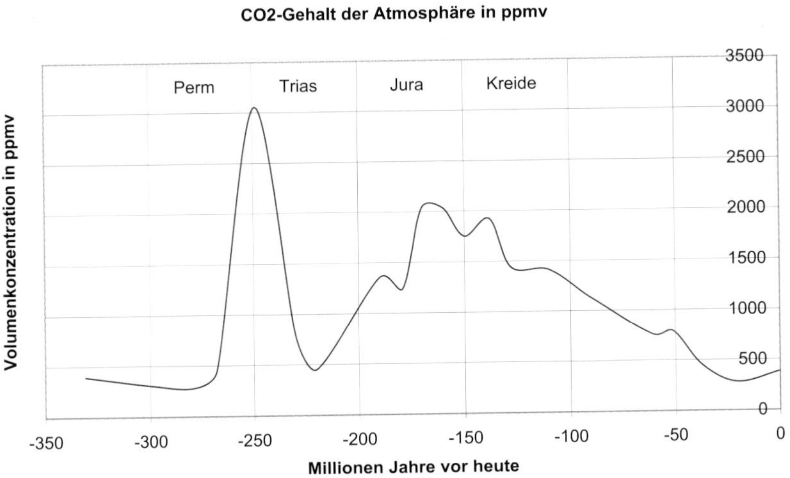

CO2-Gehalt der Atmosphäre in ppmv

Bild 5.2:. CO_2-Konzentrationen bis 300 Millionen Jahre vor heute. Seit der Kreidezeit hat die CO_2-Konzentration in unserer Atmosphäre im wesentlichen stetig abgenommen. Datenquelle: Spektrum [143]

Unter 4.2 wurde beschrieben, wie weder Temperaturdaten noch CO_2-Konzentrationen der Vergangenheit direkt aus Archiven entnommen werden können. Einzige Ausnahme sind Eisbohrkerne aus großer Tiefe von Gletschern, die Luftbläschen und darin das vermutet originale CO_2 der Vergangenheit enthalten. Alle anderen Proxies sind organische Substanzen, die in Form von Sedimentfunden auf uns gekommen sind. An Hand der chemischen Struktur und der Isotopen-Zusammensetzung dieser Substanzen lassen sich, wie bereits erwähnt, Rückschlüsse auf Alter, Temperatur und CO_2-Gehalt der interessierenden Vergangenheitsepoche ziehen. Auf Einzelheiten dieser Verfahren einzugehen verbietet der hier gesteckte Rahmen. Grundlegende Annahme bei der Verwendung von Eisbohrkernen als Proxies ist aber, dass sie die eingeschlossene Luft in ihrer ursprünglichen Zusammensetzung unverändert lassen. Damit wäre die Analyse der eingeschlossenen Luftbläschen die zuverlässigste Methode zur CO$_2$-Konzentrationsbestimmung der Vergangenheit (nur CO$_2$ interessiert). Diese Annahme trifft nicht zu.

Der polnische Klimatologe Zbigniew Jaworowski, Spezialist für die Gewinnung von Daten aus Eisbohrkernen, sowie zahlreiche weitere Fachveröffentlichungen, die in einem seiner Beiträge [87] zitiert werden, belegen, dass die Annahme von über die Zeit unveränderten Eisbohrkernproxies nicht zutrifft. Die Gase der eingeschlossenen Luft werden im Laufe der Zeit von chemischen Prozessen verändert. Jaworowski nennt insgesamt 20 Einzelmechanismen und chemische Reaktionen. Das Resultat dieser Veränderung macht sich pauschal in unrealistisch geringen CO$_2$-Konzentrationen bemerkbar. Für das weitere Verständnis sei auch noch die Alterungsbestimmung der Eisbohrkerne erwähnt. Jedes Jahr schneit es, und es wird eine neue Schicht Schnee hinzugefügt, die beim Anwachsen Druck erzeugt, der die Schneekristalle schließlich zu Eiskristallen werden lässt. Die Schichten sind optisch gut unterscheidbar, so dass man durch einfaches Abzählen verlässlich ihr Alter ableiten kann.

Bild 5.3 zeigt den Vergleich von CO$_2$-Konzentrationskurven, die aus Eisbohrkernen des antarktischen Taylor Domes gewonnen wurde, mit einer Kurve aus Stoma-Indizes. Die Unterschiede sind unübersehbar. Man erkennt ferner, dass die vom IPCC in Bild 5.3 aus Eisbohrkernen abgeleiteten Ergebnisse (gestrichelte Kurve) fragwürdig sind, denn nur die Stoma-Indizes weisen deutlich das auch aus anderen Quellen gut bekannte Temperaturminimum zwischen etwa 8400 bis 8200 Jahren vor heute aus (vergl. hierzu auch Bild 4.1). In der aus Eisbohrkernen gewonnenen Temperaturkurve ist dagegen von einer Kaltzeit nichts zu erkennen.

Die folgenden Ausführungen orientieren sich an der Veröffentlichung von Zbigniew Jaworowski [86]. Er berichtet, dass die IPCC-Daten, von zur IPCC-Politik passenden Ausnahmen abgesehen, ausschließlich auf der Analyse von Eisbohrkernen basieren. Andere, diesen Daten widersprechende Proxies wurden von der IPCC-Redaktion verworfen. Über jeden Zweifel erhaben sind tatsächlich nur die allerjüngsten CO$_2$-Konzentrationsdaten für die Jahre ab etwa 1958. Seit dieser Zeit wird der CO$_2$-Gehalt auf dem Mauna Loa in Hawaii spektroskopisch gemessen.

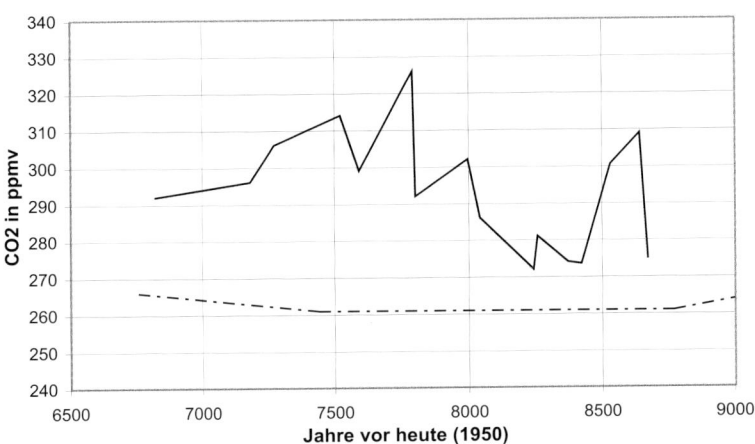

Bild 5.3:: CO_2-Konzentrationen 6500 bis 9000 Jahre vor heute. Die durchgezogene Kurve ist aus Stoma-Indizes, die gestrichelte Kurve aus Eisbohrkernanalysen gewonnen. Das deutliche Minimum der Stoma-Kurve zwischen etwa 8100 bis 8400 vor heute fällt mit einer gut bekannten Kaltzeit zusammen. Datenquelle: Wagner et al. [152] (Kurven ohne die Fehlermargen der Originaldaten).

Diese direkten CO_2-Daten werden dann natürlich nicht mehr durch Proxies aus Eisbohrkernen ersetzt. Es verbleibt jetzt das Problem, wie die älteren Eisbohrkern-Werte mit den modernen, direkten CO_2-Messungen an der Zeitschnittstelle von 1958 zusammenpassen. Sie passen nicht zusammen. Jaworowski berichtet, wie die IPCC-Redaktion mit diesem Problem umgeht: Sie nimmt eine willkürliche Rückdatierung des Alters der Eisbohrkerne um 80 Jahre in Kauf, um die Daten zur Deckung zu bringen. Bild 5.4 zeigt das Ergebnis dieses fragwürdigen, wissenschaftlich unzulässigen „Tricks".

Der polemische Titel des Aufsatzes von Jaworowski „CO_2 the greatest scientific scandal of our time" wird jetzt nachvollziehbar. Treffen nämlich die Aussagen von Jaworowski zu, dann ist die untere Kurve von

Bild 3.5 unter 3.4 tatsächlich nicht in Ordnung und lassen Manipulationen, wie sie unter 7.4 beschrieben sind, vermuten.

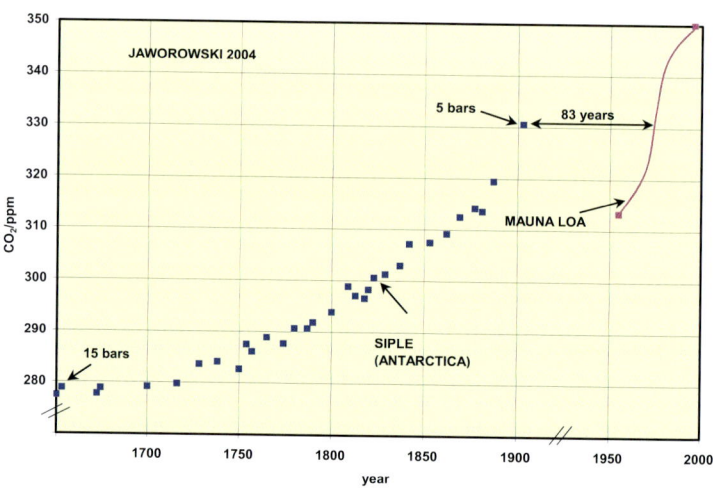

Bild 5.4: CO_2-Konzentrationskurven aus Eisbohrkerneinschlüssen der Station Siple, Antarktis und die Messkurve vom Mauna Loa, Hawai; Bildquelle: Jaworowski [86]

Zu der in Bild 5.4 dokumentierten Manipulation passt weiteres. Zwischen 1815 und 1950 liegen aus Universitätslabors direkte CO_2-Messungen vor. Eine erste Veröffentlichung von historischen Messwerten erfolgte bereits im Jahre 1958, wobei willkürlich nur die besonders niedrigen Konzentrationswerte zu einer Mittelwertbildung, die 292 ppmv ergab, herangezogen wurden. Das tatsächliche Mittel aller Daten hätte 330 ppmv ergeben [183]. Die verfügbaren historischen Messungen wurden schließlich in ihrer Gesamtheit erstmalig von dem Freiburger Gymnasiallehrer für Biologie, Ernst-Georg Beck, in verdienstvoller Mühewaltung ans Tageslicht gefördert [8]. Die Ausbeute der Recherche von Beck bestand aus ca. 175 Publikationen mit insgesamt etwa 90.000 Einzelmessungen, die bis Anfang des 19. Jahrhunderts zurückreichen und an denen teilweise auch Nobelpreisträger beteiligt waren. Interessant sind die folgenden sehr hohen Datenwerte, wobei noch einmal zum Vergleich an die heutige CO_2-Konzentration der Atmosphäre von 380 ppmv erinnert sei:

Autor:	Dürst, Bern (CH)
Messungen:	über 1000 in den Jahren 1936 bis 1938
Messmethode:	Pettenkofervariante
Messwert:	427 ppmv

Autor:	W. Kreutz, Gießen
Messungen:	etwa 250.000 in den Jahren 1939 bis 1941
Messmethode:	Pettenkofervariante
Messwert:	393 ppmv bis 455 ppmv

Autor:	Misra, Poona (Indien)
Messungen:	eine im Jahre 1943
Messmethode:	Pettenkofer
Messwert:	417 ppmv

Autor:	Scholander, Poona (Indien)
Messungen:	25 in den Jahren 1947 bis 1949
Messmethode:	Volumetrisch
Messwert:	349 ppmv bis 429 ppmv

Schlussendlich ergibt sich, wie der schon mehrfach erwähnte Klimaforscher Detlef Hebert, Professor an der TU Freiberg, berichtet, aus der Bilanz des stabilen Kohlenstoffisotops ^{13}C ein vorläufig letztes Argument dafür, dass der vorindustrielle CO_2-Gehalt der Luft wesentlich höher gewesen war, als vom IPCC angegeben. Im Durchschnitt muss er etwa 320 ppmv bis 330 ppmv betragen haben [67]. Alle bisher genannten Hinweise deuten daher darauf hin, dass die untere IPCC-Kurve in Bild 3.5 unter 3.4 für die Zeit vor den direkten Messungen zu revidieren ist.

Es ist daran zu erinnern, dass die CO_2-Konzentrationskurven in Bild 3.5 vom IPCC als stärkste Argumentationsstütze für die anthropogene Verantwortung des CO_2-Anstiegs verwendet wird. Waren die CO_2-Werte sehr viel kleiner als heute, so wie es das IPCC vorgibt, kann der Mensch mit gutem Grund als Verursacher eines ungewöhnlichen Anstiegs von CO_2 in der Atmosphäre (noch nicht eines globalen Temperaturanstiegs, dies ist ein anderes Problem) verdächtigt werden. Waren sie dagegen wesentlich höher oder sogar nur ähnlich hoch wie heute, fällt diese Schlussfolgerung in sich zusammen. Im 19. und 20. Jahrhundert waren die menschverursachten CO$_2$-Emissionen viel geringer als heutzutage, sie können daher für die damaligen CO$_2$-Konzentrationen nicht verantwortlich gewesen sein. Die damaligen Messungen erscheinen zuverlässig und, wenn überhaupt, allenfalls nur auf Grund von Kalibrierungsfehlern unsicher. Ab den 20er Jahren des vorigen Jahrhunderts war die quantitative Chemie bereits sehr fortgeschritten, und es ist nur schwer erklärbar, wie tausende von CO$_2$-Konzentrationsmessungen aus renommierten Universitätslabors größere Fehler, die vorwiegend zu hohe Werte ergeben, aufweisen sollen.

Drückt man es zurückhaltend aus, ist die tatsächliche CO$_2$-Konzentrationskurve seit Beginn der Industrialisierung mit Fragezeichen zu versehen. Die IPCC-Angaben für die Zeit vor dem Jahre 1958 dürfen mit Recht angezweifelt werden. Die IPCC-Fraktion führt gegen die Konzentrationsdaten von Ernst-Georg Beck nicht nur mögliche Kalibrierungsfehler, sondern auch stark variierende CO$_2$-Konzentrationen in Bodennähe an. Aus diesem Grund würden schließlich die neuesten spektroskopischen Messungen auf einem hohen Berg, dem Mauna Loa in Hawaii, vorgenommen. Man spricht von Messung des CO$_2$-Untergrunds, dem sich unrelevante Fluktuationen überlagern. Solche Fluktuationen gibt es natürlich. In der oberen Kurve von Bild 3.5 sind sie als hochfrequente Überlagerung zum Hauptverlauf zu erkennen. Sie sind durch verändertes Pflanzenverhalten infolge Wechsel der Jahreszeiten bedingt. Auch in der Nähe von Großstädten ändern sich die CO$_2$-Konzentrationen. Diese Argumente sind also begründet. Ob sie die überwiegend höheren Werte der Beck-Recherche und die aus der Bilanz des Kohlenstoffisotops ^{13}C falsifizieren können, ist umstritten.

Zusammenfassung von Abschnitt 5.2

Seit der Kreidezeit hat sich die CO$_2$-Konzentration in der Erdatmosphäre von über 2000 ppmv auf nunmehr 380 ppmv verringert. Auch durch Verbrennen aller fossilen Stoffe durch den Menschen kann der heutige Wert von 380 ppmv nicht höher als etwa auf die doppelte Konzentration, also auf rd. 800 ppmv gesteigert werden. Auch dieser Wert ist absolut unbedenklich. CO_2 ist und bleibt stets Spurengas. Den offiziellen IPCC-Angaben für atmosphärische CO_2-Konzentrationen der Vergangenheit ist mit Vorbehalt zu begegnen. Für den Zeitraum zwischen 6500 und 9000 Jahren vor heute sind sie mit hoher Wahrscheinlichkeit falsch. Aber auch für die Neuzeit in den Jahren 1800 bis 1950 sprechen schwerwiegende Indizien dafür, dass die realen CO_2-Konzentrationen wesentlich höher gewesen sein müssen, als vom IPCC angegeben. Der polnische Klimaforscher Zbigniew Jaworowski belegt eine unzulässige, von der IPCC-Redaktion gebilligte Datenmanipulation historischer CO_2-Konzentrationen. Nur der Anstieg der spektroskopisch direkt gemessenen CO_2-Konzentration seit etwa 1958 darf als verlässlich gelten.

5.3 Der Treibhauseffekt

Im Zusammenhang mit Klimagasen ist stets vom Treibhauseffekt der Erdatmosphäre die Rede. Er ist in seinen Grundzügen rasch erklärt, birgt aber viele Fallstricke und ist weit davon entfernt, in allen Detailverästelungen verstanden zu sein. Und weil es so oft übersehen wird, muss immer wieder betont werden:

Das maßgebende Treibhausgas ist der Wasserdampf als Gas und in Form von Wolken. Kohlendioxid spielt nur eine sekundäre Rolle.

Wir hatten, wie unter 5.2 beschrieben wurde, in der Erdgeschichte bereits CO_2-Konzentrationen von mehr als dem Achtfachen der heutigen Werte. Wäre CO_2 tatsächlich so gefährlich, wie von den Katastrophenwarnern angegeben, wäre unserer Globus längst den Wärmetod gestorben.

Zurück zum „Treibhauseffekt" ! Er ist eine unglückliche Bezeichnung. Die Atmosphäre hat nämlich kein festes Dach, weder aus Glas noch aus Gas. Durch eigene Beobachtung hat jeder diese Erkenntnis vielfach schon selbst gewonnen: Jede sommerliche Quellwolke steigt viele Kilometer ungebremst in die Höhe, einschließlich aller enthaltenen Gase. In einem Gärtnertreibhaus ist der weit überwiegende Erwärmungs-Effekt dagegen durch die „Luft-Falle" oder Konvektionsverhinderung verursacht, die es in der Atmosphäre nicht geben kann. Die durch die Gewächshaus-

Heizung, oder am Tage die durch die Sonne erwärmte Luft kann im Glashaus nicht entweichen. Jedoch - öffnet bzw. lüftet man das Glasdach, so fällt die Temperatur in kurzer Zeit auf das Temperaturniveau der Außenluft.

Dennoch gibt es auch eine Gemeinsamkeit: Gewächshaus-Glas und die sog. Treibhausgase, wie Wasserdampf, CO$_2$, Methan usw. absorbieren einen Teil der vom Erdboden ausgehenden Infrarot-Strahlung. Die dabei auf die Moleküle der Treibhausgase übertragene Energie verbleibt fast vollständig als Wärme in der Atmosphäre und trägt somit zu ihrer Temperaturerhöhung bei. Im Detail wird dabei die Schwingungsenergie eines angeregten Teibhausgasmoleküls durch Stöße auf die Stickstoff- und Sauerstoffmoleküle der Atmosphäre übertragen. Auf Grund dieser Stöße sowie der Dopplerverschiebung sind die Spektrallinien der Atmosphäre, wie es die Messungen im Bild 5.6 zeigen, stark verbreitert. Sie ergeben durch Überlappung ein weitgehend zusammenhängendes Spektrum.

Der Effekt der atmosphärischen „Strahlen-Falle" der im Gewächshaus gegenüber dem Luftfallen-Effekt außerordentlich gering ist, wird in der Physik als Treibhaus-Effekt der Atmosphäre bezeichnet. Wie groß ist er?

An dieser Stelle entsteht nun eine Schwierigkeit, denn eine rein verbale Beschreibung des Treibhauseffekts der Atmosphäre, die in korrekter und gleichzeitig allgemein verständlicher Form die wesentlichen Punkte anspricht, ist so gut wie unmöglich. Aus diesem Grunde wird der Treibhauseffekt und insbesondere sein vom CO$_2$ verursachter Anteil zuerst rein anschaulich beschrieben. Danach erfolgt unter 5.4 die detaillierte Erläuterung unter Verwendung physikalischer Begriffe und etwas Mathematik. Leser, die hieran nicht interessiert sind, können diesen Abschnitt, ohne den roten Faden zu verlieren, übergehen und nur die Zusammenfassung lesen.

Kurz noch einmal zurück zum Gärtnertreibhaus, das wir dann rasch verlassen wollen, um uns der Erdatmosphäre zuzuwenden. Der „Luftfallen-Effekt" wurde bereits beschrieben. Es gibt aber auch noch den Strahlungsfallen-Effekt. In die durch die Glashülle abgeschlossene Luft des Treibhauses dringt der Infrarotanteil des Sonnenspektrums zwischen 0,8 μm und 4 μm Wellenlänge ein und erwärmt Erde sowie Luft im Inneren des Treibhauses. Wärme wird von festen Körpern und Gasen im Treibhausinnern als Infrarot wieder abgestrahlt. Die Wellenlängen dieser Rückstrahlung sind daher jetzt höher, ihr Strahlungsmaximum liegt nun bei etwa 10 μm [137]. Die längerwellige Rückstrahlung kann nicht nach außen entweichen, weil die Glashülle hierfür undurchlässig ist. Sie wird aufgehalten und wieder ins Innere zurückgestrahlt. Es wird daher im Treibhaus wärmer. Die nachvollziehbare Frage, welcher der beiden Mechanismen im Gärtnertreibhaus stärker ist, wurde bereits im Jahre 1909 durch ein Experiment des US-Physikers Robert Williams Wood (1868-1955) beantwortet.

In diesem Experiment wurde die Wirkung des Treibhauseffekts nicht unter normalem Glas sondern unter Scheiben aus Kochsalz gemessen. Kochsalz ist sowohl für sichtbares Licht, als auch für Infrarot durchsichtig. Mit Wänden aus Kochsalz dürfte sich das Innere eines sonnenbeschienenen Behälters weniger aufheizen, denn das Infrarot kann jetzt ungehindert entweichen. Das wurde aber nicht beobachtet [75]. Das Experiment von Wood bewies, dass als Erklärung für die Erwärmung des klassischen, glasumhüllten Treibhauses ganz überwiegend nur Konvektionsverhinderung und nicht Strahlungsabsorption und nachfolgende Rückstrahlung der Glaswände in Frage kommt. Dies wird auch durch die praktische Beobachtung jeden Autofahrers bestätigt. Würde die Strahlungs-Erklärung zutreffen, müssten die Scheiben eines unter sommerlicher praller Sonne abgestellten Fahrzeugs heiß sein, denn sie werden durch Absorption der langwelligeren Wärmestrahlung aus dem Autoinnenraum aufgeheizt. Von großer Hitze des Glases ist aber nichts zu spüren, wie man sich unschwer durch Handauflegen überzeugen kann. Soweit zum realen Gärtner-Treibhaus.

Spricht man nun vom *Treibhauseffekt der Erdatmosphäre*, hat man oft ein reales Treibhaus vor Augen. Dies ist, wie schon erwähnt, unzutreffend, denn es gibt hier keine Glashülle. Die gesamte Atmosphäre soll deren Rolle vertreten. Ferner gibt es in der Atmosphäre keine Konvektionsverhinderung, warme Luft kann unbehindert aufsteigen und sich dabei abkühlen. Schlussendlich ist die Troposphäre für Wärmestrahlung im Wellenlängenbereich um 10 μm durchlässig. Die Analogie zwischen realem Gärtner-Treibhaus und Erdatmosphäre ist daher zwar physikalisch unzulässig, dennoch entspricht das in der folgenden, oft verwendeten

Erklärung gezeichnete Bild des atmosphärischen Treibhausefekts überraschend weit dem (sehr schwachen) Strahlungsfallen-Effekt des Gärtnertreibhauses:

Wir verwenden das Bild einer zwischen Sonne und Erdboden plazierten fiktiven Glasscheibe, die die Erdatmosphäre vertritt, aber im Gegensatz zu einer realen Glasscheibe die atmosphärischen Luftströmungen nicht behindert. Die Glasscheibe lässt die Sonneneinstrahlung ungehindert passieren, hält aber die vom Erdboden ausgesandte Wärmestrahlung zurück und wird dabei erhitzt. Sie emittiert wiederum gemäß ihrer erhöhten Temperatur in alle Richtungen - in Richtung Erdboden und in Richtung Weltall. Diese zusätzlich Strahlung der Glasscheibe in Richtung Erdboden (Gegenstrahlung) heizt diesen zusätzlich auf, wobei sich im Vergleich zur Situation ohne Glasscheibe ein neues Strahlungsgleichgewicht einstellt.

Die Treibhauswirkung von CO$_2$ ist dabei „gesättigt" und kann mit der einer gut wärmeisolierenden Pudelmütze veranschaulicht werden. Verdoppelung der CO$_2$-Konzentration entspricht dem Aufsetzen einer zweiten Pudelmütze, die die Wärmeisolation - hier die Absorption von Infrarot (Treibhauswirkung) - nicht mehr erhöht. Dies ist der Grund, warum zusätzliches anthropogenes CO$_2$ niemals klimaschädlich werden kann. Woher stammen aber dann die Katastrophen-Projektionen des IPCC (s. Bild 3.3 unter 3.2)? In den Abschnitten 5.4 und 5.5 werden diese Fragen erschöpfend und detailliert beantwortet. Für Leser, die sich nicht die Mühe machen wollen, diesen etwas technischen Erläuterungen zu folgen, sind die Zusammenfassungen der Abschnitte 5.4 und 5.5 besser geeignet.

Zusammenfassung von Abschnitt 5.3
Die oft herangezogene Erklärung des Treibhauseffekts durch Hinzuziehung der offensichtlichen Erwärmung eines Gärtnertreibhauses in der Sonne ist als Anschauungsbild zutreffend, obwohl im Gärtnertreibhaus im Gegensatz zur Erdatmosphäre der Luftfallen-Effekt den weit überwiegenden Anteil an der Erwärmung ausmacht. Die Treibhauswirkung von CO$_2$ in der Atmosphäre kann mit einer perfekt wärmeisolierenden Mütze veranschaulicht werden. Verdoppelung der CO$_2$-Konzentration

entspricht dem Aufsetzen einer weiteren Mütze und erhöht die Treibhauswirkung des CO_2 kaum noch. Zunehmendes anthropogenes CO_2 darf daher mit dem Begriff „gefährliche Klimaerwärmung" nicht in Verbindung gebracht werden.

5.4 Treibhauseffekt und Klimasensitivität des CO_2

Der Treibhauseffekt wird im Folgenden ohne wesentliche Vereinfachungen beschrieben. Wer an den Details weniger interessiert ist, kann gleich die Zusammenfassung lesen, ohne dass ihm für die im Buch geschilderten Zusammenhänge zu große Lücken entstehen.

Die Sonne strahlt an ihrer Oberfläche die unvorstellbare Leistung von $3,8 \cdot 10^{26}$ Watt ab. Das ergibt bei einem Abstand zur Erde von 150 Millionen km noch eine bei uns außerhalb der Atmosphäre ankommende Leistungsdichte von 1367 W/m^2. Diese wird mit der Querschnittsfläche der Erde $A = R^2 \cdot \pi$ multipliziert, um die von der Erde aufgenommene Sonnenleistung von $1367 \cdot A$ zu ermitteln, weil die auf die gesamte Halbkugelfläche treffende Strahlung zum Rand hin immer größere Winkel zur Oberflächen-Normalen aufweist. Von dieser Leistung wird der Anteil von etwa 30% Erdalbedo sofort in den Weltraum reflektiert und steht der Erde nicht mehr zur Verfügung [91].

Q_E sei umgekehrt die Leistungsdichte der Erdabstrahlung. Dann gehen zeit- und ortsgemittelt $4 \cdot A \cdot Q_E$ Watt ins Weltall zurück. Dabei wird angenommen, dass Q_E an jedem Ort der Erde gleich ist, was nur näherungsweise zutrifft, da die Abstrahlung am Äquator wesentlich größer ist als an den Polen. Hinzu kommen zeitliche Änderungen. Im Gleichgewicht von Einstrahlung = Abstrahlung gilt mit den genannten Mittelungen und Vereinfachungen sowie dem Erd-Albedofaktor $r = 0,3$

$$1367 \cdot A \cdot (1 - r) = 4 \cdot A \cdot Q_E$$

und daraus dann

$$Q_E = 1367 \cdot \frac{(1 - r)}{4} \approx 235 \quad W/m^2$$

Q_E wird nun in das Strahlungsgesetz eines schwarzen Körpers

$$S = \sigma \cdot T^4 , \quad \sigma = 5,67 \cdot 10^{-8} \quad W/m^2/K^4$$

von Stefan-Boltzmann eingesetzt. Man erhält dann für die mittlere Bodentemperatur T einer fiktiven Erde **ohne** Atmosphäre

$$T \approx 255\ K\ = -18\ {}^0C$$

Die Rechnung ist nur für eine Erde mit perfekt „schwarzer" Oberfläche gültig, was bedeutet, dass alle auf sie treffende Strahlung absorbiert und nichts reflektiert wird. Ein solcher „Schwarzkörper" strahlt seine Energie in Form des sog. Planck-Spektrums ab (Bild 5.5).

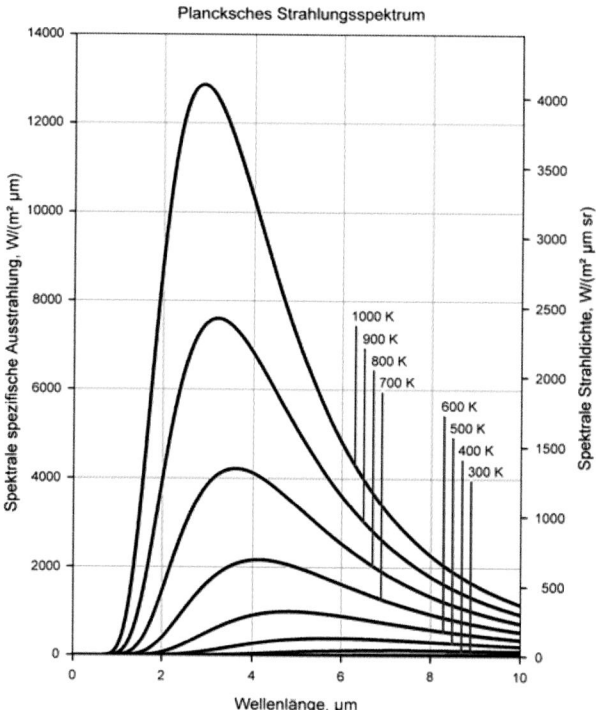

Bild 5.5: Die Abstrahlungskurven eines „schwarzen" Körpers in Abhängigkeit von seiner Temperatur.

Integriert man die Planck'sche Strahlungskurve über alle Wellenlängen, erhält man das schon genannte, hier auf den Erdboden angewandte Stefan-Boltzmann-Gesetz.

Die Erde ist kein perfekter schwarzer Körper, für die hier herrschenden Temperaturen trifft diese Näherung aber hinreichend gut zu, was man sofort erkennt, wenn man sich in Bild 5.6 die Planck-Strahlungskurve am „langwelligen Schwanz" zusammen mit dem von Satelliten gemessenen Abstrahlungsspektrum ansieht [63].

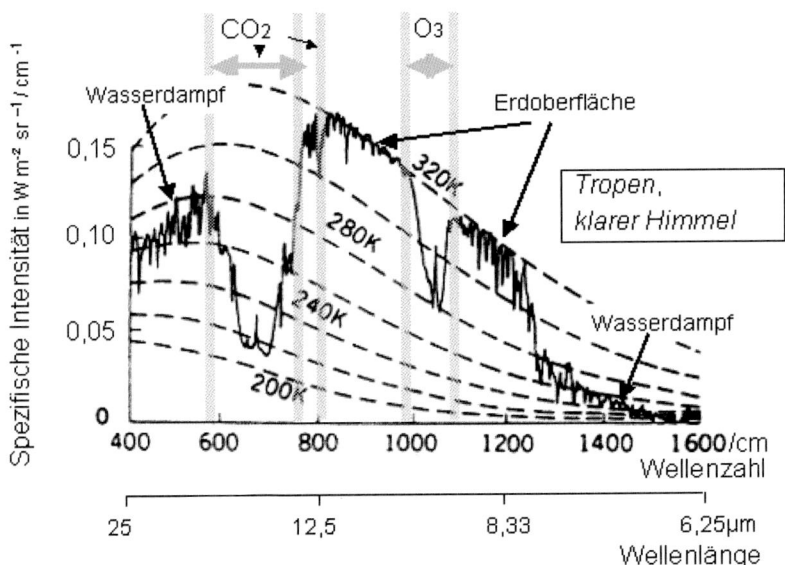

Bild 5.6: Von Satelliten gemessene Abstrahlungsspektren der Erdatmosphäre. Die gestrichelten Kurven sind die theoretischen „Schwarzstrahler-Kurven". Die Wellenlängenbereiche, die von der Erdoberfläche zum Rand der Atmosphäre gelangen, bezeichnet man auch als „offene Fenster" für die Wärmestrahlung der Erde.

Entsprechend dem oben hergeleiteten T = - 18 ^{0}C wäre die Erde ohne Atmosphäre ein einziger Eisblock, auf dem Leben der uns gewohnten Form nicht existieren könnte. Das aus **Messungen** erhaltene Mittel über alle Tages- und Jahreszeiten sowie über alle Erd-Klimazonen ergibt dagegen die Bodentemperatur von T = 15 ^{0}C. Bild 5.6 liefert ein Beispiel: Zum hier betrachteten Zeitpunkt und in den Tropen, beträgt die via

Satellit gemessene Bodentemperatur T = 320 K = 47 ^{0}C. Die Differenz des Mittelwerts der Bodentemperatur mit Atmosphäre (gemessen) und der mittleren Bodentemperatur ohne Atmosphäre (berechnet), also 15 - (-18) = 33 ^{0}C, wird durch die Treibhausgase der Erdatmosphäre verursacht und von der Klimaforschung als **natürlicher Treibhauseffekt** bezeichnet.

Die Wirkung der Treibhausgase als Treibhauseffekt geht ebenfalls aus Bild 5.6 hervor. CO$_2$, O$_3$ und Wasserdampf verhindern die direkte Abstrahlung der Wärmestrahlung von der Erdoberfläche ins Weltall. Die Emission dieser Treibhausgase erfolgt nun aus wesentlich größerer Höhe, nicht weiter vom Atmosphärenrand entfernt als die Absorptionslänge des betreffenden Treibhausgases. Das ist bei Wasserdampf etwa ab 5 km Höhe bei 260 K = - 13 ^{0}C, bei CO$_2$ etwa ab 15 km Höhe bei 220 K = - 53 ^{0}C und bei O$_3$ etwa ab 3 km Höhe bei 280 K= 7 ^{0}C (s. hierzu auch Bild 5.9). Da die Abstrahlung durch diese Treibhausgase bei niedrigeren Temperaturen erfolgt und somit gemäß dem Planckschen Strahlungsgesetz eine geringere Leistungsdichte besitzt als die unblockierte Erdabstrahlung, muss sich die Temperatur auf der Erdoberfläche solange erhöhen, bis zur Einhaltung der Energiebilanz - erster Hauptsatz der Thermodynamik - insgesamt wieder 235 W/m^2 in das Weltall im Gleichgewicht zurückgestrahlt werden. Diese Gesetzmäßigkeit ist für die heutige Konzentration der Treibhausgase bei einer gemittelten Bodentemperatur von 288 K = 15 ^{0}C erfüllt.

Weil es für das Verständnis des Treibhauseffekts wichtig ist, sei der Mechanismus nochmals an Hand von Bild 5.7 erläutert. Wenn die Konzentration eines Treibhausgases, hier ist jetzt CO$_2$ gemeint, in der Atmosphäre erhöht wird, so verbreitert sich der CO$_2$-Absorptions-Trichter, wie es in Bild 5.7 schematisch dargestellt ist (in rot). Damit fehlen in der gemäß erstem Hauptsatz naturgesetzlich zu erfüllenden Gesamtbilanz die Energieanteile, die in Bild 5.7 zwischen der neuen (roten) und der alten (schwarzen) Trichterkurve liegen. Diese Anteile müssen bilanzmäßig ersetzt werden. Sie werden es durch Erhöhung der Bodentemperatur, in Bild 5.7 sichtbar als Differenz der roten „Schwarzkörperkurve" zur alten Schwarzkörperkurve, die hier den Wert von 320 K aufweist. Die höher liegende (rote) Schwarzkörperkurve bedeutet, dass die Temperatur der Erdoberfläche, wie zuvor erläutert, gestiegen ist. **Das Gleichgewicht**

zwischen eingestrahlter Leistung der Sonne und abgestrahlter Leistung der Erde von jeweils etwa 235 W/m² wird also durch den Treibhauseffekt eingehalten.

Die zusätzliche Leistungsdichte erhält die Erdoberfläche im Wesentlichen durch Gegenstrahlung aus der Atmosphäre, die gemessen werden kann. Bild 5.8 zeigt ein Beispiel für eine solche Messung.

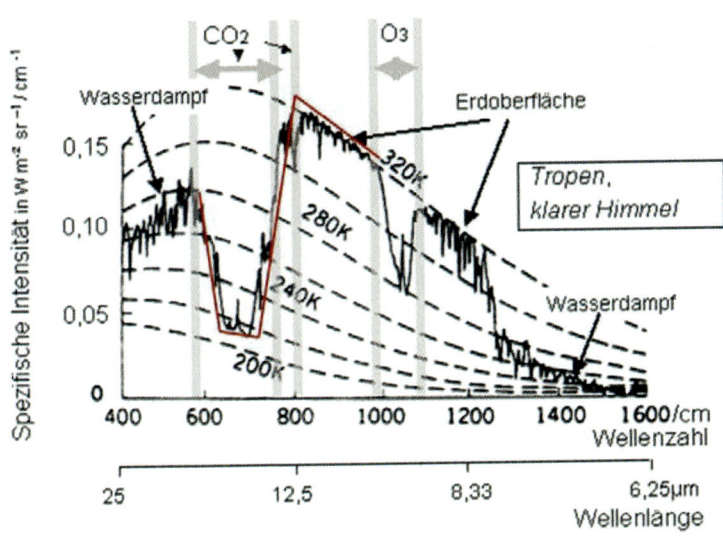

Bild 5.7: Änderung des Absorptionstrichters von CO_2 durch Konzentrationserhöhung in schematischer Darstellung [113].

Zur Berechnung des Temperaturprofils der Erdatmosphäre geht die Atmosphärenphysik von den weiteren Annahmen aus:

1. die Atmosphäre wird vom Erdboden aus erwärmt
2. die Transportprozesse (Konvektion und Advektion) der Atmosphäre sind nahezu adiabatisch
3. die Wasserdampfkondensation (latente Wärme) stellt eine weitere Wärmequelle dar

Aus dem ersten Hauptsatz der Thermodynamik, der Gleichung für ideale Gase und der barometrischen Höhenformel kann dann das Temperaturprofil der Erdatmosphäre berechnet werden, das in Bild 5.9 gezeigt ist. Als einziger gemessener Temperaturwert geht die reale mittlere Bodentemperatur von T = 288 K = 15 °C in die ideale Gasgleichung und damit die weiteren Beziehungen ein. Unterhalb der Tropopause dominieren die adiabatischen, oberhalb von ihr die Strahlungsprozesse.

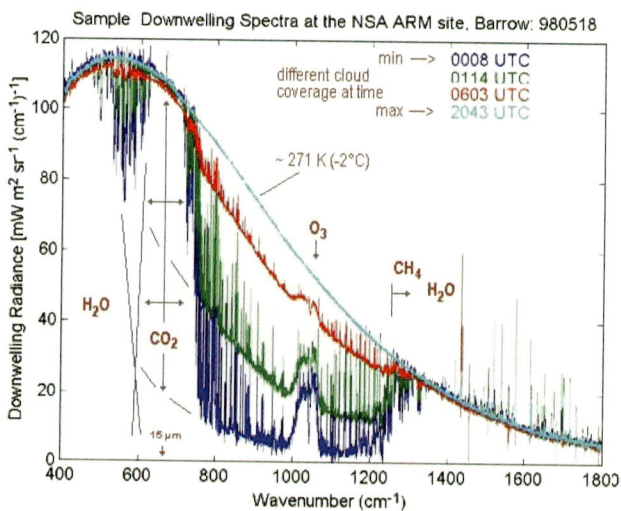

Bild 5.8: Gegenstrahlung aufgenommen in Barrow, Alaska, am 18. Mai 1998, bei unterschiedlicher Bewölkung, minimal um 00:08 Uhr UTC, maximal um 20:43 UTC [57]. Deutlich ist die Gegenstrahlung des CO_2, O_3 und des Wasserdampfes sowie der Einfluss der Wolken zu erkennen.

Es ist nun an der Zeit, sich der sog. **Klimasensitivität des** CO_2 zuzuwenden, die als ein Schlüsselbegriff der aktuellen Klimaforschung gelten kann. Man versteht darunter die globale, gemittelte Temperatursteigerung - zunächst ohne Rück- oder Gegenkoppelungseffekte - infolge einer hypothetischen **Konzentrationsverdoppelung** von CO_2 in der Erdatmosphäre. Solch eine Verdoppelung kann ganz grob mit einem vollständigen Verbrennen aller der Menschheit zugänglichen, mit heuti-

gen technischen Mitteln abbaubaren fossilen Brennstoffreserven gleichgesetzt werden, d.s. ungefähr 1250 Gt Kohlenstoff [10].

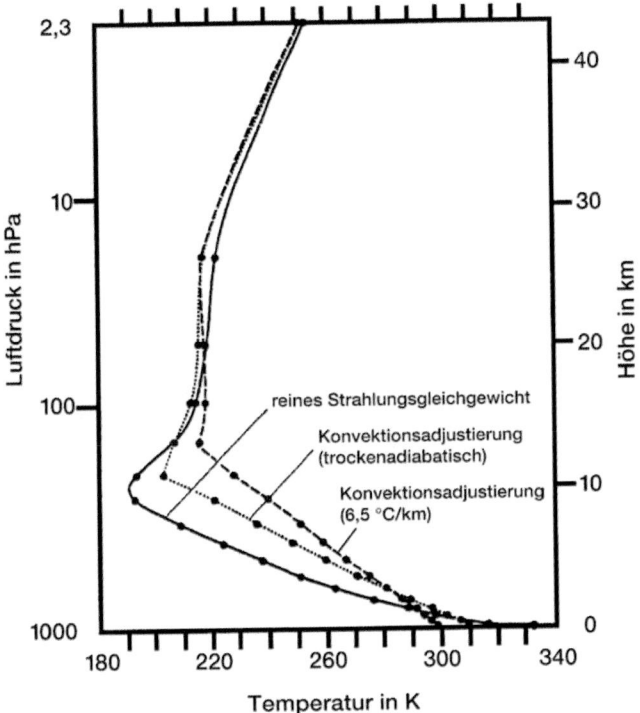

*Bild 5.9: Temperaturprofil der Erdatmosphäre [7]. Der beobachtete Tem-
peraturgradient entspricht dem feuchtadiabatischen mit 6,5° C/km.*

Die Klimasensitivität dT des CO_2 kann aus einer einfachen Bilanz-
betrachtung ermittelt werden. Differenziert man die Stefan-Boltzmann-
Gleichung $S = \sigma \cdot T^4$ nach der Temperatur T und setzt für $T^3 = S/(\sigma \cdot T)$ ein, ergibt dies $\frac{dS}{dT} = 4 \cdot \sigma \cdot T^3 = 4 \cdot S/T$ oder

$$dT = dS \cdot \frac{T}{4 \cdot S}$$

Zur Berechnung von dT werden Messwerte von T, S und dS benötigt.

Für das dS von CO_2 gibt das IPCC bei Konzentrationsverdoppelung den Wert von 3,7 W/m^2 an, was aus spektroskopischen Labormessungen ermittelt werden kann (ohne Berücksichtigung von Linienüberlappung mit anderen Treibhausgasen). An der Atmosphärengrenze werden von Satelliten zeitgemittelte S = 240 W/m^2 Abstrahlung bei T = 255 K gemessen. Daraus folgt

$$dT\,(2\;mal\;CO_2)\;=\;3,7\cdot\frac{255}{4\cdot 240}\;\approx\;1\;K\;=\;1\;^0C$$

Feinheiten bleiben in dieser einfachen Bilanzrechnung unberücksichtigt, so dass dieser Zahlenwert der Bodentemperatur etwas unsicher ist. Genannt werden auch andere Werte, die von etwa 0,7 ^0C bis 1,2 ^0C reichen. Ungeachtet dieser Unterschiede sind aber alle diese Werte von dT unbedenklich, denn bis zur Verdoppelung der atmosphärischen CO_2-Konzentration bedarf es, wie bereits erwähnt, des Verbrennens sämtlicher fossilen Brennstoffe, auf die die Menschheit Zugriff hat. Werte von dT um 1 ^0C liegen ferner weit innerhalb der natürlichen Klimaschwankungen des letzten Jahrtausends und bieten absolut keinen Anlass für katastrophale Zukunftsszenarien.

Der Zusammenhang zwischen CO_2-Konzentrationen und globaler Temperatursteigerung ist im Bereich der hier betrachteten CO_2-Konzentrationen zudem **logarithmisch**. Dies bedeutet, dass bei einer weiteren Verdoppelung von CO_2, also einer Vervierfachung der CO_2-Konzentration der Erdatmosphäre, die globale Temperatursteigerung 2 ^0C beträgt und nicht 4 ^0C, wie man es aus gewohnter linearer Abhängigkeit annehmen könnte. **Jede Konzentrationsverdoppelung führt zur gleichen, konstanten Temperatursteigerung.** Das IPCC gibt die entsprechende logarithmische Formel wie folgt an [170]

$$dS = 5,35\cdot\ln\left(\frac{C}{C_0}\right)\quad W/m^2$$

Hierin bedeuten C die neue CO_2-Konzentration der Erdatmosphäre, C_0 die alte CO_2-Konzentration der Erdatmosphäre und dS das „Radiative Forcing" oder die Heizrate, verursacht durch Konzentrationsänderung des atmosphärischen CO_2 von C_0 auf C. Man erhält bei Konzentrationsverdoppelung, d.h. mit $C/C_0 = 2$ und einem guten Taschenrechner

mit Logarithmusfunktion den hier bereits schon genannten Wert von dS
= 3,7 W/m².

Die bisherigen Betrachtungen können an Hand der Energieflüsse in der
Atmosphäre weiter detailliert werden. Die heute gültige Vorstellung, die
unter anderem durch Messungen des ERBE-Satelliten belegt ist, geht
aus Bild 5.10 hervor [91].

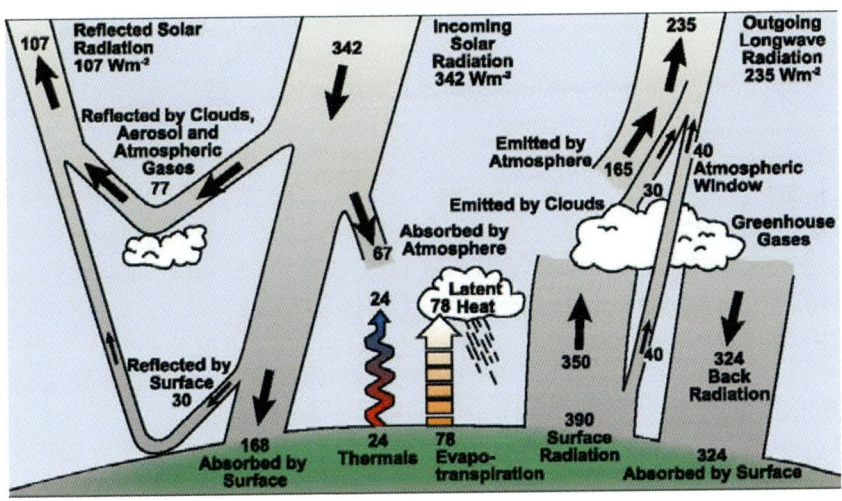

Bild 5.10: Das Gegenstrahlungsmodell des natürlichen Treibhauseffekts.

Die drei wichtigsten Treibhausgase sind in Reihenfolge ihrer Wirksamkeit der Wasserdampf, das CO_2 und das Methan. Der in Bild 5.10 einge-
tragene Wert $Q_E = 235$ W/m² wurde hier bereits hergeleitet. Bild 5.10
vereinfacht stark. Vor allem dürfen die eingetragenen Pfeile nicht mit
Strahlungsbündeln verwechselt werden, denn die Moleküle der Erdatmosphäre strahlen in alle Raumrichtungen ab. Die Pfeile sind vielmehr
Leistungsdichten, deren Richtungen ihren maßgeblichen Einfluss veranschaulichen. Überraschend erscheint beim ersten Blick der hohe Wert
der Bodenstrahlung von 390 W/m², der die eintreffende Strahlung von
342 W/m² weit übertrifft. Er ist, wie schon oben beschrieben, eine Folge des Treibhauseffekts bzw. der Gegenstrahlung der Atmosphäre und

entspricht gemäß Stefan-Boltzmann-Gesetz der realen, gemittelten Bodentemperatur von $T = 288$ K.

Es soll nochmals betont werden, dass alle von der Erde aufgenommene Sonnenenergie ohne Verluste und mit periodisch-instationärem Verlauf wieder in den Weltraum abgestrahlt wird. Die der Sonneneinstrahlung entnommene mechanische Energie von Wind und Gezeitenströmungen, oder die von der Photosynthese verbrauchte Sonnenenergie, die schließlich über Wärme wieder in die Abstrahlungsbilanz der Erde eingeht, unterliegt natürlich anderen Zeitkonstanten als beispielsweise der Tag-Nachtrhytmus der Erde. Der gesamte Prozess kann aber nach ausreichender Zeitmittelung zutreffend als stationär behandelt werden. Die Gleichgewichtsbilanz ist nichts anderes als die Folge des ersten Hauptsatzes der Thermodynamik, der sich auf alle Energieformen bezieht und besagt, dass deren Summe stets konstant bleibt.

Die Erde ist zudem eine irreversible Wärmekraftmaschine, die durch Sonne und kaltes Weltall „betrieben" wird. Gemäß 2. Hauptsatz der Thermodynamik benötigt eine Wärmekraftmaschine ein heißes und ein kaltes Reservoir - beim Kohlekraftwerk ist es z.B. der Heizkessel und der Kühlturm. Im Fall der rotierenden Erde sind es die Raumwinkel, in denen die Sonne steht und die hierzu komplementären Raumwinkel des kalten Weltraums. Mit der erzeugten Energie der „Wärmekraftmaschine Erde" werden die Wind- und Wasserbewegungen in Atmosphäre und Ozeanen angetrieben, aber auch die Photosynthese, der wir unsere Existenz verdanken.

Bild 5.10 zeigt ferner, dass die oft herangezogene anschauliche Erklärung des atmosphärischen Treibhauseffekts als „Gärtnertreibhaus" nicht so verkehrt ist, obwohl beim Gärtnertreibhaus die Erwärmung durch den Luft-Fallen-Effekt verursacht wird, in der Atmosphäre dagegen durch den Strahlungs-Fallen-Effekt. Die Auswirkung, nämlich Erwärmung, ist trotz unterschiedlicher Ursachen die gleiche.

Wenn von „Gegenstrahlung" die Rede ist (s. Bld 5.10), entstehen gelegentlich Missverständnisse. Kann ein kälterer Körper, z.B. Wolken, einem wärmeren Körper, z.B. einem Menschen am Erdboden, Wärme zuführen? Widerspricht dies nicht dem 2. Hauptsatz der Thermodynamik? Nein, denn Energieaustausch durch Strahlung kann aus dem anfänglich kühleren Körper natürlich nicht den schlussendlich wärmeren

Körper machen. Beim Strahlungsaustausch mit seinem kälteren Gegenpart kühlt aber der wärmere Körper langsamer ab, was seine Gleichgewichtstemperatur im Vergleich zur Situation ohne das Vorhandensein des kälteren Körpers erhöht. Ein einzelnes abgestrahltes Photon weiß nicht mehr, ob es von einem warmen oder einem kalten Körper kommt. Es kann immer, auch wenn es vom kälteren Körper kommt, im wärmeren Körper ein Molekül anregen. Beim Übergang in den Grundzustand (spontan oder durch Kollision) wird das Molekül diese Energie abgeben und damit zur Erhöhung der kinetischen Energie, d. h. der Temperatur des wärmeren Körpers beitragen.

Schon die tägliche Erfahrung zeigt in vielen Situationen spürbar den Einfluss der Gegenstrahlung. Manche Leser werden in einen Kellerraum mit sehr kalten Wänden schon einmal die Situation erlebt haben, wo zwar ein schnell installierter Heizlüfter die übliche Zimmertemperatur erzeugte, es aber immer noch gefühlt kalt blieb. Dieses Gefühl war keine Täuschung, denn die gewohnte Gegenstrahlung von warmen Wänden fehlte. Das Fehlen von Infrarot-Strahlung spürt unser größtes Organ, die Haut, und daran kann auch die auf Zimmertemperatur gebrachte Kellerluft nichts ändern. In der Bauphysik ist dieser messbare Effekt bestens bekannt. Auch die Frontscheibe eines Autos, das in kalter Winternacht unter oder sogar neben dem luftdurchlässigen Blätterdach eines Baums abgestellt ist, so dass der Luft-Falleneffekt hier keinen Einfluss ausüben kann, bleibt oft noch eisfrei, während die Frontscheiben der unter freiem Himmel abgestellten Nachbarautos am nächsten Morgen mit einer Eisschicht überzogen sind. In klarer Wüstennacht wird es bitterkalt, ziehen Wolken auf, wird es milder. Diese „Gegenstrahlungs-Liste" ließe sich beliebig fortsetzen.

Zusammenfassung von Abschnitt 5.4

Der vom CO_2 verursachte Treibhauseffekt wurde ohne Vereinfachungen hergeleitet. Es zeigt sich, dass der Treibhauseffekt eine Folge einfacher physikalischer Grundgesetze ist und mit den Messungen, insbesondere denen von Satelliten, bestens übereinstimmt. Verfeinerungen und einige Randbedingungen sind allerdings immer noch unsicher. Die sog. Klimasensitivität des CO_2, also die Erhöhung der mittleren Globaltemperatur infolge Verdopplung der CO_2-Konzentration, beträgt grob 1 ^{0}C.

Da diese Verdoppelung ungefähr dem Verbrennen aller der Menschheit noch zugänglichen Reserven an fossilen Brennstoffen gleichgesetzt werden kann, ist der Wert von 1 $^{\circ}C$ unbedenklich und bietet keinen Anlass zu Katastrophenwarnungen.

5.5 „Wärmetod der Erde" durch Wasserdampfrückkoppelung?

Nach der ausführlichen Beschreibung des Treibhauseffekts im vorangegangenen Abschnitt wollen wir jetzt ein Terrain betreten, das noch nicht hundertprozentig bereinigt ist und infolgedessen in der wissenschaftlichen Diskussion steht. Die Rechtfertigung für diesen Ausflug in Gefilde, in denen ein populäres Sachbuch eigentlich nichts zu suchen hat, ergibt sich zwingend aus der maßgebenden und absolut zentralen Rolle der im Folgenden beschriebenen Mechanismen, die gemäß den IPCC-Klimamodellen für die **angeblich kommende, von anthropogenem CO_2 verantwortete „Klimakatastrophe"** verantwortlich sein sollen.

Die bisherige Beschreibung des Treibhauseffekts ging von einer Vereinfachung aus, die in der Realität nicht vorliegt und die Verhältnisse entscheidend beeinflussen kann: Die Erdatmosphäre enthält nicht nur ein einziges Treibhausgas. Das stärkste unter den weiteren Treibhausgasen ist der Wasserdampf, der für den Löwenanteil des Treibhauseffekts verantwortlich ist. Wird nun durch individuelle Infrarot-Anregung das CO_2 erwärmt, erfolgt, wie schon beschrieben, Energie-Dissipation, wobei die angeregten CO_2-Moleküle ihre Schwingungsenergie durch Stöße an andere Moleküle der Atmosphäre abgeben. Da sich unter diesen Molekülen auch Treibhausgasmoleküle, insbesondere die des wesentlich treibhauswirksameren Wasserdampfs befinden, wird die Erwärmungswirkung des CO_2 verändert. So könnte beispielsweise infolge einer CO_2-induzierten Erwärmung

- sich mehr Wasserdampf und als Folge davon mehr Wolken bilden. Wolken schirmen die Sonnenstrahlung ab und wirken abkühlend. Die Erwärmung infolge ansteigendem CO_2 wird durch diesen Effekt **abgeschwächt**.

– mehr Wasserdampf entstehen und der stärkere Wasserdampf-Treibhauseffekt die geringe Treibhaus-Wirkung des CO_2 erhöhen. Diese positive Rückkoppelung war bisher in allen IPCC-Klimamodellen eingebaut und erklärt nunmehr die zum Teil sehr hohen, vom IPCC mit Hilfe von Computermodellen berechneten Temperatursteigerungen (s. Bild 3.3).

Was trifft zu? Tatsächlich gehen nur Klimamodelle davon aus, dass der vergleichsweise winzige Kohlenstoffkreislauf den gigantischen planetaren Wasserkreislauf antreibt. Der Klimaforscher und Leibniz-Preisträger Jan Veizer, der bereits als Autor von Bild 4.3 genannt wurde, sagt dazu: *„Bei beinahe jedem ökologischen Prozess und auf jeder Zeitskala sind der Wasserkreislauf und der Kohlenstoffkreislauf aneinander gekoppelt, aber Wasser ist nun mal um Größenordnungen verfügbarer. Es ist nicht einfach nur da, um auf Impulse vom Kohlenstoffkreislauf zu warten, ganz im Gegenteil, es formt diesen aktiv."* Veizer zieht hierzu gerne einen populären Vergleich heran: *Anzunehmen, dass CO_2 den Wasserdampfkreislauf maßgebend präge, hieße zu behaupten, „der Schwanz wedelt mit dem Hund."*

Das IPCC gibt, wie bereits ausführlich beschrieben, die Klimasensitivität des CO_2 ohne Rückkopplungen mit 1,2 ^{0}C an, liegt also, wie sollte es wohl anders sein, am oberen Ende des möglichen Bereichs. Erst eine in den Modellen eingebaute Rückkopplung, die ganz überwiegend durch das Treibhausgas Wasserdampf bewirkt werden soll, ergibt die vom IPCC und seinen Modellen beschworene Klimakatastrophe (s. Bild 3.3 unter 3.2). Die hier unterstellten Feedback-Beiträge sind im IPCC-Report des Jahres 2007 aufgeführt [83].

Bis Ende des Jahres 2008 lagen keine veröffentlichten Messungen vor, die den Wert der Rückkopplung - ob nun positiv oder negativ - aller Beiträge bestimmen konnten. Diese unbefriedigende Situation änderte sich mit zwei grundlegenden Arbeiten, von denen eine im Feb. 2009 in Theoretical and Applied Climatology [128], die andere im Sept. 2009 in Geophysical Research Letters erschien [107].

Die Autoren G. Paltridge, A. Arking und M. Pook zeigten [128], dass die spezifische und relative Feuchte in der mittleren und oberen Troposphäre, also oberhalb 850 hPa Luftdruck, im Gegensatz zu den Annahmen der Klimamodelle des IPCC in den Jahren 1973 bis 2007 mit den steigenden Temperaturen dieser Zeit **abnahm**, was einer Wasserdampf-**Gegenkoppelung** entspricht. Lediglich die wenig rückkopplungswirksame Feuchte der unteren Troposphäre nahm in dieser Zeit zu. Paltridge et al. benutzten hierzu die Daten der troposphärischen Feuchte des National Centers for Environmental Prediction (NCEP), die aus Messungen von Ballon-Sonden gewonnen wurden [6]. Wie sehr sich die Klimasensitivität des CO_2 zahlenmäßig verringerte, konnten die Autoren auf Grund der mit hohen Fehlern behafteten Datenlage zwar nicht angeben, unzweifelhaft wurde von ihnen allerdings die Tendenz in Richtung Gegenkoppelung bestätigt.

Die zweite Arbeit wurde von dem in diesem Buch schon mehrfach erwähnten Atmosphärenforscher Richard L. Lindzen vom Massachusetts Institute of Technology (MIT), zusammen mit Yong-Sang Choi verfasst [107]. Die Autoren wiesen ebenfalls nach, dass Gegenkoppelung vorliegen muss, konnten aber zudem noch den Effekt quantifizieren. Sie untersuchten hierzu die Empfindlichkeit des Klimas auf externe Störungen und benutzten für ihre Untersuchung die Messdaten von ERBE (Earth Radiation Budget Experiment), geliefert vom ERBS-Satelliten, der 1984 vom Space-Shuttle aus gestartet wurde. Hieraus konnten sie die externen Einwirkungen auf das Strahlungsgleichgewicht extrahieren, wie sie die Oszillationen El Niño, La Niña sowie Vulkanausbrüche (Pinatubo) hervorrufen und die sich in den Temperaturen der Meeresoberflächen manifestieren. Da die Wirkung von CO_2 ebenfalls über die Störung des Strahlungsgleichgewichts abläuft, ist eine analoge Übertragung korrekt und physikalisch zulässig. Im Grunde gelten diese Überlegungen für jede Art externer Störung.

R. Lindzen und M.-D. Chou führten bereits in ihren Arbeiten der Jahre 2001 und 2005 die Definition eines Rückkoppelungsfaktors f wie folgt ein [185]:

$$\Delta T / \Delta T_0 = 1 / (1 - f)$$

Hierin ist ΔT der reale Wert der Klimasensitivität von CO_2 mit Rück- bzw. Gegenkoppelung, ΔT_0 dagegen ohne Rück- bzw. Gegenkoppelung ($\Delta T_0 \approx 1\ ^0C$). Der theoretische Bereich von t ist $-\infty < f < 1$. Klimamodelle des IPCC verwenden f-Werte von etwa 0,5, die zu einem hohen $\frac{\Delta T}{\Delta T_0}$ - Verhältnis, also zu starker Rückkoppelung führen. Aus den Messungen leitet Lindzen dagegen den Wert f = -1 ab, dies entspricht Gegenkoppelung mit dem Verhältnis $\frac{\Delta T}{\Delta T_0} = \frac{1}{1-f} \approx 0,5\,^0C$.

Aus Bild 5.11 geht der Unterschied zwischen Messung und Fiktion augenfällig hervor. Die **Messwerte** im Teilbild links oben mit positiver Steigung widersprechen diametral allen IPCC-Klima-**Modellen** mit negativen Steigungen der jeweiligen Ausgleichsgeraden. Als Resultat der Messungen und der oben genannten Formel des Faktors f wird aus dem bereits erwähnten rückkoppelungsfreien Wert der Klimasensitivität des CO_2 von $\Delta T_0 \approx 1\,^0C$ jetzt nur noch der halbe Wert, also $\Delta T = 0,5\,^0C$. Lindzen und Choi merken an, dass sich der negative Rückkopplungsfaktor noch um den Faktor 2/3 reduzieren könnte, wenn höhere Breiten einbezogen werden.

Ihre Messungen zeigen indes ungeachtet dieser Verfeinerungen, dass nicht nur eine Erhöhung der CO_2-Konzentration auf das Doppelte keinerlei Gefahr für das Erdklima bedeuten kann. Selbst eine noch unrealistischere wiederholte Verdopplung, also Vervierfachung der CO_2-Konzentration würde wegen der hier bereits beschriebenen logarithmischen Abhängigkeit und der nunmehr nachgewiesenen negativen Rückkoppelung nur zu einer globalen Temperaturerhöhung von etwa $\Delta T = 1\,^0C$ führen. Die Arbeiten der Forscherteams unter Lindzen und unter Paltridge stehen zur Zeit (Jan. 2010) noch in der wissenschaftlichen Diskussion und können daher nicht als endgültig bezeichnet werden. Es ist aber wenig wahrscheinlich, dass angesichts der gefundenen Ergebnisse, die im Gegensatz zu den fiktiven IPCC-Modellannahmen auf Messungen beruhen, noch maßgebende Änderungen in Richtung der früheren, hohen positiven Modell-Rückkoppelungen erfolgen.

Daher ist festzuhalten: **Unter der Voraussetzung, dass die von Lindzen et al. sowie von Paltridge et al. mitgeteilten Messergebnisse und Schlussfolgerungen korrekt sind, bedeutet dies nicht mehr und nicht weniger als das wissenschaftliche Ende einer vom Menschen verursachten Klimakatastrophe.** Der temperatursteigernde Einfluss des anthropogenen CO_2 ist dann zu dem geworden, was bereits schon seit längerem viele Klimaforscher vermuten - zu praktisch einem **Nulleffekt**. Damit können die gemäß Kyoto-Protokoll vorgesehenen, aber niemals realisierten CO_2-Einsparungen noch weniger als schon zuvor, auch unter der hilfsweisen Voraussetzung ungünstigster Modellprojektionen, nur eine unmerkliche Verringerung der globalen Erderwärmung bis zum Jahre 2100 von vielleicht 0,1 ^{0}C bewirken [85].

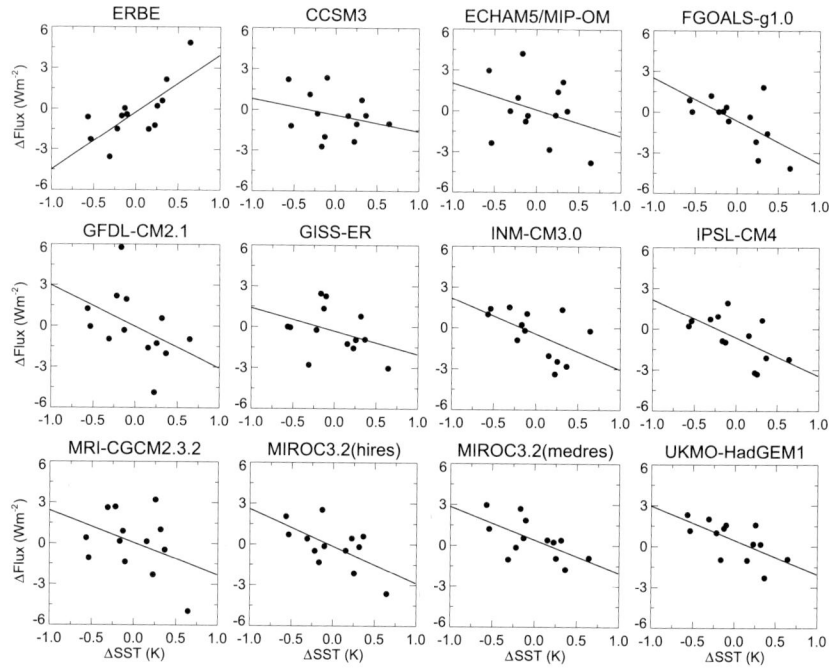

Bild 5.11: Die vom ERBE-Satelliten gemessene Abstrahlungs-Leistungsdichte der Erde ΔFlux in Abhängigkeit von der Oberflächentemperatur des Ozeans ΔSST aus der Messung von Lindzen et al. (links oben) im Vergleich mit Modellrechnungen.

Die Unwirksamkeit des Kyoto-Protokolls wurde im Übrigen auch von den Befürwortern der CO_2-Emissionsvermeidung niemals bestritten. Betrachtet man Deutschland, ist das „Nutzen-Ertrags-Verhältnis" der CO_2-Agenda geradezu absurd, wie es die folgende Überschlagsrechnung, die angenähert lineare Zusammenhänge annimmt, ausweist: *In 2005 betrug der deutsche Anteil an weltweiten CO_2-Emissionen rd. 3%, Tendenz sin-*

kend. Deutschland verpflichtete sich gemäß EU-Beschluss, 14% seiner CO_2-Emissionen - bezogen auf 2005 - bis 2020 einzusparen. Mit ca. 2 ppm globaler Steigerung pro Jahr werden ohne die EU-Einsparungen global $15 \cdot 2 = 30$ ppm mehr CO_2 nach 15 Jahren, also in 2020 vorhanden sein. 3% deutscher Anteil davon sind $30 \cdot 0{,}03 = 0{,}9$ ppm mehr. Die vorgesehenen 14% Einsparung hiervon betragen $0{,}9 \cdot 0{,}14 = 0{,}13$ ppm. Nimmt man hilfsweise eine CO_2-Klimasensitivität von $3\,^0C$ an, die nach den hier geschilderten Fakten wohl viel zu hoch angesetzt ist, erhält man mit der aktuellen CO_2-Konzentration von 380 ppm den „deutschen" Beitrag zur „Rettung der Welt vor dem Wärmetod" von unmessbaren $3 \cdot (0{,}13 \ / \ 380) = 0{,}001\,^0C$ an eingesparter globaler Erwärmung bis 2020. Der Aufwand, um dieses Ziel zu erreichen, wird in vielen Milliarden Euro geschätzt (von der FAZ am 9.1.2009 als Leserbrief des Autors veröffentlicht).

Unter diesem Gesichtspunkt ist das Scheitern der Kopenhagener-Klimakonferenz nachdrücklich zu begrüßen. Es wird höchste Zeit, dass sich Politik und Medien wieder dem **wirklichen Naturschutz** zuwenden, bevor unsere Weltmeere endgültig leergefischt, Regenwälder und die Artenvielfalt zerstört und globalweit sinkende Grundwasserspiegel in Dürregebieten irreparablen Schaden angerichtet haben.

Zusammenfassung von Abschnitt 5.5

Die vom IPCC propagierten Temperatursteigerungen der Zukunft sind unbegründete Spekulation. Jüngste Messungen der Forschergruppen um Lindzen et al. sowie um Paltridge et al. zeigen, dass die Natur an Stelle der von den IPCC-Modellen favorisierten Wasserdampf-Rückkoppelung das **Gegenteil**, nämlich abschwächende Gegenkoppelungen bevorzugt. Dies wird bestens von der Klimahistorie bestätigt, die die Tendez zeigt, dass selbst extreme Umschwünge stets wieder in einen neuen, lebensgünstigen Gleichgewichtszustand einmünden. Einen katastrophalen „Run-Away" gab es noch nie, unsere Existenz beweist es.

5.6 Klima-Computer-Modelle

Wissende machen keine Vorhersagen, und Vorhersagende haben kein Wissen (Lao Tzu, 6-tes Jahrhundert v. Chr.)

Computer-Klimamodelle sind fiktive theoretische Gebilde ohne durchgängige physikalische Begründungen und mit Korrekturfaktoren, deren Mechanismen den Vorstellungen der Modellprogrammierer, nicht aber der Realität entsprechen. Dies wird durch ihre fehlende Aussagekraft bestens belegt.

> Computer-Klimamodelle haben ohne massive Korrekturen niemals eine befriedigende Übereinstimmung mit Vergangenheitsdaten liefern können. Da sie bisher nicht verlässlich waren, entstehen berechtigte Zweifel, warum man ihnen zur Vorhersage der zukünftigen Klimaentwicklung Glauben schenken soll. Es besteht kein Grund dazu.

Im Übrigen wird diese Einschätzung vom IPCC selber explizit bestätigt. Der Beleg findet sich im IPCC-Report vom Jahre 2001, sec. 14.2.2.2 auf S. 774, wo über Klima-Modelle gesagt wird: „.... *we are dealing with a coupled non-linear chaotic system, and therefore that the long-term prediction of future climate states is not possible*" *(wir haben es mit einem gekoppelten, nichtlinearen, chaotischen System zu tun, und daher sind langfristige Klimavorhersagen unmöglich)*. Der Passus ist ganz offensichtlich von der internen IPCC-Zensur übersehen worden!

Die unbeabsichtigt an die Öffentlichkeit geratene IPCC-Aussage zu Klimamodellen trifft zu. Solche Modelle basieren auf Wettermodellen, die bekanntlich nur etwa 14 Tage vorhersagen können. Was verursacht die so kleine Vorhersagezeit? Könnte man die Modelle nicht verbessern? Nein, denn grundsätzliche Mathematik lässt sich nicht ändern. Die in diesen Modellen verwendeten Methoden zur Lösung gekoppelter, partieller Differentialgleichungen in Raumgittern sind grundsätzlich und irreparabel chaotisch. Damit ist gemeint, dass sich beliebig kleine Variationen in den Anfangswerten des Gleichungssystems, mit denen das Modell nun einmal „gefüttert" werden muss, zu beliebig großen Fehlern auswachsen. Populär, aber nicht ganz zutreffend, ist dieses Phänomen in der Meteorologie als „Schmetterlingseffekt" berühmt geworden.

Hinzu kommt, dass Klimamodelle unzählige Kompromisse bemühen müssen. Sie berücksichtigen zwar immer noch punktuell physikalische Gesetze, verwenden aber für den unbekannten Rest zwangsweise heuristische Modellannahmen, die weder durch Physik, noch durch Messungen ausreichend abgesichert sind. Stellvertretend für solche Ad-Hoc-Annahmen sind die sog. Flusskorrekturen zur Koppelung atmosphärischer mit den ozeanischen Zirkulationsmodellen. **Computer-Klimamodelle besitzen daher die inhärente Schwäche, dass ihre Aussagen nur zum Teil auf Physik beruhen und ihre Ergebnisse auf physikalischer Basis unbeweisbar sind.** Oder anders ausgedrückt: mit solchen Modellen kann so gut wie alles bewiesen werden, und niemand vermag solche Beweise nachzuprüfen, denn komplexe Computer-Modellrechnungen sind im allgemeinen nicht nachvollziehbar. Der schon erwähnte theoretische Physiker Gerhard Gerlich, Professor an der TU Braunschweig, drückt diese Verhältnisse zutreffend wie folgt aus [58]: *„.. beruhen also die Computersimulationen der Klimarechenzentren nicht auf physikalischen Grundlagen...Selbstverständlich war und ist dies allen Klimasimulierern klar. Trotzdem gaukeln sie den Politikern vor, sie könnten den Einfluss der Kohlendioxid-Konzentration auf das Wetter simulieren.“*

Der bereits genannte Meteorologe und Klimaforscher Horst Malberg, em. Prof. für Meteorologie an der FU Berlin, formuliert ebenfalls seine Bedenken: *„Mit diesen Modellen ist z. B. für die nächsten 100 Jahre ausgerechnet worden: Es könnte eine Erwärmung von eineinhalb Grad geben, es könnte auch eine Erwärmung von drei bis vier Grad geben, es könnte aber auch eine Erwärmung von elf Grad geben. Diese ganz unterschiedlichen Szenarien sind alle mit Hilfe von Modellen errechnet worden. Da frage ich mich eben, was denn solche Aussagen eigentlich noch wert sind, wenn man mit einer Modellrechnung alles Mögliche herausbekommt an Ergebnissen.“*

Immerhin sind jetzt die Diskrepanzen zwischen den aus ordentlichen Messwerten zuverlässig ableitbaren Temperatursteigerungen und den fiktiven Aussagen von Computer-Klimamodellen nachvollziehbar. **Computer-Klimamodelle sind interessante wissenschaftliche Hilfsmittel, um Klimadetails besser zu verstehen, mehr nicht.**

Das Kind darf aber nicht mit dem Bade ausgeschüttet werden. Aus den

Schwächen von Computer-Klimamodellen in der **langfristigen** Klimavorhersage ist nicht auf die Fehlerhaftigkeit numerischer Modelle schlechthin zu schließen. Im Gegenteil! Numerische Modelle dürfen in vielen Wissenschaftszweigen, aber auch für technische Anwendungen als sehr zuverlässig gelten (Ausnahme: langfristige Klimamodellierung) und sind infolgedessen unverzichtbar geworden.

Ein numerisches Modell wird erforderlich, wenn die Systemgleichungen nicht mehr geschlossen analytisch, sondern nur noch numerisch mit dem Rechner lösbar sind. Die Lösung ist dann nur noch in diskreten Raum und Zeitpunkten erhältlich, und genau genommen ist jede Änderung dieser Diskretisierung wieder ein neues Modell, dessen Übereinstimmung mit der Realität neu zu bewerten ist. Beschreibt das Modell den untersuchten Vorgang ausreichend korrekt, ist es nur eine Frage guter numerischer Methoden sowie ausreichender Rechenzeit und Computerkapazität, um ein verlässliches Ergebnis zu erhalten.

Oft enthält ein Modell aber noch zusätzliche Parameter, die unbekannte oder zu komplexe physikalische Vorgänge pauschal durch Heuristik ersetzen. Das ist zunächst nichts Verwerfliches. Jedem Ingenieur sind solche Parameter unter der Bezeichnung „Beiwerte" bekannt. So ist etwa die Verwendung eines sog. Reibungsbeiwerts für die Beschreibung von Strömungen in Flüssigkeitspipelines erforderlich, denn die Physik der turbulenten Strömung ist bis heute unverstanden. Die Formel für den Reibungsbeiwert von technischer Rohrströmung ist empirisch. Sie wurde aus abertausenden Messungen hergeleitet, besitzt somit eine solide Messgrundlage und hat sich entsprechend bestens im Einsatz bewährt. Von solch verlässlichen Verhältnissen kann aber bei den Korrekturfaktoren von Klimamodellen nicht die Rede sein, weil hier die ausreichende Messgrundlage fehlt. Jeder, der mit numerischer Modellbildung komplexer Vorgänge bereits einmal näher befasst war, kennt weitere Grenzen von Modellen. Sie rühren nicht nur von den vorgenannten zu vielen Parametern, sondern auch noch von unvollständigen, oft sogar fehlenden Daten her.

Bei Computer-Klimamodellen wird man noch auf sehr lange Zukunft, ja vermutlich sogar nie, so weit sein, um von befriedigenden Werkzeugen zur Klimamodellierung sprechen zu können. Hierfür ist die Komplexität des Klimas zu groß. Die Sonneneinstrahlung, der Sonnenwind, vor allem der extrem schwer fassbare Einfluss der Wolken, von dem gleich die Rede sein wird, die atmosphärische Wärmebilanz, die Atmosphärenchemie, die Ausgasung und Absorption von CO_2 in bzw. aus unzähligen Quellen und Senken, die Zirkulationsströme der Ozeane, der Wärmeaustausch des Ozeanwassers, die Mechanismen der Gletscherbildung durch Neuschnee und des Gletscherabschmelzens, der Einfluss weiterer Treibhausgase...., die Liste lässt sich praktisch endlos fortsetzen, sind modellmäßig zu erfassen.

Stellvertretend sei das Problem der Wolken in Computermodellen näher betrachtet. Wolken sind allein deswegen schon sehr schwer in Modelle einzubeziehen, weil sie in einer extrem großen Skalenweite daherkommen. Sie reichen von mikroskopisch kleinen Tröpfchen bis hinauf zu Wetterfronten, die hunderte von Kilometern Ausdehnung annehmen können. Und sie sind wirklich eine entscheidende Einflussgröße, der Unterschied von wolkenbedecktem Himmel zu ungehinderter Sonneneinstrahlung ist unmittelbar spürbar und jedem geläufig. Eine vom Klimaforscher Mark Webb im britischen Headley Center CRU vorgenommene Untersuchung weist nach, dass allein die Modellierung von Wolken für rund Dreiviertel der Unterschiede zwischen verschiedenen Klimamodellen verantwortlich ist [27].

> Wolken sind deswegen so schwierig zu modellieren, weil sie ganz unterschiedliche Rollen spielen können.

Auf niedriger Höhe wirken sie abkühlend, weil sie das Sonnenlicht abschirmen. Auf großer Höhe halten sie dagegen die von Boden abgestrahlte Wärme zurück und geben sie in die gleiche Richtung mit verminderter Wellenlänge wieder ab, sie wirken also aufheizend.

So schreibt der US-Forscher Stott: *„bei den vorhandenen Ungewissheiten in der historischen Strahlungsstärke, der Klimasensitivität und der Wärmerate, die von den Ozeanen aufgenommen wird, kann eine gute Übereinstimmung zwischen Klimamodell und Beobachtungsdaten auf sich gegenseitig aufhebenden Fehlern beruhen ... "*

Der zur Zeit prominenteste und völlig unverdächtige Experte, der weltbekannte Physiker Freeman Dyson, führte anlässlich einer Ansprache in der American Physical Society zum Thema Computer-Klimamodelle aus [111]: *„Die schlechte Nachricht ist, dass Klimamodelle, in die so ein* *großer Aufwand hineingesteckt wurde, unzuverlässig sind. Die Modelle sind unzuverlässig, weil sie noch frisierte Faktoren (fudge factors) an Stelle von Physik verwenden, um Prozesse nachzubilden, deren maßgebliche Größen kleiner als die Skalenweite der Berechnungsgitter sind.... sie können nicht die Existenz des El Niño wiedergeben...., nicht die Stratuswolken vorhersagen, die weite Teile des Ozeans überdecken .... Daher ist der Fehler der Modelle größer als der Effekt der globalen Erwärmung, den sie vorherzusagen vorgeben ... sie sind keine adäquaten Werkzeuge zur Klimavorhersage. Wenn wir geduldig am Beobachten der realen Welt festhalten und dabei gleichzeitig die Klimamodelle laufend verbessern, wird die Zeit kommen, wo wir erst verstehen und dann vorhersagen können. Bis dahin dürfen wir nicht aufhören Politik und Öffentlichkeit zu warnen: glaubt keinen Zahlen, wenn sie aus einem Supercomputer kommen!"*

In Summa: Computer-Klimamodelle können nicht die Temperaturentwicklung der Vergangenheit und schon gar nicht die der Zukunft beschreiben. Als stellvertretendes Beispiel wurde von Freeman Dyson der berühmt-berüchtigte El Niño genannt, der alle zwei bis sieben Jahre auftritt und das Klima der gesamten Welt beeinflusst. Selbst im April 2006 zeigten die Computermodelle noch nicht an, dass Ende 2006 ein El Niño entstehen würde.

Die jüngste Abkühlungsperiode, die inzwischen mehr als ein Jahrzehnt andauert, hat jüngst zu heftigen Kontroversen zwischen Klimaforschern und Klima-Modellieren geführt [46]. Wie das völlige Umschwenken der Modellprognosen (es wird nunmehr von einer weiteren 10-15-jährigen Abkühlungsperiode ausgegangen) mit den aus früheren Klima-Prognosen von der Politik gezogenen Konsequenzen zu vereinbaren ist, mag dem nachdenkenden Leser selber überlassen bleiben.

Man kann daher, wenn man um Verbindlichkeit bemüht ist, vielleicht folgenden kleinsten gemeinsamen Nenner finden:

> Unzureichende Genauigkeit von Computer-Klimamodellen schädigt keineswegs die Seriosität der Klimaforschung mit Hilfe von Modellen, nur die Seriosität derjenigen, die Modellvorhersagen als bare Münze verkaufen.

Schlussendlich soll im hier behandelten Zusammenhang auch ein hiesiger prominenter Klimaforscher zu Wort kommen, nämlich Mojib Latif, Professor am Leibniz-Institut für Meereswissenschaften der Universität Kiel, der in seinem Buch ausführt [102]: *„Wegen der kurzen zur Verfügung stehenden Messreihen ist die Schwankungsbreite des Klimas nur sehr schwer aus Beobachtungen zu bestimmen. Klimamodelle können hier weiterhelfen.“*

Hier stockt jedem mitdenkenden Zeitgenossen der Atem. *„Wem können sie weiterhelfen, der Wahrheitsfindung oder der politischen Zielrichtung der Katastrophenwarner?“* . Bisher übliches wissenschaftliches Vorgehen bei schwer bestimmbaren Schwankungsbreiten eines untersuchten Phänomens war es, die Messungen zu verbessern. Einen unbekannten und vielleicht sogar erwünschten Rest aus Modellen mit fiktiver Basis hervorzuzaubern ist ein fragwürdiges Vorgehen. Es grenzt an Fiction Science, oder noch schlimmer, an **Science Fiction**. Jedem Naturwissenschaftler, der diese Bezeichnung verdient, darf daher bei der Aussage von Mojib Latif nur eine Forderung in den Sinn kommen: Kehrt wieder zu den Messungen zurück und stellt die untauglichen Computer-Klimamodelle in die Ablage!

Die bereits genannten theoretischen Physiker Gerhard Gerlich und Ralf Tscheuschner diskutieren eine hilfsweise Klimamodell-Option, die zwar nicht unbedingt strengen wissenschaftlichen Kriterien standhält, aber sozusagen als kleinsten gemeinsamen Nenner ein Minimum an Eigenschaften aufweist, das gleichermaßen Naturwissenschaftler, Ingenieure, Industriemanager und Politiker zufrieden stellt [60]. Diese Minimalliste enthält folgende Punkte für Brauchbarkeit: Ein Klimamodell muss

▷ logisch konsistent sein.

▷ mit den Messdaten in Einklang stehen.

▷ empirisch evident sein.

▷ (darf) eine vernünftige Zahl von Annahmen nicht überschreiten.

▷ die beobachteten Phänomene erklären können.

▷ in der Lage sein, Vorhersagen zu machen.

▷ testbar und falsifizierbar sein.

▷ zumindest für Fachkollegen reproduzierbar sein.

▷ korrigierbar sein.

▷ verfeinert werden können.

▷ Versuchen zur Verfügung stehen.

▷ auch für Wissenschaftler anderer Fachgebiete verständlich sein.

Zusammenfassung von Abschnitt 5.6

Computer-Klimamodelle sind wegen ihrer inhärent chaotischen Eigenschaften und der fast hoffnungslosen Vielfalt und Komplexität der zu großen Teilen noch unverstandenen Klimazusammenhänge nicht in der Lage, ernst zu nehmende, **langfristige** Vorhersagen der Klimaentwicklung bestimmter Klimazonen oder gar der Erde insgesamt zu machen. Sie haben noch nie die Klimavergangenheit wiedergeben können und benötigen massive, künstliche Korrekturen, um überhaupt realistisch erscheinende Ergebnisse zu liefern. Die Spannweite ihrer Aussagen ist, abhängig von den in sie hineingesteckten Annahmen und Korrekturfaktoren, absurd groß. Unabhängige Computer-Klimamodelle unterschiedlicher Forschergruppen liefern unter vernünftigen Kriterien für noch zulässige Unsicherheiten völlig unterschiedliche Ergebnisse. Die seit mehr als einem Jahrzehnt andauernde aktuelle Abkühlungsperiode und das jüngste totale Prognoseumschwenken, das nunmehr an Stelle katastrophaler Temperatursteigerung von weiteren 10 bis 15 Jahren Abkühlung spricht, haben nunmehr endgültig „geklärt" , was es mit der „Aussageverlässlichkeit" von Computer-Klimamodellen auf sich hat. Klimaprognosen aus teuren Klima-Rechenzentren sind hinausgeworfenes Geld.

5.7 Fingerprints und Tipping-Points

Mit Statistik kann amüsanter Unfug getrieben werden. Die Autoren Rahmstorf und Schellnhuber sowie Mojib Latif beschreiben in ihren Büchern [159], wie Klimamodellrechnungen mit lokalen Temperaturdaten verglichen und dabei der statistischen Fingerprint-Suche unterzogen wurden. Damit könne nachgewiesen werden, dass lokale Temperaturerhöhungen nur vom menschlichen Einfluss herstammen. Die Fingerprint-Methode wurde von den Mathematikern Karp und Rabin entwickelt und hat sich als Verfahren zur Mustersuche und Zeichenkettensuche in Computertexten bewährt [88].

Zur Frage, ob der Mensch an globalen Temperaturerhöhungen maßgeblich beteiligt ist, kann dieses Verfahren aber keine Auskunft geben. Wenn ein ordentliches statistisches Verfahren mit Klimamodellrechnungen verknüpft wird, deren Fragwürdigkeit allgemein bekannt ist und in diesem Buch ausreichend belegt wurde, ist ein Resultat zu befürchten, das in der Englisch sprechenden Welt als *garbage in, garbage out (Mist rein, Mist raus)* bezeichnet wird.

Man kann im Übrigen mit der unschuldigen Fingerprint-Methode auch ohne Klimamodelle problemlos nachweisen, dass steigende Temperaturen überall auf der Welt nur vom Menschen verursacht sein können. Hierzu braucht man nur lokale Modelle steigender Scheidungsraten, steigender Verwendung von Mikrowellenherden, steigender Flugkilometer bei Fernreisen und noch vieles andere mehr, was dem Leser geeignet einfallen mag, zu verwenden. Jedes Mal wird sich ein positiver Fingerprint-Nachweis ergeben. Die Fingerprint-Methode, auf Klimafragen angewendet, ist tatsächlich nur ein komplizierteres Analogon zu der Geschichte von den Störchen und Geburten. Ob unser sympathischer Adebar etwas mit der Ankunft von Neugeborenen zu tun hat, oder ob eine lokale und innerhalb der natürlichen Schwankung liegende Temperaturerhöhung von menschgemachtem CO_2 verursacht wird, kann leider nicht mit Hilfe so einfacher Statistik nachgewiesen werden. Die Fingerprint-Methode zum Nachweis des anthropogenen Ursprungs einer globalen Erwärmung ist ebenso fehlerhaft, wie die geburtsmedizinische Verantwortung der Störche. In diesem Zusammenhang darf an einen ähnlichen statistischen Unsinn erinnert werden, der Leukämiefälle in der Umgebung von Kernkraftwerken nachweist, obwohl es dort gar keine erhöhte Strahlung gibt.

Tipping-Points in der Klimatologie bezeichnen Wendepunkte, die eine bislang mehr oder weniger stetige oder auch periodische Entwicklung in eine völlig neue Richtung treiben. Solche Tipping-Points gab es in der Klimavergangenheit immer wieder. Ein stellvertretendes Beispiel ist der plötzliche Wasserdurchbruch des Atlantik an der heutigen Meerenge von Gibralter in das mediterrane Becken, der vor etwa 5,3 Millionen Jahren das ehemals noch nicht vorhandene Mittelmeer entstehen ließ und die klimatischen Verhältnisse von Südeuropa maßgebend veränderte. Dieser Vorgang lief erstaunlich rasch ab. Wie die moderne Forschung inzwischen weiß, hat das Auffüllen nur maximal 2 Jahre gedauert.

Tipping-Points zeichnen sich durch grundsätzliche Unberechenbarkeit aus. Es ist Unsinn, Vermutungen über Tipping-Points - denn Sicherheit gibt es hier nicht - zur Grundlage von Vorhersagen oder gar Gegenmaßnahmen machen zu wollen [150]. Oder, um ein populäres Bild zu gebrauchen: Auch im täglichen Leben jedes Menschen gibt es immer wieder Tipping-Points, negative wie positive. Ein gewünschtes Ermitteln, wann diese völlig unbekannten Ereignisse denn nun auftreten werden oder gar ein versuchter Schutz gegen sie ist lächerlich und absurd.

6 Die Folgen des Klimawandels

Mit Wellen, Stürmen, Schütteln, Brand,
geruhigt bleibt am Ende Meer und Land!
(Johann Wolfgang Goethe)

In diesem Kapitel soll nicht mehr danach gefragt werden, ob und wo eine klimatische Erwärmung oder Abkühlung stattfand, sondern vielmehr der Frage nachgegangen werden, wie sich klimatische Änderungen, insbesondere die vom IPCC prognostizierte Klimaerwärmung, auf unsere Wetterverhältnisse auswirken.

Für unser Land wären es **positive** Folgen. Ein mehr mediterranes Klima ist für ein Land mit ausreichenden Wasserressourcen, wie sie in Deutschland gegeben sind, in praktisch allen Punkten vorteilhaft. Eine Aufzählung soll hier aus Platzgründen nicht erfolgen, stellvertretend sei nur auf den Energiespareffekt infolge geringeren Gebäudeheizens hingewiesen. Nur die Wintersportler unter den Lesern werden vermutlich protestieren. Die bisher alle Jahre irgendwann einmal auftretenden Hitzewellen, Kältewellen, Hochwässer, Stürme usw. gab es schon immer, und es wird sie auch in Zukunft immer wieder geben, hierzu gleich mehr.

Klimaerwärmung lässt vordergründig einen Verstärkungstrend für heftige Wetterereignisse erwarten, wenn man davon ausgeht, dass chemische Reaktionen bei höherer Temperatur schneller ablaufen. Diese Sicht, die von Katastrophenpropheten gerne verbreitet wird, nutzt die **meteorologische Unkenntnis** des Laien aus. Unwetter und Stürme hängen nämlich vorwiegend nicht von der absoluten Temperatur sondern vielmehr von Temperaturdifferenzen ab [106]. Nur wenn sich die Temperaturdifferenz zwischen Polar- und Äquatorialgegenden erhöhen, muss mit heftigeren Extremwetterereignissen gerechnet werden.

Betrachtet man alle vergangenen Klimaänderungen, wird sichtbar, dass die Temperaturänderungen in polnahen Zonen stets größer als in den Äquatorialzonen waren. Auch die nordhemisphärische Klimaerwärmung der letzten 30 Jahre des vorigen Jahrhunderts zeigt dieses Bild. Zuvörderst die Polarregionen und weniger die Äquatorialgegenden wurden damals wärmer, so dass sich die angesprochenen **Temperaturdifferenzen verringerten.** Infolgedessen sollten Extremwetterheftigkeiten und -häufigkeiten auf der Nordhalbkugel, im Gegensatz zur öffentlichen Wahrnehmung, ab- und nicht zugenommen haben [47]. Dies entspricht den Messungen (s. Bild 6.1). Ob wärmeres Wetter Häufigkeit oder Heftigkeit von Hurrikanen vergrößert, ist umstritten. Es gibt hierzu Veröffentlichungen, die keinen Einfluss erkennen können [71], aber auch solche, die mit theoretischen Argumenten das Gegenteil herzuleiten versuchen [32]. Messungen, die eine höhere Häufigkeit oder Heftigkeit von Hurrikanen in Erwärmungsphasen signifikant belegen, gibt es nicht.

Die in Boulevardblättern vorhergesagte Wiederkehr von Giftschlangen, -spinnen und zahlreichen Tropenkrankheiten, die Schädigung von kreislaufgeschwächten Mitbürgern durch zu hohe Temperaturen und weiteres mehr, weisen hübschen Unterhaltungswert auf, mehr nicht. Diese Aspekte, von denen besonders der letztgenannte von Rahmstorf und Schellnhuber sowie von Latif in ihren Büchern [159] betont wird, sind an den Haaren herbeigezogen. Auch kaltes Wetter trägt zu höheren Todesraten durch grippale Infekte und höheren Alkoholkonsum bei. Es wurde bereits erwähnt, dass von erhöhter Sterblichkeit in den Subtropen bei vergleichbarem Entwicklungsstand von Ländern nichts bekannt ist.

Wie ebenfalls bereits beschrieben wurde, begrüßen vor allem die Versicherungen das Klimadurcheinander, denn sie können mit dem Argument höherer Bedrohung entsprechende Prämienanpassungen vornehmen. Natürlich kommen höhere Schäden häufiger vor, denn zunehmend wird bei knappem Bauland in Gebieten gesiedelt, die früher aus Gefährdungsgründen gemieden wurden. Versicherungsschäden nehmen generell mit dichterer Besiedelung und höheren Vermögenswerten zu, daraus auf Klima-Ursachen zu schließen, ist falsch.

6.1 Extremwetter

Bild 6.1 zeigt, dass bis Mitte der 90er Jahre des vorigen Jahrhunderts eine zunehmende Heftigkeit von Stürmen zumindest für den Bereich des Atlantischen Ozeans zu den Mythen zu zählen ist.

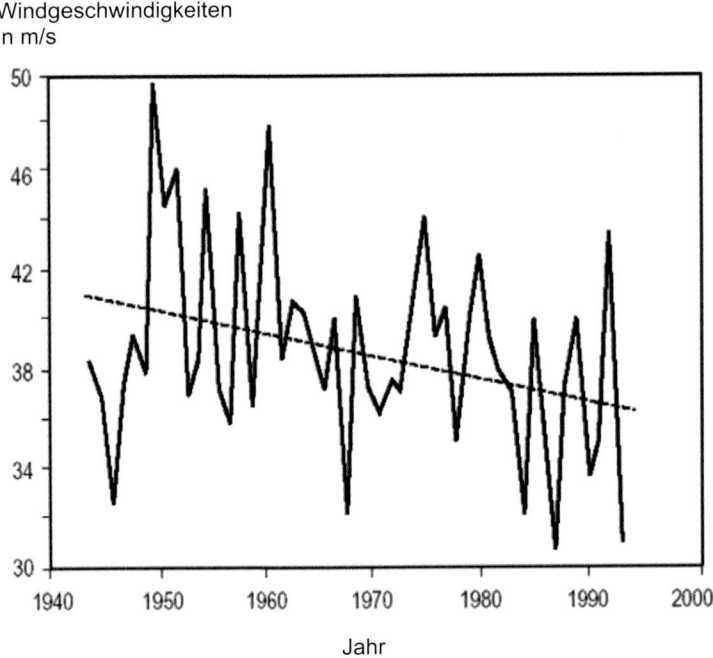

Windgeschwindigkeiten in m/s

Jahr

Bild 6.1: Mittlere maximale Windgeschwindigkeiten für Hurrikane im Atlantischen Ozean. Zwischen 1940 und 1993 hat die mittlere Windgeschwindigkeit von Hurrikanen um 5 km/h, also ca. 12 % abgenommen. Die gestrichelte Linie gibt den linearen Trend wieder. Datenquelle: Land-sea [100]

Die starken kurzfristigen Schwankungen im Bereich weniger Jahre, die in Bild 6.1 sichtbar sind, verdeutlichen, was von den immer wieder auftauchenden, angeblichen Nachweisen von Extremwetterzunahmen zu halten ist. Die Zeiträume für statistisch relevante Aussagen sind hier stets zu kurz. Natürlich gab es Jahre ungewöhnlich starker Hurrikan-Ereignisse (Katrina-Hurrikan), aber auch solche, in denen es sehr ruhig war, wie in der Saison 2006/2007. Über ausreichend lange Zeit gemittelt, kann gemäß Messlage bis zum heutigen Tage von zunehmenden Extremwetterereignissen auf der ganzen Welt keine Rede sein.

Im Global Temperatur Report 1978-2003 der Autoren John Christy und Roy Spencer lesen wir [184]: *„An analysis of hurricane and tropical cyclone data found those storms are not becoming either more frequent or more violent"* (Eine Analyse von Hurrikans und tropischen Zyklonen ergab, dass diese Stürme weder häufiger noch heftiger werden).

Das IPCC sagt Gleiches aus [82]. Der schweizer Klimaforscher Dr. Urs Neu bestätigte dem Verfasser im Jahre 2005 per E-Mail, dass es keine statistischen Nachweise für zunehmende Extremwetterereignisse gibt. Der Klimaforscher Dr. James E. Hansen legte in gleicher Richtung vor einem Komitee für *Energy Independence and Global Warming of the United States House of Representatives* am 26.04.2007 Zeugnis ab.

Diese Fakten können verwirren, weil sie den vielen entgegengesetzten Aussagen der Medien widersprechen. Tatsächlich sind Meldungen über zunehmende Extremwetter, Hurrikane usw. nicht aus einschlägigen Messwerten in Klimazeiträumen zu belegen, denn diese Messwerte zeigen bis heute nichts ungewöhnliches an. Sie beruhen daher ausschließlich auf Zukunftsprojektionen von Computer-Klimamodellen, also auf Fiktionen (s. unter 5.6). **Zumindest die unumstrittenen Messwerte und nicht unzutreffende Propagandabilder wie Bild 2.1 in Kap. 2 würde man gerne einmal von unseren medienpräsenten Klimafolgenforschern des PIK öffentlich geschildert bekommen**. Damit könnte wieder von einer objektiven Information der deutschen Öffentlichkeit gesprochen werden, die das PIK, immerhin eine mit Steuergeldern finanzierte Forschungseinrichtung, in Vernachlässigung seines Auftrags verweigert.

6.2 Gletscher

Das Abschmelzen bzw. Anwachsen von Gletschern hängt weniger von der mittleren Umgebungstemperatur als vielmehr von den Niederschlagsverhältnissen ab. Aber auch Schmutzteilchen aus industriellen Quellen und dem Straßenverkehr, die sich auf der Gletscheroberfläche absetzen, haben großen Einfluss. Sie verändern die Albedo der Gletscheroberfläche (Sonneneinstrahlung wird stärker absorbiert) und tragen somit zur Erwärmung, d.h. dem Schmelzen des Eises, bei.

Da unzweifelhaft - seit Anfang des 19. Jahrhunderts - in unseren Alpen die Gletscher zurückgehen, wird dies vom IPCC als deutliches Warnsignal der kommenden Wärmekatastrophe angeführt. Die globalen Fakten liegen anders, wobei darauf hinzuweisen ist, dass wir hierzulande verständlicherweise eine zu enge Sicht haben. Die Gletscher polferner Gebiete, also in den Alpen, im Himalaja, im Kaukasus, in Afrika, in Neuseeland usw. machen nämlich nur etwa 1 % der Gesamtgletschermassen der Erde aus. Die weit überwiegende Gletschermasse befindet sich in den riesigen Gebieten der Antarktis. Zum Thema Gletscherschwund berichtet der Forscher Roger J. Braithwaite, der weltweit Massenbilanzierungs-Messungen von 246 Gletschern zwischen 1946 und 1995 vorgenommen hat [11]. Seine Ergebnisse lauten zusammengefasst: *Es gibt Gegenden mit hoher negativer Massenbilanz in Übereinstimmung mit der öffentlichen Wahrnehmung, dass die Gletscher schmelzen. Fast überall in Europa schmelzen die Gletscher, aber es gibt auch Regionen mit positiver Bilanz, und es gibt Gegenden, in denen praktisch nichts passiert, wie z.B. im Kaukasus.*

Weltweit gemittelt ist innerhalb der erreichbaren Genauigkeit kein eindeutiger Gesamttrend in Richtung Gesamtabnahme oder Zunahme der Gletscher unserer Erde auszumachen.

Dass die Dinge nicht so einfach liegen, wie es von den Katastrophenwarnern immer wieder betont wird, zeigt der berühmte Gletscher des Kilimandscharo. Glaziologen von der Universität Innsbruck untersuchten diesen Gletscher intensiv [42]. Er schmilzt bereits seit 125 Jahren, also schon zu Zeiten, in denen es noch kaum anthropogene CO_2-Emissionen gab. In diesen 125 Jahren hat seine Fläche um 90% abgenommen, was zu der allgemeinen Vorhersage führte, er würde in den nächsten 20 Jahren verschwunden sein. Inzwischen haben aber die Niederschläge in den Tropen und damit auch der Kilimandscharo-Gletscher infolge eines lokalen Klimawandels(!) deutlich zugenommen. Von einem Verschwinden in spätestens 20 Jahren ist inzwischen keine Rede mehr.

Über die Analysen des Glaziologen Gernold Patzelt, em. Professor der Universität Innsbruck, die nachweisen, dass es **mehr als 2/3 des Zeitraums der letzten 10.000 Jahre wärmer war als heute** [129], wurde bereits berichtet.

6.3 Meeresspiegel

Veränderungen der Meeresspiegel kommen zustande durch

> ▷ Wärmeausdehnung des Wassers,
> ▷ Kalben von Gletschern der Antarktis,
> ▷ Abschmelzen des Eisschildes in Grönland.

Das Abschmelzen von schwimmenden Eisbergen kann keine Meeresspiegelanstiege bewirken. Zur Veranschaulichung füge man einem Glas Wasser Eiswürfel hinzu und fülle Wasser bis knapp am Überlaufen nach! Das Wasser läuft beim Schmelzen des anfänglich weit über die Glasrandhöhe hinausragenden Eises nicht über (Archimedisches Prinzip).

Meeresspiegeländerungen sind ein schwieriges Thema, weil sie z.B. infolge tektonischer Veränderungen lokal unterschiedliche Werte aufweisen können. Lokale Messungen allein erlauben daher m.E. keine Aussagen über einen globalen Trend. Prähistorisch sind die Meeresspiegelhöhen auf der ganzen Erde seit der letzten Eiszeit vor etwa 18.000 Jahren um ca. 130 m angestiegen (s. Bild 6.2). Bild 6.3 zeigt die Anstiege seit Beginn des 20. Jahrhunderts. Man entnimmt den Abbildungen 6.2 und 6.3, dass bereits vor den anthropogen erhöhten CO_2-Emissionen die Meeresspiegelhöhen zunahmen. Den Grund hierfür kennt man nicht.

Moderne Satellitenmessungen bestätigen die früheren Messdaten und belegen unveränderte, natürliche Anstiege von grob 1 mm bis maximal 2 mm pro Jahr. Diese Werte sind nicht ungewöhnlich oder gar bedrohlich. Das IPCC sagt allerdings auf der alleinigen Basis von Computer-Klimamodellen, verursacht durch menschgemachtes CO_2, Anstiege zwischen 10 cm und 90 cm bis zum Jahre 2100 voraus, wobei der untere Wert der natürlichen Steigerung entspricht (s. Bild 6.3). Der Höchstwert ändert sich dagegen mit jedem neuen IPCC-Bericht - Tendenz fallend. Klimamodelle taugen aber, wie wir bereits erfahren haben, nicht zu verlässlichen Vorhersagen. Der bereits mehrfach zitierte Klimaforscher Jaworowski weist z.B. darauf hin, dass während der mittelalterlichen Warmzeit weder von einer Überflutung der Malediven, noch der Pazifischen Inseln berichtet wird [85].

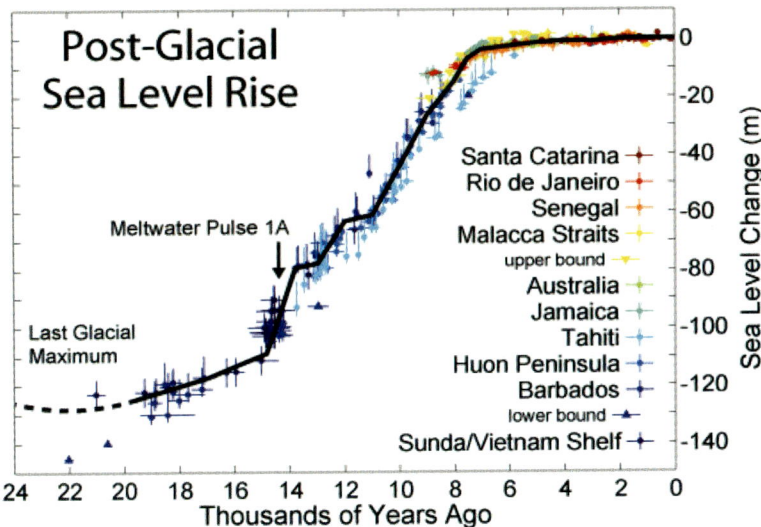

Bild 6.2: Prähistorische Meeresspiegelanstiege. Bildquelle: Fleming, Milne (aus Wikipedia) [51].

Für die Frage nach Meeresspiegelanstiegen ist Nils-Axel Mörner, Professor für Paläogeophysik und Geodynamik an der Universität Stockholm (Schweden) der wohl beste Zeuge. Mörner ist seit 1969 mit der Problematik von Meeresspiegelveränderungen wissenschaftlich befasst, war 1999-2003 Präsident der INQUA Commission on Sea Level Changes and Coastal Evolution und ist weltweit einer der führenden Experten auf diesem Gebiet. In einem Interview unter dem beredten Titel *Claim that sea level is rising is a total fraud (Die Behauptung, Meeresspiegel würden ansteigen ist kompletter Betrug)* macht er seinem nachvollziehbaren Ärger über die Irreführung der Öffentlichkeit Luft [116]. Seine Aussagen zusammengefasst: *Bis zum heutigen Tage messen wir grob die gleichen Anstiege zwischen 1 mm bis knapp 2 mm pro Jahr (s. hierzu auch Bild 6.3). Jede andere Information basiert nicht auf Messwerten und ist fiktiv.*

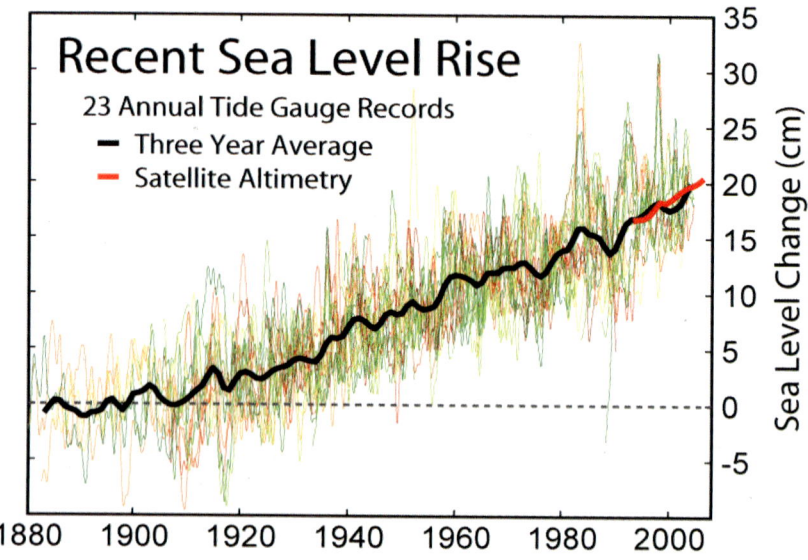

Bild 6.3: Meeresspiegeländerungen seit 1880, Bildquelle: PSMSL (aus Wikipedia) [125].

Mörner war Leiter des Maledives Sea Level Project, welches die Situation dieses angeblich gefährdeten Archipels wissenschaftlich untersuchte. Die Ergebnisse dieses Projekts sind in Tabelle 6.1 gezeigt.

Ein paar interessante Einzelheiten aus dem Interview sollen dem Leser nicht vorenthalten bleiben. So berichtet Mörner von den jüngsten Satellitenmessungen, die von 1992 bis 2002 keinen von den natürlichen Steigerungswerten von 1 mm pro Jahr abweichenden Trend erkennen ließen. Plötzlich gab es 2003 einen Anstieg von 2,3 mm pro Jahr, der zu Aufregung Anlass gab. Der Grund war aber nur ein neu eingeführter Korrekturfaktor. Eine Gruppe australischer Global-Warming-Aktivisten entfernte mit Gewalt einen sich praktisch auf Meeresspiegelhöhe befindlichen uralten Baum einer Insel des Malediven-Archipels, der auf Grund seiner schieren Existenz davon Zeugnis abgab, dass zu seinen Lebzeiten kein Anstieg des Meeres erfolgt sein konnte. Der Baum konnte wieder eingesetzt werden.

Jahr	Level gegenüber heutigem Wert
3900 vor heute	+ 1 m
2700 vor heute	+ 0,1 m bis + 0,2 m
900 vor heute	+ 0,5 m
1900-1970	+ 0,2 m bis + 0,3 m
1970-heute	unverändert

Tabelle 6.1: Vergangene Meeresspiegeländerungen der Malediven

Die Malediven sind mit den Ergebnissen von Mörner nicht glücklich. Der Westen wird beschuldigt, CO_2 in die Atmosphäre zu blasen und die Existenz der Inseln zu gefährden. Dafür muss er zahlen. Diese Forderung macht natürlich nur bei andauerndem Überflutungsszenario Sinn.

6.4 Arktiseis

Keine Medienmeldungen haben so viel Aufmerksamkeit erlangt wie die jahrelang hartnäckig vorgebrachten Behauptungen, das Arktiseis würde verschwinden und der Eisbär infolgedessen aussterben. Der Grund für diese Aufmerksamkeit liegt vermutlich auch an der Beliebtheit eines Zoo-Bären namens Knuth, der den deutschen Blätterwald ungewollt über Monate mit stets neuer Boulevard-Nahrung versorgte. Das Knuddelbärchen war in der Tat süß, jetzt aber als gefährlicher erwachsener Bär ist die Knuth-Hype abgeebbt.

Das Arktiseis verschwindet tatsächlich weitgehend und zwar jeden Sommer und es erscheint wieder - ebenso weitgehend - jeden neuen Winter. Von einem allmählichen Verschwinden kann keine Rede sein [92]. In den Jahren der nordhemisphärischen Erwärmung im Zeitraum zwischen 1980 - 2000 lagen die Kurven der arktischen Eisbedeckung unter denen der Zeiten davor, inzwischen nehmen sie im Zuge der globalen Abkühlung ab etwa 2003 wieder zu [4]. Bild 6.4 zeigt die Entwicklung der letzten Jahre. Es wird deutlich, dass die Kurve des Jahres 2009 bis Frühjahr 2010 die höchste Bedeckung seit langem zeigt.

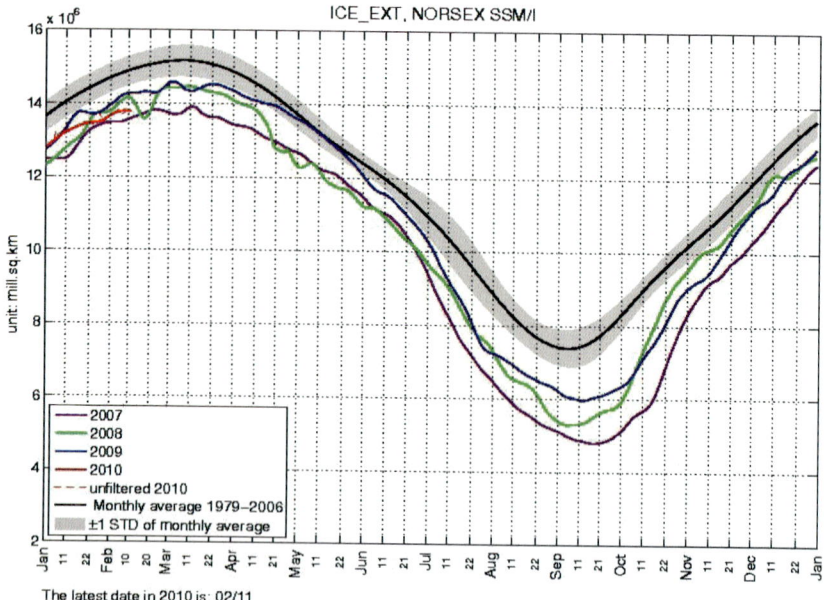

Bild 6.4: Arktische Eisbedeckung aus Satellitenmessungen. Die schattiert markierte Kurve des Jahres 2009/2010 weist die höchsten Bedeckungswerte aus. Zu beachten der sinusförmige Verlauf der Bedeckung infolge wechselnder Jahreszeit, Bildquelle [4].

6.5 pH-Werte der Ozeane

Der pH-Wert, der vom dänischen Biochemiker Dr. Søren Sørensen 1909 eingeführt wurde, gibt die Stärke einer sauren bzw. basischen Wirkung in einer wässrigen Lösung an. Er wird als logarithmische Größe in dem Skalenfeld von 0 - 14 definiert. Der Mittelwert pH = 7 von neutralem Wasser bei 25 ^{0}C wird als neutral bezeichnet. Die Werte < 7 kennzeichnen den sauren und die Werte > 7 den basischen Bereich. Meerwasser ist mit einem Wert von 7,9 - 8,25 basisch, von „Versauerung" zu reden [138] ist daher blanker Unsinn.

Das im Meerwasser gelöste CO_2 verbindet sich mit Wasser H_2O zu Kohlensäure H_2CO_3. Ein Teil zerfällt in Wasserstoff-Ionen H+ und Hydrogenkarbonat-Ionen. Diese dissoziieren in weitere Wasserstoff-Ionen und Karbonat-Ionen. Der Anteil der Wasserstoff-Ionen bestimmt dabei unmittelbar den Säuregehalt des Wassers. Durch diese chemischen Prozesse steigt die sog. Karbonat-Kompensationstiefe nach oben. Diese Tiefe gibt an, ab der sich Kalzit (CCD-Tiefe, Calcite Compensation Depth) und Aragonit (ACD Aragonite Compensation Depth), welche z.B. in den Kalkgehäusen von Meereslebewesen eingelagert werden, zersetzen. Die CCD liegt im Atlantik bei 4.500 - 5.000 m, im Pazifik bei 4.200 - 4.500 m. Die ACD liegt im Atlantik bei 3.000 - 3.500 m [15]. Die ACD liegt deswegen höher, weil die Löslichkeit von Aragonit höher ist. Aragonit und Kalzit sind die beiden Mineralformen von Kalk. Die Löslichkeit von Kalk hängt wesentlich mit der Konzentration von Karbonationen zusammen und damit indirekt vom pH-Wert ab. Die Meeresbereiche, in denen sich Kalk auflöst, werden als untersättigt bezeichnet und durch die CCD und ACD bestimmt.

Es wird nun befürchtet, dass sich durch den zunehmenden Eintrag von CO_2 und der damit verbundenen vermehrten Aufnahme in Wasser - CO_2 kann solange im Wasser aufgenommen werden, bis beide den gleichen Partialdruck haben, was noch lange nicht der Fall ist - die CCD und ACD angehoben wird, was zur Zerstörung der Kleinstlebewesen und Korallenbänke führt.

Wie sieht die Realität aus? In diversen wissenschaftlichen Abhandlungen wird angegeben, dass sich der pH-Wert seit der industriellen Revolution um den logarithmischen Wert von 0,1 verringert hat und zwar von 8,25 auf 8,14 gemäß der British Royal Society. Bei den Klima-Modellen wird davon ausgegangen, dass jährlich etwa 6 GT Kohlenstoff in den Weltmeeren gelöst wird und der vorindustrielle CO_2-Pegel bei 280 ppm lag. Wie unter 5.2 beschrieben, ist dieser Wert jedoch falsch, so dass bereits die Ausgangsbasis falsch ist und somit die ermittelte Abnahme des pH-Wertes nicht zutrifft.

Der pH-Wert des Wassers wird jedoch nicht nur von der Löslichkeit des CO_2 bestimmt, sondern auch noch vom Salzgehalt und der Temperatur, d.h. eine steigende Temperatur des Meerwassers und dies wird ja immer von den Verfechtern des anthropogenen Klimawandels angeführt, puffert den Rückgang des pH-Wertes. Des Weiteren kann der pH-Wert auch dadurch fallen, dass die Menge basischer Substanzen im Wasser abnimmt. Der Salzgehalt der Meere unterliegt bereits in Zeitabständen von wenigen Jahren erheblichen Schwankungen und hängt zudem von der Tiefe ab, wie stellvertretend Bild 6.5 zeigt:

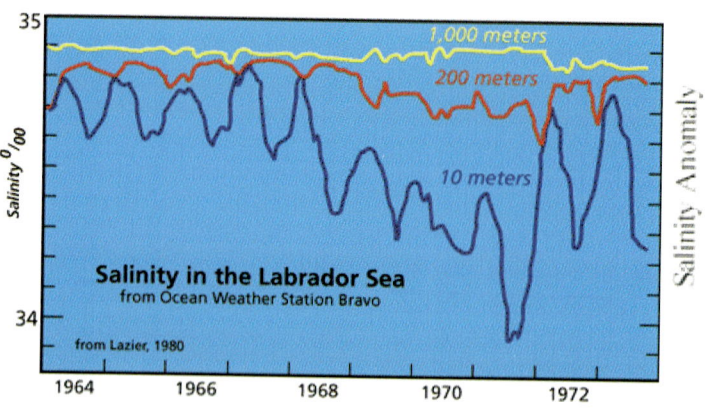

Bild 6.5: Salzgehalt der Labradorsee in 10, 200 und 1000 m Tiefe [53].

Entsprechend haben die globalen Meere keinen konstanten Salzgehalt, sondern dieser schwankt stark in der Fläche und Tiefe. Das Mittelmeer hat z.B. einen Salzgehalt von 3,8%. Der niedrigste Salzgehalt findet sich mit 3,2% vor Alaska, der höchste im roten Meer mit 4,0%. Das Tote Meer hat sogar einen Salzgehalt von 24%.

Ähnlich, wie auch bei der Globaltemperatur, gibt es keinen globalen pH-Wert. Er schwankt in weiten Bereichen. Die Aussage, der pH-Wert hätte um 0,1 abgenommen, ist daher unsinnig. Vor der Küste Mittel- und Südamerikas liegt der pH-Wert bei ca. 7,9, im Nordmeer bei 8,2. Dies entspricht einer natürlichen Spanne von 0,3. In keinen Gewässern, weder mit hohem, noch mit niedrigem pH-Wert, hat dies schädliche Auswirkungen auf den Fischreichtum oder die Ausbildung von Kalkschalentieren. So haben z.B. englische Forscher unter der Leitung von Prof. Hannah Wood, University of Plymouth, zu ihrer Überraschung entdeckt, dass die von ihnen untersuchten Schalentiere in Wasser mit geringerem pH-Wert paradoxerweise sogar mehr Kalkgehäuse ausbilden.

Im Übrigen ist zu beachten, dass die wesentliche Quelle für den Eintrag von CO_2 in den tiefen Ozean der bakterielle Abbau von organischem Kohlenstoff, also Biomasse und kein anthropogenes CO_2 ist! Mit zunehmender Erwärmung steigt die Bioproduktion, was den pH-Pegel dort senkt. Mit einsetzender Abkühlung nimmt die Bioproduktion ab, wodurch der pH-Pegel wieder steigt, eine klassische Gegenkoppelung der Biologie, die keinen Raum zur Panikmache lässt. Des Weiteren wirken Bodenbakterien der Tiefsee der Versauerung entgegen. Die Wechselwirkungen, die durch die Aufnahme von CO_2 ablaufen, sind weitaus komplexer, als es nur die singuläre Betrachtung einer fiktiven Reduzierung des pH-Wertes anzeigt.

Reduziert sich nämlich der pH-Wert des Meerwassers, so wird aus den Bodenschichten Kalk gelöst, der den pH-Wert umgekehrt wieder ansteigen lässt. Das Gleiche erfolgt durch die Verwitterungsprozesse an Land, den Silikat-Karbonat-Kreislauf. Es ist daher davon auszugehen, dass durch die genannten Regelkreise, die vergleichsweise geringen Mengen anthropogenes CO_2 überhaupt keine Auswirkungen zeigen - sie sind, wie so vieles andere der Katastrophenlobby, ein Nulleffekt!

Ein Blick in die Erdgeschichte bestätigt diese Aussage bestens. Wie Bild 5.2 zeigt, wies die Erdatmospäre über sehr lange Zeiten ein Vielfaches der heutigen CO_2-Konzentration auf. Und trotzdem waren die Weltmeere stets von prallem Leben erfüllt und es gab ausgedehnte Korallenbänke. Die Zeiten hoher CO_2-Konzentrationen waren das Dorado der Artenvielfalt!

Zusammenfassung von Kapitel 6

Es gibt bis heute keine Nachweise dafür, dass Extremwetterereignisse oder Hurrikane in Klimazeiträumen an Intensität oder Häufigkeit zugenommen hätten. Die maximalen Windgeschwindigkeiten schwerer Stürme über dem Nordantlantik sind in den letzten 60 Jahren gesunken. In den Alpen schmelzen die Gletscher seit Mitte des 19. Jahhunderts in ganz natürlicher Weise wie stets in allen Erwärmungsperioden der letzten 10.000 Jahre. Die weltweite Bilanz aller Gletscher zusammen zeigt dagegen keine erkennbare Veränderung. Eine Verstärkung des seit langem bekannten, natürlichen Meeresspiegelanstiegs von 1 mm bis 2 mm pro Jahr ist bis heute auch mit modernster Satelliten-Altimetrie nicht aufzufinden. Zukünftige Anstiege existieren nur in fiktiven Computer-Klimamodellen und sind auf der Basis bisheriger Messdaten nicht zu erwarten. Die im Buch des Friedensnobelpreisträgers von 2007, Al Gore, geschilderten Katastrophen-Szenarien, die von mehreren Metern weltweitem Anstieg in wenigen Jahrzehnten sprechen, sind blanker Unsinn. Das Problem der Zukunft besteht nicht in steigenden Meeresspiegeln sondern in sinkenden Grundwasserspiegeln. Die Eisbedeckung der Arktis schwankt regelmäßig mit den Jahreszeiten. Im Durchschnitt hat die Eisbedeckung in der Erwärmungsperiode Ende des letzten Jarhunderts leicht abgenommen und nimmt nun infolge der globalen Abkühlung wieder zu. Die Eisbärpopulationen sind von solchen Änderungen gänzlich unberührt. Der pH-Wert der Ozeane schwankt in relativ weiten Bereichen, ohne dass dies erkennbare Auswirkungen auf die Meeresflora und -Fauna hat. Eine gemittelte Abnahme des pH-Werts, die über einen Nulleffekt hinausgeht, ist bis heute nicht zu erkennen.

7 Klimapolitik

If the IPCC wasn't there, why would anyone be worried about climate change?
(Rajendra Pachauri, Vorsitzender des IPCC im Jan. 2010)

An den Anfang einer Behandlung des politischen Aspekts der aktuellen „Kimahysterie" muss ein Blick auf das IPCC, das Intergovernmental Panel on Climate Change erfolgen. Historisch gesehen ist auffällig, dass sowohl die klimatologische Diagnose als auch die einzuschlagende Therapie, nämlich CO_2-Reduktion, bereits vor der Gründung des IPCC im Jahre 1988 feststanden. Damit wird das Argument unglaubwürdig, dass „die Wissenschaft" inzwischen gezeigt habe, dass wir „etwas tun" müssen. Die Verschränkung von Wissenschaft und Politik kann bis 1970 zurückverfolgt werden. Das war eine Zeit, in der die drohende Abkühlung des Weltklimas gerade Schlagzeilen machte. Gegenmaßnahmen wurden diskutiert, etwa die großflächige Ausbringung von Ruß über den arktischen Schneeflächen. Damit sollte die Wärme-Absorption der Sonnenstrahlen erhöht werden.

Die 1949 gegründete Weltorganisation aller Meteorologen WMO konnte 1985 verschiedene UN-Organisationen davon überzeugen, dass die Entwicklung des Weltklimas vorrangig zu erforschen sei. 1985 trafen sich Vertreter der WMO, der UN-Umweltorganisation und der Rat der Internationalen Wissenschaftler-Vereinigungen zu einem Treffen in Villach in Österreich. Das Ergebnis der wissenschaftspolitischen Konferenz lautete: *Trotz einer beträchtlichen Unsicherheit in den Ergebnissen von Modellrechnungen, sei es höchstwahrscheinlich, dass steigende Konzentrationen von Treibhausgasen eine Klimaänderung hervorrufen. Wissenschaftler und Politiker sollten künftig enger zusammenarbeiten, „um die Wirksamkeit von alternativer Politik und von Anpassungen zu erforschen"*. Zu diesem Zweck wurde 1988 das IPCC gegründet. Ziel dieser regierungsamtlichen Institution ist es, Strategien für eine Klimaänderung zu entwickeln. Dies zeigt erstens, dass die Ursachen des Klimawandels nicht in Frage gestellt wurden. Zweitens gingen ungeprüfte, wenn nicht gar falschen Prämissen in entsprechende Computermodelle ein. Drittens enthüllt sich ein Optimismus unseren Globus zu gestalten: Man geht davon aus, dass es uns möglich ist, das Klima nach Bedarf zu ändern

Zur weiteren Einstimmung auf das Thema der Klimapolitik und zur Demonstration, welche Schärfe die Klimaauseinandersetzung inzwischen bereits angenommen hat, soll der polnischen Klimaforscher Zbigniew Jaworowski an Hand seines polemischen Artikels *CO$_2$: The Greatest Scientific Scandal of our Time (CO$_2$: der größte Wissenschaftsskandal unserer Zeit)* frei und auszugsweise zitiert, zu Wort kommen. Sein Beitrag erschien im EIR Science und ist im Internet abgreifbar [86]:

Am 2. Februar 2007 erfolgte der große Auftritt des IPCC, in dem der Mythos von der Katastrophe einer globalen Erwärmung verkündet wurde. Wochen lauter, publikumswirksamer Propaganda gingen voraus. In Paris wurde der Bericht „Summary for Policymakers", begleitet von Medien, Politikern und sonstigem Publikum, vorgestellt. Sogar die Beleuchtung des Eiffelturms wurde kurz ausgeschaltet, um zu zeigen, wie schlecht elektrische Energie für die Menschheit sei. Der Bericht löste einen publizistischen Erdrutsch aus, der noch lange nicht abgeebbt ist. Die Herausgabe des wissenschaftlichen zweiten Teils von insgesamt 1600 Seiten erfolgte einige Monate später. Grund hierfür war die Notwendigkeit, den wissenschaftlichen Teil so zu justieren, dass keine Widersprüche zum politischen Teil mehr erkennbar waren. Man darf daher von einer perfekten politischen Inszenierung sprechen, in der die Wissenschaft das Nachsehen hat. Mit wertfreier und unabhängiger Wissenschaft hat dies alles nichts mehr zu tun. Bereits aus diesem Grund ist eine hohe Ideologielastigkeit aller Veröffentlichungen des IPCC in Rechnung zu stellen. Das IPCC ist überreichlich mit Mitteln versehen und liegt auf gleicher Linie mit der UN Politik, die zur Zeit von Grünen und misanthropen Fanatikern beherrscht wird. Die Geldmittel sind so hoch, dass der Meteorologe P. Corbyn im Weather Action Bulletin, Dez. 2000 ausführte: „The problem we are faced with is that the meteorological establishment and the global warming lobby research bodies which receive large funding are now apparently so corrupted by the largesse they receive that the scientists

in them have sold their integrity.......“ (das Problem, mit dem wir kon-
frontiert sind, liegt darin, dass das meteorologische Establishment und
die Lobby der globalen Erwärmung so große Mittelzuwendungen erhal-
ten und inzwischen so korrupt sind, dass die Wissenschaftler in diesen
Gruppen ihre Integrität verkauft haben....)

Zbigniew Jaworowski nimmt im weiteren Verlauf seines Artikels wichtige Politiker in internationalen und nationalen Klimagremien unter die
Lupe. Stellvertretend werden von ihm drei hochrangige UN-Vertreter genannt, aus deren Aussagen er Richtung und Motive der klimapolitischen
Agenden ableitet:

MAURICE STRONG:
Er verließ die Schule im Alter von 14 Jahren und errichtete ein esote-
risches, globales Hauptquartier für die New Age Bewegung in San Louis
Valley, US-Colorado. Er war ferner am Brundtland Report von 1987
beteiligt, der als Ausgangspunkt der heutigen grünen Bewegung angese-
hen werden kann. In späteren Jahren wurde er Berater von Kofi Annan
und hatte den Vorsitz bei der UN-Konferenz „On Environment and De-
velopment“ in Rio de Janeiro in 1992 mit 40.000 Teilnehmern. Er war
schlussendlich verantwortlich für die Erstellung des Kyoto-Protokolls,
das immer noch Tausende von Bürokraten, Diplomaten und Politikern
propagieren. Sein Statement zum Thema Kyoto: „We may get to the
point where the only way of saving the world will be for industrial civili-
sation to collapse“ (Wir könnten zu dem Punkt gelangen, wo der einzige
Weg zur Rettung der Welt im Zusammenbruch der industriellen Zivili-
sation besteht)

TIMOTHY WIRTH:
Er ist US-Unterstaatssekretär für „Global Issues“ und unterstützt die
Politik von M. Strong. Seine Auffassung geht aus folgendem Statement
hervor: „We have got to ride the global warming issue. Even if the
theory of global warming is wrong, we will be doing the right thing in
terms of economic policy and environmental policy“ (Wir müssen auf
der globalen Erwärmungswelle reiten. Auch wenn die Theorie von der
globalen Erwärmung falsch sein sollte, machen wir doch das Richtige in
Wirtschafts- und Umweltpolitik).

RICHARD BENEDICK:
Er ist Deputy Assistant Staatssekretär und steht der Politikabteilung des

US State Departments vor. Seine Aussage zum Thema:„A global warming treaty must be implemented even if there is no scientific evidence to back the greenhouse effect" (Ein Vertrag zur globalen Erwärmung muss implementiert werden, auch dann, wenn keine wissenschaftliche Evidenz den Treibhauseffekt stützt.)

Der Aufsatz *CO$_2$: The Greatest Scientific Scandal of our Time* von Zbigniew Jaworowski enthält neben diesen politischen Schilderungen übrigens eine fachlich sehr gute Zusammenstellung des heutigen Standes zum CO$_2$-Problem.

7.1 Wer profitiert von der Klimafurcht?

Gewollt oder nicht gewollt ist es an erster Stelle die Klimaforschung selber. Die hierfür vom Steuerzahler aufgebrachten Mittel sind aber vernachlässigbar. Viel wichtiger ist, dass viele Industriezweige Profiteure sind, die man vordergründig nicht auf der Liste der „üblichen Verdächtigen" vermutet. Oberflächlich betrachtet scheint es nämlich im Interesse der Erdöl-, Kohle-, aber auch der Automobilindustrie zu liegen, das Problem des Klimawandels herunterzuspielen.

Dies trifft aber schon seit einiger Zeit nicht mehr zu, im Gegenteil. Insbesondere große Unternehmen kommen mit technischen Einschränkungen und den daraufhin erforderlichen Investitionen beim Bau neuer Anlagen sehr gut zurecht, und vor allem, sie profitieren davon.

Beispielsweise lassen die unter technisch-wirtschaftlichen Kriterien unsinnigen Pläne, CO$_2$ aus Kraftwerksemissionen abzuscheiden und im Boden oder im Meer zu versenken, lukrative Anlagenaufträge für die Industrie und Subventionen seitens der öffentlichen Hand erwarten.

Die gegenwärtig in Deutschland boomende Wind- und Photovoltaikbranche sind naturgemäß Paradebeispiele für Profiteure. Eine wirtschaftlich nachhaltige Entwicklung liegt hier nicht vor, denn Arbeitsplätze und Managergehälter werden über Subventionen vom Steuerzahler aufgebracht. Die Herkunft eines Profits ist einem Unternehmen aber immer gleichgültig. Voraussetzung ist nur, dass alle gesetzlichen Vorschriften eingehalten werden. Diese Haltung ist nicht verwerflich.

Deutschland hat sich mit Windkraft und Solarstrom lediglich in einer ohne Subventionen volkswirtschaftlich vernachlässigbaren und nur für wenige Betriebe wirtschaftlich lukrativen Nische festgesetzt. Daran ändert auch der hohe Exportanteil dieser Industrien nichts. Die in Windrad- und Photovoltaikunternehmen entstandenen Arbeitsplätze gehen auf der anderen Seite durch Kaufkraftschwund des Stromverbrauchers wieder verloren.

Natürlich machen Windräder und Photovoltaikanlagen für interessante Spezialanwendungen überall auf der Welt Sinn. Sogar hierzulande ist dies gelegentlich der Fall. Man denke an die Stromversorgung von Senderelaisstationen oder Klein-Beleuchtungen auf Autobahnen an Orten, wo die Verlegung elektrischer Kabel zur Stromversorgung zu kostspielig ist. Der gegenwärtige Boom hängt aber ausschließlich am Subventions- bzw. Steuertropf. Er ist eine Blase, die platzt, wenn diese Stützen einmal wegfallen (s. unter 8.4).

Was die Kernenergie angeht, kursieren sogar gelegentlich Vermutungen, das CO_2-Problem sei von ihr selber auf die Welt gesetzt worden. Kernenergie ist CO_2-frei, dieses zutreffende Argument ist immer wieder von Seiten der Kernkraftwerksindustrie zu hören. Allerdings käme der Kernenergiefraktion ein Freispruch des anthropogenen CO_2 höchst ungelegen, weil damit das beste Argument für die Kernenergie verloren wäre. Andererseits lässt sich Kernenergie aber nur einer Bevölkerung mit ausreichend guten technischen Kenntnissen vermitteln. Hier widersprechen sich dann die Intentionen. Die Kernenergielobby müsste generell an einem möglichst hohen technischen Bildungsstand interessiert sein und das CO_2-Argument, ohne es allzu hoch zu hängen, für sich selbst arbeiten lassen. Im Großen und Ganzen scheint dies auch ihre derzeitige Strategie zu sein.

> Einer gut informierten und mit einigermaßen soliden technischen Kenntnissen ausgestatteten Bevölkerung kann man nämlich weder mit dem Märchen von der Klimaschädlichkeit des menschgemachten CO_2, noch, unter heutigen Sicherheitsmaßstäben, mit der Gefährlichkeit der Kernenergienutzung Angst einjagen (s. unter 8.5).

Aus dem Lager der Katastrophenlobby darf natürlich die Versicherungswirtschaft nicht vergessen werden, die mit dem Argument eines schädlichen Klimawandels höhere Prämien einfordern kann. Sie hat allergrößtes Interesse an zunehmender Panik und nutzt die zur Zeit herrschende Klimafurcht in perfekter Inszenierung aus.

Nun zur Politik: Das politische Ausblenden der Wahrnehmung von jedweder Fachkritik an den vom IPCC vorgegebenen Ursachen des Klimawandels ist vorrangig mit den **exorbitanten Steuereinnahmen** erklärbar, die mit der CO_2-Vermeidung erzielt werden können. **Hauptprofiteur** ist also der **Fiskus**. Folgendes wurde bereits erwähnt und kann gar nicht oft genug betont werden: Es ist undenkbar, dass gut informierten Fachleuten in politischen Parteien die fehlende Faktenbasis der IPCC-Katastrophenhypothese unbekannt sein sollte. Eine so stark sprudelnde Steuerquelle, wie sie sich mit dem Argument der CO_2-Bedrohung und -Vermeidung erschließen lässt, ist aber absolut unwiderstehlich. Der CO_2-Ausweis für Kraftfahrzeuge ist nur ein allererster Anfang, der den weiteren Weg ebnen wird. Stellvertretend brauchen nur die Einnahmen aus dem Emissionshandel genannt zu werden sowie die 19% Mehrwertsteuer, die jedes „Klimaprodukt" in die Staatskassen spült.

Hinzu kommt ein mächtiger irrationaler Faktor, den jede erfolgreiche Politik schon seit Urzeiten kennt und dessen Ausnutzung mit Angst vor „Klimawandel" ebenfalls zu verlockend ist. Der Umweltjournalist Edgar L. Gärtner beschreibt diesen Faktor so [56]: *„Jede erfolgreiche Politik braucht eine Feindbildbestimmung .... Denn ohne Feindbild lässt sich gar nicht mehr begründen, warum Probleme des menschlichen Zusammenlebens überhaupt oberhalb des mehr oder weniger überschaubaren kommunalen Niveaus angegangen werden sollen ......"*

Dieses Feindbild bieten heute in Deutschland zweifellos die beiden fragwürdigen Begriffe „Klimawandel" und „globale Erwärmung" . Das hartnäckige politische Festhalten an diesem Feindbild hat inzwischen schon religiöse Züge angenommen, und es ist wohl keine Übertreibung, wenn man vom **Klimaschutz** als der neuen deutschen **Staatsreligion** spricht. Sogar der Messias fehlt nicht - Al Gore! Die Bezeichnung Religion trifft auch aus folgenden Gründen zu: Sowenig wie in das Wirken einer Gottheit kann der Mensch in die Veränderung des Klimas eingreifen. Mit „Klimawandel" , also einem in Wirklichkeit unvermeidbaren Vorgang - konstantes Klima ist unmöglich - bleibt eine die öffentliche Meinung prägende Feindbildbestimmung verlässlich erhalten.

Viel wichtigere und wahlpolitisch gefährlichere Lösungen von konkreten Problemen können jetzt aus dem öffentlichen Bewusstsein besser ausgeblendet werden. Aktuell zu nennen sind etwa die Sanierungen von *Gesundheitssystem, Rentenkasse* und *Staatsfinanzen.* Zukünftig wird es wohl das Problem des *Immigrationsdrucks* von Millionen arbeitsloser junger Menschen aus Afrika bei gleichzeitig in Europa sinkenden Geburtenraten werden. All dies verblasst zuverlässig gegenüber dem höchst gefährlichen Hauptfeind, der globalen Erwärmung, dem jede Abwehranstrengung zu widmen ist.

> Die prinzipielle **Unerreichbarkeit** jedes Klimaziels ist ein religiöses und daher höchst erwünschtes Merkmal der politischen Klima-Agenda.

Zu den politischen Zynikern und kühlen Machtjongleuren kommen noch die wirklichen Ideologen. Auf die Ideologien eines harten Kerns von Zeitgenossen soll hier nicht im Detail eingegangen werden. Diese Leute sind bekanntlich keinen rationalen Argumenten zugänglich und nehmen sogar massive Rechtsbrüche in Kauf, um Mitmenschen von ihrer „Wahrheit" zu überzeugen. Als Beispiel kann anketten an Eisenbahnschienen genannt werden, um Züge mit nuklearem Abfall aufzuhalten. Hier wird der gefährliche Bereich des fanatisch Religiösen tangiert. Wenn man ihm nicht konsequent entgegentritt, macht er in letzter Konsequenz auch vor Totschlag Andersdenkender nicht mehr halt.

Einer fanatischen Minderheit ist jede Maßnahme recht, die den verhassten Industriestaaten schadet. Angriffsfläche für Kritik, insbesondere Klimakritik, bieten zur Zeit die USA mit dem höchstem Pro-Kopf-Verbrauch an Energie und mit den höchsten CO_2-Emissionen. Hier spielen vermutlich auch noch Überreste der in diesen Ideologie-Kreisen lange bevorzugten, marxistischen Weltanschauung eine Rolle. Das Kapital wird von diesen Leuten, sicher nicht ganz zu Unrecht, in den USA in seiner rücksichtslosesten Vertretung angesehen. Vermutlich werden die USA ihre Spitzenposition als globale Klimahauptsünder und Brutalkapitalisten aber bald an China und Indien verlieren.

Wie verhält sich nun die deutsche Industrie zum Thema „Klimawandel" ? Man sollte erwarten, dass von dieser Seite gegen die IPCC-Politik und gegen die Politik der dem IPCC gehorsam folgenden Nationalstaaten der größte Widerstand erwächst. Warum opponiert die Industrie aber tatsächlich nicht? Die folgenden Gründe sind hierfür verantwortlich (danke an Dr. Jörn Herold für die folgende Zusammenstellung):

1) Die meisten trauen sich nicht, öffentlich zu opponieren, denn sie werden erbarmungslos von den entsprechenden Medien abgebürstet - das schadet dem Geschäft, besonders bei bekannten Markenfirmen.

2) Andere müssen nicht unter den vielen Milliarden Euro für den Klimaschutz bluten, gehen irgendwie plusminus Null heraus. Beispielsweise werden sie zu einer Investition oder Ratio angeregt, die sich selber amortisiert - die werden sich nicht exponieren.

3) Wieder andere können sich den Klimaschutz in irgendeiner Weise auf ihre Fahnen schreiben und für PR nutzen - böse Zungen nennen das Greenwashing.

4) Andere können konkrete Geschäfte damit machen - wer will denen verdenken, dass sie ihre Arbeitsplätze sichern oder gar neue schaffen.

5) Wieder andere sagen sich „der Zug ist sowieso abgefahren, wir stellen uns darauf ein" und betreiben Schadensbegrenzung - water over the dam. Viele werden betroffene Produktionsstätten schließen - vor allem, wenn diese ohnehin seit Jahren problematisch waren. Viele andere werden bestimmte Betriebsstätten ins Ausland verlagern, wo die Bestimmungen weniger streng sind.

6) Andere sind durchaus oppositionell eingestellt, wollen sich aber nicht in die komplexe Klima-und-Energie Materie einarbeiten müssen, 2 - 4 Mannjahre mindestens kostet es, einen Mitarbeiter in der Klimawissenschaft fit zu machen, so daß er sowohl die offizielle Linie kennt (IPCC und PIK) und darüber hinaus noch die Fakten der nicht-apokalyptischen Forschung. Diese sind, obwohl weit in der Überzahl, sehr wenig verbreitet, kaum ins Deutsche übersetzt und nur mit viel Recherche-Aufwand erhältlich.

7) Andere haben gar keine Meinung und denken, „et hätt noch emmer joot jejange" . Viele dieser Kategorie finden sich im Mittelstand. Die in vielen Krisen bewährte Flexibilität und Innovationsfähigkeit des Mittelstandes bestätigt diese Volksweisheit. Und vom Mittelstand hört man oft: „da kümmert sich unser Verband drum" .

8) Die Verbände ihrerseits sind, im Auftrag ihrer Mitglieder, auf ein gu-

tes Einvernehmen mit den Berliner und Brüsseler Akteuren aller Ebenen angewiesen. Und wenn dort ein bestimmtes Steckenpferd besonders gehegt wird, so ist es geradezu kontraproduktiv, dieses demontieren zu wollen. Auch wenn die Sachargumente noch so stark sind. Das sind die Gegebenheiten in unserer Mediendemokratie. Da bleiben ganz wenige, die offen opponieren.

Zum Abschluss der allgemeinen Übersicht über die politischen Richtungen und Motive der Katastrophenwarner sowie der Kritiker soll ein weltbekannter Klimaforscher zu Wort kommen. Es handelt sich um den, auch in diesem Buch oft zitierten, US-Klimatologen deutscher Abstammung Richard S. Lindzen, der fachlichen Weltrang besitzt. Lindzen wird gemäß Rahmstorf und Schellnhuber sogar von IPCC-Hardlinern als einziger, fachlich ernst zu nehmender Kritiker der Hypothese einer anthropogenen Erwärmung angesehen [135]. Ob Lindzen wirklich als „einziger" Kritiker fachlich ernst zu nehmen ist, erscheint angesichts der in Kapitel 9 aufgeführten Manifeste tausender Klima-Fachleute, die sich gegen das IPCC richten, ein wenig gewagt. Wir wollen aber diese interessanten Aussagen von prominenten PIK-Professoren unkommentiert lassen und Lindzen selber in Auszügen aus dem Interview der schweizerischen DIE WELTWOCHE das Wort erteilen [23]:

HERR LINDZEN, MAN NENNT SIE EINEN „KLIMALEUGNER". FÜHLEN SIE SICH WOHL ALS AUSSENSEITER?

Ich bin kein Aussenseiter. Wenn Sie der Propaganda aufsitzen wollen, dann ist das Ihr Problem. Ich arbeite am weltberühmten Massachusetts Institute of Technology (MIT), bin im Spektrum der Ansichten meiner Kollegen, denken Sie also einen Moment nach, was da gesagt wird. Ich bin ein Holocaust-Überlebender, meine Eltern flohen 1938 aus Deutschland. Wer mich einen „Klimaleugner" nennt, beleidigt mich - und er beleidigt seine eigene Intelligenz.

WARUM?

Weil dieses Thema so komplex ist, so viele Facetten hat. Oder glauben Sie im Ernst, alle Wissenschaftler liefen im Stechschritt hinter Al Gore her? Alle seien seiner Meinung? Jeder, der irgendwelche Neuronen zwischen seinen beiden Ohren hat, sollte wissen, dass einem, der den Ausdruck „Klimaleugner" verwendet, die Argumente ausgegangen sind.

BEKOMMEN SIE TODESDROHUNGEN WIE EINIGE IHRER KOLLEGEN,

DIE ÖFFENTLICH SKEPSIS ÄUSSERN?

Ach, ja, es gibt einige E-Mails, die mich zur Hölle wünschen, aber das sind noch keine Todesdrohungen.

TROTZDEM, WAS IST DENN DA LOS?

Mit Hass muss man rechnen, wenn man Fragen stellt in einem solchen Klima. Die Leute werden glauben gemacht, sie seien bessere Menschen, wenn sie mit ihrem ganzen Herzen glauben, die Welt käme an ein Ende, wenn man sie nicht sofort rettete. Dann entwickeln die Menschen religiösen Enthusiasmus, dann werden sie wie Islamisten. Jeder, der die Menschen so hochschaukelt, sollte sich schämen.

SIE HABEN ALSO MIT ANGRIFFEN GERECHNET?

Natürlich. Ich habe im Wall Street Journal geschrieben, dass Wissenschaftler unterdrückt wurden, ihre Arbeit verloren haben, weil sie Skepsis gegenüber einigen „Fakten" in der Klimafrage äußerten. Laurie David, die Produzentin des Filmes von Al Gore, hat einen Blog, in dem sie schrieb, sie sei froh, dass diese Wissenschaftler endlich unterdrückt würden. Sie schrieb auch, man sollte Wissenschaftler, die ihre Zweifel wissenschaftlich untersuchen wollen, nicht mehr finanziell unterstützen.

DAS IST ABER GEGEN DAS SELBSTVERSTÄNDNIS DER WISSENSCHAFT, DIE IHRE THESEN IMMER WIEDER ÜBERPRÜFEN UND ALLENFALLS FALSIFIZIEREN SOLLTE.

Natürlich. Aber es ist leicht, die Wissenschaft zu korrumpieren, es ist schon zu oft passiert. Ich war am weltweiten Treffen der Geophysiker in diesem Winter in San Francisco. Al Gore sprach. Und seine Botschaft lautete: „Haben Sie den Mut, dem Konsens beizutreten, machen Sie das öffentlich, und nehmen Sie sich die Freiheit, Abtrünnige zu unterdrücken." Das Publikum war begeistert.

WAS HABEN SIE GEMACHT?

Ich habe mit den Schultern gezuckt, bin rausgegangen und habe George Orwell gelesen.

WAS WOLLEN SIE SONST TUN? DENN SIE HABEN ES SCHWER GEGEN EINEN OSCAR-GEWINNER AL GORE, DER SÄTZE SAGT WIE: „AUF DEM SPIEL STEHT NICHT WENIGER ALS DAS ÜBERLEBEN DER MENSCHLICHEN ZIVILISATION."

Es steht mehr auf dem Spiel, nämlich Firmen wie Generation Investment Management, Lehmann Brothers, Apple, Google, bei allen hat Gore star-

ke finanzielle Interessen. Al Gore ist eine Kombination von Verrücktheit und Korruption.

HALT MAL, DAS SIND SCHWERE VORWÜRFE.

Erstens fördert er die Hysterie, was nie gut ist in einer Demokratie. Und zweitens hat er starke finanzielle Interessen. Er ist einfach nicht unabhängig.

NUN MAL ZU IHNEN. SIE SAGEN, DER KLIMAWANDEL SEI NICHT SO ALARMIEREND, WEIL DIE MODELLE DEN EINFLUSS VON CO_2 AUF DAS KLIMA ÜBERSCHÄTZEN. DAMIT WIDERSPRECHEN SIE 95 PROZENT DER WISSENSCHAFTLER.

Aber es ist so. Der Einfluss von CO_2 ist weit geringer, als die Modelle vorausgesagt haben. Man hat dann zwei Möglichkeiten: Das Modell ist falsch oder das Modell ist richtig, aber etwas Unbekanntes macht die Differenz aus. Die Modelltheoretiker sind leider den zweiten Weg gegangen und haben gesagt, die Differenz seien die Aerosole. Aber wie das IPCC sagt: Wir wissen nichts über Aerosole. Die gängigen Modelle sind also anpassungsfähig: Gibt es ein Problem, dann heißt es Aerosole. Das ist eine unehrliche Herangehensweise. Der Chef des Natural Environment Research Council (Nerc) in Großbritannien sagte etwas Seltsames: Der Klimawandel müsse menschgemacht sein, da er sich nichts anderes vorstellen könne. Das ist eine Aussage von berührender geistiger Unfähigkeit, die ein Wissenschaftler nicht tun dürfte.

HERR LINDZEN, WAS SIND DENN DIE FAKTEN?

Die Physik leugnet den Treibhauseffekt nicht, die CO_2-Konzentration hat zugenommen, im 20. Jahrhundert ist es durchschnittlich 0,5 Grad wärmer geworden.

WIE ERKLÄREN SIE SICH DENN DIE JÜNGSTE ERWÄRMUNG?

Ich sehe die nicht. Die Erwärmung passierte von 1976 bis 1986, dann ist sie abgeflacht.

SIE AKZEPTIEREN ABER, DASS ES GENERELL WÄRMER WIRD?

Ja, aber wir sprechen da von Zehnteln. Wenn man die Unsicherheiten in den Daten berücksichtigt, hatte man Erwärmung von 1920 bis 1940, Abkühlung bis 1970, Erwärmung wieder bis Anfang der neunziger Jahre. Aber man kann das nicht so genau sagen, wie immer behauptet wird. Es gibt keine wesentlichen Unterschiede zwischen den Temperaturen von heute und jenen in den zwanziger und dreißiger Jahren. Das System ist nie konstant. Und das Ende der Welt auszurufen angesichts von ein paar Zehntelgraden, ist lächerlich.

GERADE DIESE ZEHNTELGRADE KÖNNTEN UNGEHEURE FOLGEN HABEN.

Ja, sie könnten - immer dieser Irrealis. Das Problem ist, dass die Medien ein Riesentheater um Temperaturunterschiede machen, die im Bereich der Ungewissheit liegen. Unsere Messmethoden sind zum Beispiel einfach noch zu ungenau. Um es noch mal zu sagen: Es ist wärmer geworden im letzten Jahrhundert, aber das Klima ist ein System, das immer variiert. Und es ist ein turbulentes System, da kann man nicht mit Dogmatismus kommen. Die Hauptfrage bleibt: Sind diese 0,5 Grad eine große oder eine kleine Veränderung, ist es ernst oder nicht? Wir wissen es nicht. Es sollte sich niemand schämen zu sagen, dass noch viel ungewiss ist. Und ein paar Zehntelgrade machen noch keinen ewigen Sommer.

SIE WAREN BEIM DRITTEN BERICHT DES IPCC DABEI. WAS SAGEN SIE EIGENTLICH ZUM VIERTEN?

Erst mal müsste ich den Bericht sehen. Bis jetzt kennen wir ja erst die Zusammenfassung für die Entscheidungsträger. Der Bericht ist aber schon seit letztem Oktober fertig. Jetzt braucht man Monate, um ihn mit der Zusammenfassung in Einklang zu bringen. Wenn ein Unternehmen das mit seinem Jahresabschluss machte, es wäre auf allen Titelseiten. Und nicht zu seinem Vorteil.

WARUM HABEN SIE BEIM VIERTEN BERICHT NICHT MEHR MITGEMACHT?

Keine Zeit. Ich hab's mal gemacht - um zwei Seiten zu schreiben. Man hat Hunderte von Wissenschaftlern, in Teams, wo zwei oder drei verantwortlich sind für ein paar Seiten. Die fliegen jahrelang in der Welt herum. Da kann man nicht mehr richtig arbeiten.

NEHMEN WIR MAL AN, SIE HÄTTEN RECHT, ES SEI ALLES GAR NICHT SO SCHLIMM, DIE DATENBASIS SEI NOCH NICHT GUT GENUG - AUCH WENN DAS VON DEN MEISTEN HEFTIG BESTRITTEN WIRD. WORUM GEHT ES ALSO?

Viele Interessengruppen haben den Klimawandel entdeckt. Jeder wird davon profitieren außer die gewöhnlichen Konsumenten. Letztere müssen mit Propaganda zugeballert werden. Der Wissenschaftler profitiert, die Mittel haben sich mehr als verzehnfacht seit den frühen neunziger Jah-

ren. Dann gibt es die Umweltbewegung, eine Multi-Milliarden-Operation, Tausende von Organisationen. Und die Schwierigkeit ist: Mit gewöhnlicher Luft- und Wasserverschmutzung kommen wir zurecht, das können wir beheben. Man braucht Probleme, die man nicht beheben kann. Der Klimawandel ist also attraktiv. Und die Industrie, von der man annimmt, sie sei gegen CO_2-Maßnahmen, sie profitiert auch. Sie ist vielleicht dagegen, weil es schon wieder etwas ist, das ihr Sorgen bereitet, auf das sie sich einstellen muss. Aber sie kann Geld damit machen, das weiß sie. Die großen Firmen lieben den Klimawandel. Letztes Jahr habe ich mit jemandem des großen Kohleproduzenten Arch Coal gesprochen. Er sagte, er sei für CO_2-Maßnahmen. Ich fragte ihn: Ist das Ihr Ernst, eine Kohlefirma, die CO_2-Restriktionen will? Er sagte: Sicher, wir werden damit zurechtkommen, aber unsere kleineren Mitbewerber nicht.

DER ENERGIERIESE EXXON MOBIL WAR DAGEGEN.

Ja, die hatten einen CEO, der CO_2-Restriktionen aus Prinzip bekämpft hat. Aber was die Industrie will, ist das: 1. Sie wollen die Restriktionen selbst bestimmen. 2. Alle Firmen sollen die gleichen Restriktionen bekommen. 3. Sie wollen im Voraus wissen, worauf sie sich einstellen müssen. Dann können sie die mutmaßlichen Kosten auf den Konsumenten abwälzen.

UND WAS SIND IHRE INTERESSEN?

Ich arbeite seit Jahrzehnten in diesem Bereich, wir fingen an zu verstehen, wie die Dinge funktionieren. Dann wurden wir überrumpelt von der simplifizierenden Idee, dass das Klima nur vom CO_2 abhängt. Und so wurde jede Hoffnung zerstört, herauszufinden, wie genau zum Beispiel die Eiszeiten funktionierten. Plötzlich sagten die Leute, alle Wissenschaftler seien sich einig, als ob wir noch in der Sowjetunion lebten.

HEUTE SCHEREN GERADE RUSSISCHE WISSENSCHAFTLER AUS DEM KONSENS AUS.

Einige ja, andere nicht. Das ist eine Generationenfrage. Die Alten scheren aus, die Jungen ordnen sich ein. Russland hatte eine lange Tradition in der Klimaforschung, die heute älteren Wissenschaftler waren sogar weltweit führend. Und sie wissen, dass diese simplifizierende Sichtweise keinen Sinn macht. Die Jüngeren sind nicht herausragend, aber sie wollen Einladungen nach Europa - also kooperieren sie und machen, was Europa sagt.

IST DIE WELT SO EINFACH?

Manchmal, ja. Es gab ein Treffen in Moskau, organisiert von der russischen Akademie und David King, heute wissenschaftlicher Berater der englischen Regierung. Als er hörte, dass man auch Menschen wie mich eingeladen hatte, wollte er das Treffen absagen. Aber er war schon am Flughafen. Also kam er und sagte als Erstes, er habe für russische Wissenschaftler, die mit seiner Sicht übereinstimmten, eine Einladung nach England.

SIE LACHEN. FINDEN SIE DAS LUSTIG?

Nein, aber so ist die Welt.

WANN WURDEN SIE DAS ERSTE MAL WÜTEND?

1987 bekam ich einen Brief eines Mannes namens Lester Lave, ein geschätzter Ökonomieprofessor an der Carnegie-Mellon-Universität in Pittsburgh. Er schrieb, er hätte an einem Hearing im Senat ausgesagt, Al Gore sei auch anwesend gewesen. Lave sagte damals, die Wissenschaft sei noch sehr unsicher, was die Ursachen der Klimaerwärmung seien. Al Gore warf ihn aus dem Hearing mit den Worten, wer so etwas sage, wisse nicht, wovon er rede.

ABER AL GORE IST DOCH KEIN WISSENSCHAFTLER.

Nun, er war ja auch im Fernsehen, nachdem sein Film in die Kinos gekommen war. Der Moderator fragte ihn, warum er davon ausgehe, dass der Meeresspiegel um etwa sechs Meter steige, während die Wissenschaft von etwa 40 Zentimetern spräche. Er antwortete, die Wissenschaft wüßte es eben nicht. Er weiß es. Ich glaube, Al Gore ist verrückt.

ES MACHT SIE WÜTEND, WENN EIN POLITIKER SICH ÜBER DIE WISSENSCHAFT STELLT?

Ja. Ich versicherte Lester Lave, dass die Wissenschaft sich wirklich nicht sicher sei. Aber kurz nachdem Newsweek 1988 mit seinem Titelbild über Klimaerwärmung herauskam, wurde es ernst. Ich begann, öffentlich zu sagen, dass ich das Datenmaterial für zu arm hielte, als dass man endgültige Aussagen treffen könne. Viele Kollegen sagten, sie seien froh, dass einer dies endlich ausspreche. Aber als der ältere Bush die Mittel für die Klimaforschung von 170 Millionen Dollar auf zwei Milliarden erhöhte, merkten die Institutionen, dass ihre Zukunft mit dem Klimawandel verbunden war. Sogar am MIT gibt es Meinungsunterschiede bei diesem Thema, nicht über die Grundlagen, die Temperatur erhöht sich,

CO_2 *ist ein Treibhausgas. Aber man streitet sich, ob der Klimawandel ein seriöses Thema ist. Und da unterscheide ich mich von den meisten meiner Kollegen: Ich finde es kein seriöses Thema. Ich finde es seriös, über die Gründe für die Eiszeiten nachzudenken.*

WAS WISSEN SIE ÜBER DIE EISZEITEN?

Sehr wenig. Die Eiszeiten korrelieren irgendwie mit den Erdbahn-Parametern, aber wir wissen nicht, wie diese den Klimawandel beeinflusst haben. Das sind seriöse Themen in der Atmosphärendynamik. Ich kann Ihnen sagen: Wir wissen so wenig.

WIE NÄHERN WIR UNS DER LÖSUNG?

Niemand will das Problem lösen, denn dann hörten die Gelder auf zu fließen.

HÖREN SIE MAL, HERR LINDZEN, WAS IST EIGENTLICH IHRE AUFFASSUNG VON DER MENSCHLICHEN NATUR?

Ich sehe sie so, wie sie ist, nicht, wie ich sie gern hätte. Nach dem Abschluss des Montreal-Protokolls 1987 zum Schutze der Ozonschicht versiegten die Forschungsgelder, Ozon war kein Problem mehr - obwohl es immer noch eins ist. Die Stratosphären-Chemiker arbeiten heute im Bereich Stratosphäre und Klima. Die Politik bezahlt die Wissenschaft, wir sind da sehr abhängig.

WER BEZAHLT SIE?

Die Nasa. Sonst niemand. Ich sage Ihnen eins: Man will die Probleme gar nicht lösen. Denn Unsicherheit ist essenziell für den Alarmismus. Das Argument ist immer das Gleiche: Es mag vielleicht unsicher sein, aber deshalb ist es auch möglich.

SIE SAGEN, MAN KÖNNE NICHTS MACHEN GEGEN DEN KLIMAWANDEL. SIND WIR DEM UNTERGANG GEWEIHT?

Ich sage: Wir sollten nichts unternehmen. Wir haben wirklich andere Probleme. Wenn ich als Amerikaner Europa anschaue, dann sehe ich einen Kontinent, der sich keine Sorgen macht um den Terrorismus, eine mögliche Nuklearmacht Iran, den aufstrebenden Islamismus, sondern um die Klimaerwärmung. Das ist eine Form gesellschaftlicher Dummheit. Europa will sich gut und wichtig fühlen, das ist dumm. Und gleichzeitig wird kein europäisches Land die Kyoto-Kriterien erfüllen können. Nein, ich verstehe das alles nicht: Man soll sich jetzt neue Glühbirnen anschaffen. Was soll das helfen? Sind denn alle am Durchdrehen? Ich hoffe, das hört bald auf.

WARUM SOLLTE ES?

Das ist die menschliche Natur. Dass man alle paar Jahre den Weltuntergang ausruft und dann leider vergisst, dass er mal wieder nicht stattgefunden hat? Das kann nicht sein. Irgendwann werden die Leute des Themas müde sein und sich etwas anderem zuwenden. Die Meinungsumfragen hier in den USA zeigen schon so einen Trend. Die Wahrheit sieht so aus: Honda hat ein kleines, feines Hybridauto gebaut, es verkauft sich überhaupt nicht. Die Leute wollen einen dicken Toyota Prius, damit die Nachbarn wissen, dass sie einen Hybrid gekauft haben.
....

....

UND DESHALB KÖNNEN SIE AUCH NICHT SICHER SEIN, DASS DER MENSCH KEINEN EINFLUSS AUFS KLIMA HAT.

Das sagt auch niemand. Aber wer sagt, der Mensch sei der Grund für dieses oder jenes, liegt falsch. Niemand bezweifelt, dass CO_2 Infrarot absorbiert, es hat einen Einfluss. Aber verdoppelt man den CO_2-Gehalt, sollte die Temperatur um ein ganzes Grad steigen. Wir konnten das nicht beobachten. Ich kann nicht glauben, dass die Welt so schlecht beschaffen ist, dass sie es nicht schafft, auch mit diesen Veränderungen umzugehen - sie hat schon viele Veränderungen gemeistert.

GLAUBT DER MENSCH, DIE WELT MÜSSE STERBEN, WEIL AUCH ER STERBLICH IST?

Wir leben in einer Zeit des Pessimismus. Das war schon mal so im 19. Jahrhundert. Die Royal Society schrieb damals in einem Bericht an die Regierung, die Elektrifizierung Englands sei zu gefährlich für gewöhnliche Leute, man solle sich besser für Gas entscheiden. Die Menschen profitieren heute mehr denn je vom technologischen Fortschritt, haben aber nicht die leiseste Ahnung, wie ihre Apparate funktionieren. Das ist auch ein Kontrollverlust. Deshalb entwirft Al Gore ein hochgradig simplifiziertes Bild von der Klimaerwärmung, so dass es jeder Fünfjährige versteht. Das gibt den Menschen das Gefühl, sie verstünden, worum es ginge. Und sie könnten etwas machen. Leider ist dem nicht so.

7.2 Die deutsche Klima-Agenda

Ein Sachbuch, das nicht zu schnell veralten möchte, sollte aktuelle politische Ereignisse ignorieren und nur die langfristigen Entwicklungen aufzeigen. Da aber die Klima- und Energieagenda der schwarz-gelben Koalition des Jahreswechsels 2009/2010 höchst bemerkenswert erscheint und bei ihrer weiteren Fortsetzung zwangsweise zu einer ernsthaften Beeinträchtigung unserer Volkswirtschaft führen wird, sei eine Ausnahme erlaubt.

Die schwarz-gelbe Koalition des Jahreswechsels 2009/2010 setzt nämlich die volkswirtschaftlich zerstörerische Klima- und Energiepolitik der vorangegangenen rot-grünen Regierung ungerührt fort! Und dies, obwohl weltweit der Zug in Richtung Kernenergie abfährt und zudem jeder unvoreingenommene Energiefachmann bestätigt, dass Windräder und Photovoltaik zur flächendeckenden Stromerzeugung eines modernen Industriestaates gänzlich ungeeignet sind und zudem auf die CO_2-Bilanz unserer Erde keinen Einfluss haben.

Die deutschen Strompreise sind inzwischen europaweit Spitzenreiter und werden weiter ansteigen. Dennoch können hierzulande nicht einmal mehr dringend erforderliche neue Kohlekraftwerke infolge der von Medien und vielen Interessengruppen geschürten Umwelthysterie ans Netz gehen. Gerichte werden mit immer zahlreicheren und massiveren Einsprüchen überschwemmt. Dabei geht es um Kraftwerke, die außer CO_2 und Wasserdampf nichts in die Umwelt emittieren. Die ehemals von den Grünen zur politischen Wirkung gebrachte und vom späteren SPD-Vorsitzenden Sigmar Gabriel weitergeführte Umwelt- und Energiepolitik wird nun auch von der aktuellen CDU/FDP-Regierung Eins zu Eins abgekupfert. Die CDU-Vorsitzende Angela Merkel beabsichtigt unübersehbar, die grüne Partei in gewaltsamer Umarmung zu erdrücken und aus ihr neues Wählerpotential ins eigene Lager zu ziehen. Die Agenda des aktuellen CDU-Umweltministers Norbert Röttgen gleicht der seines ehemaligen Amtskollegen Jürgen Trittin mit bekannt kommunistischem Hintergrund wie ein Ei dem anderen.

Konsequent endlich einmal die Sachgrundlagen des dubiosen Begriffs „Klimaschutz" zu hinterfragen vermeiden **alle** deutschen Politiker wie der sprichwörtliche Teufel das Weihwasser. Vielleicht ist es aber auch nur eine vorsorgliche persönliche Berufssicherung, denn die so lukrativen Posten in EU- oder UN-Gremien, die nach Herausfallen aus dem deutschen politischen Kampf winken, sind ohne Bekenntnis zur IPCC-Linie nicht zu erlangen. Als Folge dieser misslichen Situation hat der deutsche Wähler, der eine gleichermaßen umweltgerechte und volkswirtschaftlich sinnvolle Energie- und Umweltpolitik wünscht, im deutschen Parteienspektrum keine Wahlmöglichkeit mehr!

Die deutsche Politik folgt bis heute der IPCC-Linie und darf als eine ihrer stärksten befürwortenden politischen Kräfte weltweit angesehen werden. Obwohl inzwischen von allen Fachleuten jedweder Meinungsrichtung bestätigt wird, dass die Maßnahmen des Kyoto-Protokolls faktisch unwirksam sind, gibt sie sich ungerührt. Der hier geübte Zynismus, der mit der Unwissenheit des Bürgers spekuliert, geht bereits aus dem offiziellen Bericht des Bundesministeriums für Bildung und Forschung „Herausforderung Klimawandel" aus dem Jahre 2003 unübersehbar hervor. Dort ist nämlich auf S. 10 nachzulesen:

„Daher ist das Protokoll in seiner jetzigen Form kaum geeignet, das Klima zu stabilisieren. Seine Wirkung ist eher im politischen Bereich zu finden ..."

und weiter auf S. 51

„Die Auswirkungen des Kyoto-Protokolls sind nur vereinzelt hochgerechnet worden. Danach scheint die im Kyoto-Protokoll vorgesehene Reduktion der Treibhaus-Emissionen der Industrieländer nur einen geringen Effekt auf die Temperaturentwicklung zu haben. Auf der Zeitskala bis etwa 2050 ist sogar durch das Kyoto-Protokoll keinerlei Veränderung gegenüber dem business-as-usual-Szenario zu erkennen...."

Diese Sätze sind bemerkenswert, weil der damalige Umweltminister Jürgen Trittin dem informierten Lesern nicht gerade als Freund der Technik, insbesondere der Kernkraft, im Gedächtnis sein dürfte. Vielleicht sind die oben zitierten Sätze von seinen Mitarbeitern aber auch einfach übersehen worden.

Die ersten Amtshandlungen bei Übernahme des Umwelt-Ministeriums durch die Grünen in der ehemaligen rot-grünen Koalition bestanden darin, alle Experten gegen grüne Ideologen auszutauschen. Die Folgen sind bekannt und wirken bis heute nach. Jahrelang wurde die Entscheidungsfindung für die Endlagerung von abgebrannten Kernbrennstoffen verschleppt, was den Steuerzahler viel Geld kostete und vom Bundesrechnungshof entsprechend gerügt wurde. Mit einer solchen Vorgehensweise haben die Grünen die Chance vertan, als beteiligte Regierungspartei effizienten und auch wirtschaftlich nachhaltigen Umweltschutz auf den Weg zu bringen.

Der Irrtum der politischen Führung der Grünen und vieler stiller Sympathisanten der grünen Bewegung scheint auch heute noch in der Auffassung zu bestehen, stets nur gegen vermeintliche Hauptfeinde, wie Technik, Großkapital und Industrie ihre Umweltschutzziele verwirklichen zu können. Technik und in deren Gefolge oft sogar die unschuldige Naturwissenschaft selber, wird dabei, ohne es explizit einzugestehen, als inhärent schädlich angesehen. Das ist irrational! Zudem ist diese Haltung, die sich inzwischen fast schon zum politischen Mainstream ausgebildet hat, langfristig für unser Land schädlich. Ohne Naturwissenschaft, kühle Rationalität und intelligente Technik können wir nicht überleben. Ferner kann ohne eine solche rationale Basis langfristig von einem Festhalten an den uns lieb gewordenen Bequemlichkeiten der technischen Zivilisation keine Rede mehr sein. Nur der Einsatz vernünftiger, modernster Technik erlaubt es, nachhaltigen Umweltschutz und die Forderungen einer hochentwickelten, technikbasierten Volkswirtschaft harmonisch miteinander zu vereinbaren.

Das angesprochene Feindbild vieler Umweltschützer gibt es zumindest in der deutschen Realität schon seit längerem nicht mehr, es ist eine Chimäre. Alle großen Energieunternehmen haben sich inzwischen den Umweltschutz auf ihre Fahne geschrieben. Zum einen sind Marktgründe zu nennen, denn mit Umwelttechnologie ist inzwischen viel Geld zu verdienen. Zum anderen ist es aber auch echte Überzeugung, weil Techniker, Ingenieure und Manager ohne Umweltbewusstsein immer seltener werden. Der brutale Kapitalist, der ohne jede Rücksicht auf die Natur seine Taschen füllen will, ist hierzulande am Aussterben. Ihn gibt es allerdings leider noch weltweit, man denke stellvertretend nur an die Besitzer der großen Fischfangflotten. Von diesen Leuten wird ohne Rücksichtnahme auf unsere Lebensgrundlagen bis in so sensible Fischgründe, wie die Antarktis hinein, mit unglaublicher Zerstörungskraft und ohne jedes Schuldbewusstsein das natürliche Gleichgewicht der Arten im Meer unwiederbringbar geschädigt. Netze von Kilometerlänge, die sogar den empfindlichen Meeresboden irreparabel schädigen, sorgen dafür, dass viele Fischarten in Kürze verschwunden sein werden und sich ihre Populationen nie wieder erholen. Ein weiteres Beispiel liefern kriminelle Unternehmer, die Regenwälder unter Missachtung aller gesetzlichen Vorschriften ausbeuten oder brandroden.

Hierzulande geht es aber tatsächlich und nicht zuletzt durch viele von den Grünen auf den Weg gebrachte, sinnvolle Gesetze (leider waren nicht alle sinnvoll) schon seit langer Zeit anders zu. Jedem Zweifelnden sei stellvertretend eine Besichtigung des in umweltbewusstem Planen und Bauen vorbildlichen Braunkohle-Großkraftwerks Lippendorf in der Nähe von Leipzig empfohlen. Außer unschädlichem Wasserdampf und ebenso unschädlichem CO_2 wird hier nichts mehr in die Atmosphäre entlassen. Unter der Regie dieses Kraftwerks wird sogar eine Solarstromanlage betrieben, und der Besucher kann sich an Hand der jeweils erzeugten Energiemengen ein anschauliches Bild von der extrem unterschiedlichen Effizienz und den Kosten beider Anlagen im Vergleich verschaffen.

Auch wenn es viele Gutmenschen nicht gerne hören: Politisch wirksam gegen Umweltverschmutzung durch menschgemachtes CO_2 zu klagen, Kernkraftwerke zu verteufeln, den Wind- und Solarstrom zu begrüßen, ohne sich über deren technische Effizienz und Kosten ein Bild auf Basis verlässlicher Informationen gemacht zu haben, dabei gleichzeitig mit dem 4WD ins Theater zu fahren und im Urlaub auf die Malediven zu fliegen, ist nicht nur inkonsequent, sondern schädigt auf Dauer unser Land und die Chancen unserer Kinder.

Echter Umweltschutz belässt es nicht bei Lippenbekenntnissen und unwirksamen Maßnahmen, sondern er handelt rational. Er ist nur auf der Basis von naturwissenschaftlichen Fakten und technisch besten Lösungen möglich. Es ist schon bemerkenswert, wie modernste Technik, wenn sie in Autos oder der Unterhaltungselektronik eingebaut ist, enthusiastisch begrüßt, bei der viel wichtigeren Energieerzeugung aber zum Teufel gewünscht wird. Strom kommt eben aus der Steckdose, weiter wird von vielen Gutmenschen nicht nachgedacht. An die weltzerstörende Schädlichkeit des Naturgases CO_2 wird blind geglaubt. Auf die hierzulande nutzlosen Windräder oder die Photovoltaik zu setzen und sichere Kernkraftwerke, die sich in vielen Ländern um uns herum aus guten Gründen stetig vermehren, wie den Leibhaften zu fürchten, bedeutet, um im Bild zu bleiben, auf moderne Automobile zu verzichten und stattdessen das vermeintlich umweltgerechte, aber in Wahrheit Spritfressende Uralt-Ford-T-Modell aus dem Anfang des vorigen Jahrhunderts wieder zu propagieren.

Was die Politik angeht, so muss bei aller Kritik natürlich auch die andere Seite der Medaille gesehen werden. Allein in Deutschland darf an den ungebrochenen Trend zum 3-Liter-Auto, leider nicht 3 Liter Verbrauch pro 100 km, sondern 3 Liter Hubraum, erinnert werden. Die hochindustrialisierten Länder begeben sich in ihrem ungestillten Durst nach Erdöl und Gas in fatale geopolitische Abhängigkeiten. Die gefährliche Sicherheitsproblematik der Durchleitung von russischem Erdgas nach Deutschland wird immer wie ein Damokles-Schwert über unseren Häuptern schweben, solange wir dieses Gas kaufen und sich nicht demokratische Verhältnisse in Russland ausgebildet haben.

Ohne die riesigen Erdölvorkommen im Irak wären die US-Bemühungen, westliche Demokratie in diesem Land zu installieren, weniger martialisch ausgefallen. All dies war und ist seit langem bekannt, ohne dass die Politik eine ernsthafte Kehrtwende versuchte, weil diese gegen den Wähler bisher nicht möglich war. Man denke nur an das völlige Scheitern von ernsthaft spritsparenden Autos, etwa dem VW-Lupo, dem Mercedes Smart oder dem Audi A3, um zu begreifen, dass etwas Einschlägigeres benötigt wird, um dem deutschen Bürger Beine zu machen.

Nun ist das politische Werkzeug für diese Kehrtwende plötzlich da, der Klimakiller anthropogenes CO_2. Kann man es den Politikern verdenken, dieses Mittel auch zu benutzen? Die CO_2-Apokalypse kommt wie gerufen, wirkungsvolleres ist nicht denkbar. Wer will schon für den prognostizierten Untergang Sylts verantwortlich gemacht oder gar für weitere Überschwemmungen Dresdens zur moralischen Rechenschaft gezogen werden?

Unter Ausschaltung jeder Fakten-Grundlage kann mit der Drohung einer Klimaschädigung durch CO_2 nunmehr all das durchgesetzt werden, was früher unantastbar war.
Wir werden Geschwindigkeitsbegrenzungen für Autos bekommen und mehr für Flugreisen bezahlen müssen, im Übrigen beides nicht unvernünftige Maßnahmen. Sie haben bloß nichts mit dem unschuldigen Natur-

gas CO_2 zu tun. Niemals zuvor war es der Politik möglich, durch gesetzliche Maßnahmen eine wirkungsvolle Senkung des Spritverbrauchs von Kraftfahrzeugen zu bewirken. Mit der CO_2-Vermeidung ist dies nun problemlos möglich geworden. Dabei ist jedem technisch Kundigen bekannt, dass der CO_2-Ausstoß von Fahrzeugen zum Treibstoffverbrauch proportional ist und praktisch nicht durch anderweitige Maßnahmen beeinflusst werden kann. Vorschriften der CO_2-Reduktion sind daher mit einer Spritverbrauchssenkung identisch. Aber nur die CO_2-Vermeidung ist politisch durchsetzbar, sparsamere Autos sind es leider nicht.

Es werden die unsinnigsten Vorschriften in Gang gesetzt werden, die allen bisher bekannten behördlichen Widersinn und alle Übertreibungen eines falsch verstandenen Umweltschutzes in den Schatten stellen werden. CO_2-Plaketten für Autos werden dabei noch das Harmloseste sein. **Und es wird kein Halten mehr geben, denn keine politische Partei wird es wagen, als Zerstörer des globalen Klimas an den Pranger gestellt zu werden. Den Weltuntergang durch menschverursachtes CO_2 zu verhindern wird die Erlösungsformel des 21. Jahrhunderts werden, denn hiermit wird der Wähler glauben gemacht, seine Schuldigkeit an der Schädigung der Natur abgegolten zu haben.**

Das wird sich aber als gefährlicher Irrtum herausstellen. Immerhin, die Finanzminister freuen sich, denn die CO_2-Bedrohung wird die Grundlage für fast jede Art von Steuererhöhungen liefern. Wo taucht CO_2 schließlich nicht auf? Wie wir wissen, reicht in Deutschland das Einführen einer Steuer aus, um sie nie wieder loszuwerden. Man denke nur an den Beitrag zur Entwicklung der neuen Bundesländer, den Soli. Jede Hand darf unbedenklich dafür ins Feuer gelegt werden, dass wir den Soli noch im Jahre 3000 zahlen werden, vorausgesetzt, die Menschheit und unsere Republik existieren dann noch.

Aber es geht nicht nur um das Geld des Konsumenten. Wir Deutschen haben, das beweist leider mehrfach unsere Geschichte, ein besonderes Geschick, Ideologien zu erfinden und uns Ideologien zu verschreiben, die sich im Nachhinein als falsch herausstellen. Heute wollen wir wieder einmal der Welt mit aller Kraft Gutes tun, nämlich sie vor der globalen Erwärmung und der Kernenergie retten und vorbildlich in erneuerbaren Energien sein. Jedem technisch Kundigen sträuben sich aber die Haare, wenn immer wieder ein „notwendiger" Energiemix von klassischen mit alternativen Energien (Windrädern und Photovoltaik) beschworen wird. Wieso Energiemix mit alternativen Energien, die technisch unsinnig und wirtschaftlich nicht wettbewerbsfähig sind? Solch ein Energiemix lässt an einen Fuhrunternehmer denken, der unbedingt einen maßgebenden Anteil seiner Fahrzeugflotte von modernen, spritsparenden Transportern durch Transporter des fünffachen Gewichts, zehnfachen Spritverbrauchs und zwanzigfachen Kosten ersetzen will, um einen ausgeglichenen „Fahrzeugmix" zu erhalten - der Mann ist schlicht verrückt! Man soll sich nichts vormachen: Windräder und Photovoltaik werden aus grundsätzlichen, technischen und wirtschaftlichen Gründen niemals in der Lage sein können, einen entscheidenden Beitrag zur Energieversorgung unseres modernen Industriestaates zu liefern.

> Außerdem sind die mit deutschen alternativen Energien bewirkten Einsparungen an CO_2-Emissionen in weltweitem Maßstab unspürbar. Sie sind infolgedessen sogar dann unwirksam, falls Kohlendioxid tatsächlich klimaschädlich wäre.

Die Denkverbote über Kernenergie wurden bereits genannt. Unsere Nation ist trotz Weltführung auf vielen technologischen Gebieten und wieder zweier Nobelpreise (in 2007 für Physik und Chemie) leider nicht mit einer politisch wirksamen Mehrheit von rational denkenden, technisch gut informierten Bürgern versehen, wie es offenbar in anderen Ländern, z.B. in Finnland, der Fall ist. Dies ist nicht zuletzt auch die Folge einer jahrzehntelangen Bildungspolitik mit verhängnisvoller Weichenstellung (s. unter 8.7).

7.3 Kritiker, Skeptiker oder Klimaleugner?

In fast allen Veröffentlichungen zu Klimafragen werden Kritiker der IPCC-Sicht als *Skeptiker* bezeichnet und in polemischeren Diktionen gar als *Klimaleugner* diffamiert. Die anscheinend höfliche Kennzeichnung „Skeptiker" soll dem neutralen Beobachter geschickt suggerieren, wo die Wahrheit zu finden ist. Andere Sichtweisen als die der kommenden Erwärmungskatastrophe muss man zwar dulden, schließlich ist die Zeit der Inquisition und der Scheiterhaufen vorbei, aber es handelt sich doch nur noch um bedauernswerte Abweichler, eben Skeptiker an felsenfeststehenden Wahrheiten.

Wenn man zunächst bei den Skeptikern bleibt, stellt sich sofort die Frage, ob nicht umgekehrt die IPCC-Meinungsvertreter Skeptiker sind. Wir wissen, dass seit jeher natürliche Vorgänge unser Klima auf der Erde bestimmt haben und wir messen Erwärmungsvorgänge, die, verglichen mit der Klimavergangenheit, absolut nicht ungewöhnlich sind. Und nun sollen, bei fehlender Faktenbasis und nur aus fiktiven Computer-Klimamodellen abgeleitet, plötzlich ganz andere als natürliche Ursachen verantwortlich sein? Wer ist hier skeptisch? In Wirklichkeit ist die Katastrophen-Sicht skeptisch und wird mit gewaltigem politischen Aufwand zur alleinigen Wahrheit umgebogen.

Die Autoren Rahmstorf und Schellnhuber belassen es in ihrem Buch nicht bei den Skeptikern, sondern verlassen bedauerlicherweise den Bereich verbindlicher Umgangsformen, wenn ein Abschnitt die Überschrift *Die Lobby der Leugner* trägt [135]. Sogar eine Taxonomie der Skeptiker wird geboten. Im Besitz der Antwort auf die Frage nach der Klimaschädlichkeit des anthropogenen CO_2, deren Fragwürdigkeit jedem Klimaexperten bekannt ist, entdecken Rahmstorf und Schellnhuber unter dem Forschermikroskop die Trendskeptiker, die Ursachenskeptiker und die Folgenskeptiker. Ist dieses Abseitsstellen von Zeitgenossen, die nichts anderes tun, als kritisch ihren eigenen Verstand zu gebrauchen, in einem Sachbuch angebracht? Zweifellos fehlen Rahmstorf und Schellnhuber die Sachargumente, denn anders sind diese befremdlichen Entgleisungen kaum noch zu erklären.

Den Unsinnsbegriff „Klimaskeptiker" sollte sich niemand gefallen lassen, denn am naturgesetzlich fortwährenden Wandel des Klimas zweifelt niemand. Er sollte auf *Kritiker* oder *Klimarealist* bestehen. Ferner ist die oft versuchte Abwertung von Kritikern scharf zurückzuweisen, die auf angebliche fachliche Unzuständigkeit oder auf Sponsoring durch irgendeine Industrie, meist die Kohle- oder Erdölindustrie, abhebt. Selbst vor renommierten, weltbekannten Fachleuten machen diese Versuche nicht halt.

Als stellvertretendes Beispiel sei der dem Autor persönlich bestens bekannte Umweltforscher Fred Singer genannt, der sich mit kräftiger politischer Aktivität bekanntlich offen gegen das IPCC stellt. Das ist aber noch kein Grund, ihm seine akademische Qualifikation abzuerkennen. Unter diesem Gesichtspunkt würden auch nicht wenige, besonders heftige Vertreter der IPCC-Auffassung ihre akademischen Grade verlieren. In einem FAZ-Beitrag des Katastrophenlagers wird formuliert *„Der Zuschauer soll glauben, Singer sei ein Klimaforscher"* [44]. Warum aber Singer als emeritierter Professor für Umweltwissenschaften der Universität Virginia und als Director of the Center for Atmospheric and Space Physics der Universität Maryland nicht als Klimaforscher gelten darf, bleibt das Geheimnis dieses Artikels. Die Vita von Fred Singer, der noch weitere Positionen in der Klimaforschung eingenommen hatte, kann im Übrigen nach „googeln" seines vollen Namens unschwer im Internet nachgeprüft werden. Wie eng mag wohl der Begriff des Klimaforschers oder der Klimaforschung von manchen Meinungsgruppen gezogen werden? Nach Auffassung dieser Leute gelten nur diejenigen als Klimaforscher, die dem IPCC-Kanon folgen.

Die geschilderte, unerfreuliche Entwicklung beweist, dass nicht nur die Politik den Klimawandel und die Furcht der uninformierten Bevölkerung vor angeblich schädlichen Folgen dieses Wandels als unwiderstehliches Hilfsmittel zur Durchsetzung ihrer Ziele entdeckt hat. Fakten spielen plötzlich keine Rolle mehr, und auch vor unappetitlichen Methoden wird nicht mehr haltgemacht. Im einfachsten Fall ist noch nicht eimal aktives Handeln nötig. Es reicht, wenn ein einflussreicher Klimaexperte zu den Falschberichten der Boulevard-Presse, wie etwa, Extremwetter, Überschwemmungen, Hurrikane und Meeresspiegelhöhen würden gegenwärtig zunehmen, einfach schweigt.

7.4 ClimateGate - das Watergate des IPCC

Graf Bobby, durchs Schlüsselloch seines Schlafzimmers schauend, sieht seine Frau mit seinem besten Freund Poldi ins Bett steigen und das Licht löschen. Kopfschütteld murmelt er „immer diese Ungewissheit!"

Die Bemühungen des IPCC, eine anthropogene Erderwärmung unter Verwendung fragwürdiger Methoden zu beweisen, lässt sich bei genauerem Hinsehen bereits aus Bild 3.8 unter 3.4 ableiten. Warum veröffentlicht das IPCC nicht die länger zurückreichende Reihe, wie sie hier stellvertretend für Europa in Bild 3.6 gezeigt ist? Die vollständigen Daten seit etwa 1800 lassen nämlich unübersehbar erkennen, dass sich die Temperaturen des 20. Jahrhunderts lediglich von der langen Abkühlungsperiode des 19. Jahrhunderts wieder erholten und ein ungewöhnlicher Anstieg im 20. Jahrhundert gar nicht vorlag. Weil aber die industrielle Revolution erst nach 1900 einsetzte, wird nur dieser Teil der Temperaturentwicklung vom IPCC als Beweis des anthropogenen Einflusses auf das Erdklima angeführt.

Auch das hartnäckige Wegdiskutieren des mittelalterlichen Klimaoptimums, das in allen Erdteilen inzwischen durch erdrückende Indizien belegt ist, zeigt die Fragwürdigkeit des IPCC-Vorgehens.

Den ersten wirklichen Skandal verursachte schließlich die „Hockey-Stick" -Temperaturkurve des US-Klimaforschers Michael Mann [109], die weit über Fachkreise hinaus als erste massive Fälschung traurige Berühmtheit erlangte. Im Jahre 2001 wurde dieses Diagramm als letztes und wichtigstes Beweismittel für eine vom Menschen gemachte Erderwärmung in den IPCC-Bericht aufgenommen. Nach massiven Einwänden und mit statistischen Beweisen von Stephen McIntyre and Ross McKitrick [84] konnte die Hockey-Kurve entkräftet werden. Die Autoren Mann, Bradley und Hughes hatten die Daten in ihrem Sinne manipuliert [110]. Der „Hockey-Stick" musste schließlich im Jahre 2007 aus dem wissenschaftlichen IPCC-Bericht entfernt werden.

Kurz vor der abschließenden Arbeit an der dritten Auflage des Buchs wurde der bisherige, fast unaufhaltsam erscheinende Siegeszug der IPCC-Propagandisten, dem sich inzwischen fast alle Regierungen der westlichen Welt widerstandslos unterwarfen, durch kurz aufeinanderfolgende Ereignisse jäh gestoppt. Diese waren

– das Scheitern der Kopenhagener Klimakonferenz
– der E-Mail-Skandal des englischen Headley Klimazentrums CRU, wobei hunderte brisante E-Mails an die Öffentlichkeit gelangten
– die Fälschung im wissenschaftlichen IPCC-Bericht von 2007 über den Zustand der Himalaya-Gletscher
– die Fälschung im wissenschaftlichen IPCC-Berichts von 2007 im Forschungsbericht über den Zustand des Amazonas-Regenwalds

– die Fragwürdigkeit der Berechnung von Globaltemperaturen
– das jahrelange, illegale Zurückhalten der Temperaturdaten des Headley-Zentrums, um eine unabhängige Kontrolle zu verhindern

Im Folgenden wird auf die Einzelpunkte nur kurz eingegangen, weil die Entwicklung des IPCC-Skandals zum gegenwärtigen Zeitpunkt wohl noch längst nicht beendet ist und „Sensationsberichte" nicht der Intention des Buchs entsprechen. Die Internet-Seite von EIKE [31] bietet, wenn man sich die Beiträge unter den Klima-News des betreffenden Zeitraums ab Dez. 2009 ansieht, ein fast unübersehbares und noch ständig ansteigendes Sündenregister des IPCC zum Thema „ClimateGate" .

Die Das Scheitern der Kopenhagener Klimakonferenz

Lassen wir hierzu Prof. Benny Peiser in der Züricher Weltwoche vom 23.12.2009 zu Wort kommen: *„Das Scheitern des Klimagipfels war nicht nur vorhersehbar - es war unvermeidlich. Aus der Sackgasse der bisherigen Klimapolitik, in die sich die internationale Gemeinschaft hineinbugsiert hatte, führte kein Weg heraus. Das sich in Kopenhagen manifestierende globale Patt spiegelt die gegensätzlichen, letztlich unvereinbaren Interessen des Westens und des Rests der Welt wider. Die Folge dürfte ein unbefristetes Moratorium der internationalen Klimagesetzgebung sein. Die Chancen auf ein verbindliches Folgeabkommen zum Kioto-Protokoll sind damit so gut wie null. Das ganze Ausmaß des Debakels und der geopolitischen Machtverschiebungen wird daran erkennbar, dass die Vereinbarung von Kopenhagen ohne Beteiligung der EU zustande kam. Der Ausschluss Europas symbolisiert die wachsende Machtlosigkeit einer grünen EU-Bürokratie, die nicht einmal gefragt wurde, ob sie der unverbindlichen Erklärung Chinas, Indiens und der USA zustimmen wolle. Zwar fand der Uno-Gipfel in einer europäischen Hauptstadt statt. Doch die Verhandlungen und das Endergebnis der Konferenz lagen völlig ausserhalb europäischen Einflusses. Die sichtlich schockierten EU-Staats- und Regierungschefs mussten feststellen, dass sie von China, Indien und den USA überrumpelt und ausmanövriert worden waren. US-Präsident Obama und die Regierungschefs Indiens und Chinas hatten längst Kopenhagen verlassen, als sich die EU-Vertreter dazu gezwungen sahen, einem von fremder Hand ausgehandelten Übereinkommen zuzustimmen. Eine Ablehnung der asiatisch-amerikanischen Erklärung war* *zwar denkbar, hätte die EU allerdings in die Sektierer-Ecke von Hugo Chávez und Robert Mugabe gedrängt. Der gescheiterte Klimagipfel hat ein tektonisches Beben der internationalen Beziehungen ausgelöst und eine neue politische Landschaft hinterlassen: Nach Kopenhagen sieht das grüne Europa sehr alt und der Rest der Welt ganz anders aus. Denn die Prinzipien, auf denen die europäische Klimapolitik basiert und die dem Kioto-Protokoll unterliegen, sind mit der Kopenhagener Vereinbarung so gut wie ausser Kraft gesetzt."*

Der Skandal um gestohlene E-Mails aus dem englischen Headley-Klimaforschungszentrum der Universität East Anglia CRU

Im November 2009 wurden 61 MByte Daten aus dem CRU Hadley Center der East Anglia University von Unbekannten entwendet und frei ins Internet gestellt. Sie enthielten etwa 1079 vertrauliche Emails und 72 z.Teil hochbrisante Dokumente. Diese E-Mails zeigen, in welchem Ausmaß „Wissenschaftler" zur Durchsetzung ihrer ideologisch geprägten Auffassung fähig waren. Sie machten ihre Meinungsgegner mit unfairen und z.Teil die Grenze der Legalität überschreitenden Mitteln mundtot, diffamierten sie oder sorgten durch ihren Einfluss dafür, dass sie beruflichen Schaden erlitten und in Einzelfällen sogar ihre Arbeitsstelle verloren (s. hierzu auch das Lindzen-Interview unter 7.1). Eine der E-Mails bekundete Genugtuung über den Tod von John Daly im Jahre 2004, eines Marineoffiziers aus Tasmanien, der als wissenschaftlicher Laie durch seine äußerst gründlichen und vorbildlichen Meeresspiegelmessungen in der Wissenschaft Anerkennung fand. Eine weitere E-Mail enthüllte die internen Diskussionen darüber, wie die ermittelten Daten, die eine Temperaturabnahme zeigten, in den Diagrammen versteckt werden könnten, eine weitere, wie das Mittelalterliche Optimum wegdiskutiert werden könne. Die für die Peer-Review-Verfahren von Fachzeitschriften beauftragten Wissenschaftler, die diese Funktion eigentlich als unabhängige Referees wahrzunehmen haben, blockierten kritische Ausarbeitungen von Kollegen. Nachfolgend seien stellvertretend einige E-Mails zitiert:

Phil Jones, der Leiter des Headley-Zentrums über die Zurückhaltung von unabhängigen Temperaturstudien in einer beruhigenden Antwort an seinen verärgerten Kollegen Michael Mann: *„I can't see either of these papers being in the next IPCC report. Kevin and I will keep them* *out somehow - even if we have to redefine what the peer-review lite-rature is! (Ich kann nicht sehen, wie eine von diesen Studien in den nächsten IPCC-Report kommen kann. Kevin und ich werden sie irgend-wie draußen halten - selbst wenn wir dafür neu definieren müssen, was Peer-Review bedeutet.)"*

2005 geriet ein weiteres Fachmagazin ins Fadenkreuz des Teams, die Geophysical Research Letters. Der Herausgeber James Saiers wurde verdächtigt, ein Skeptiker der anthropogenen Erdewärmung zu sein. Wigley und Mann in einem E-Mail Austausch: *„If you think that Saiers is in the greenhouse skeptics camp, then, if we can find documentary evi-dence of this, we could go through official AGU channels to get him ous-ted... (Wenn Du glaubst, Saiers gehört zur Gruppe der Klimaskeptiker und wenn wir dafür dokumentierte Belege finden, könnten wir offizielle AGU-Kanäle benutzen, um ihn aus dem Amt zu verdrängen..")*

2003 war das „Hockey-Team" unzufrieden mit dem Climate Research Magazine, welches die Publikationen von Leuten erlaubte, die als Skepti-ker klassifiziert worden waren. Michael Mann schrieb an Jones im März 2003: *„This was the danger of always criticising the skeptics for not pu-blishing in the 'peer-reviewed literature'. Obviously, they found a solution to that - take over a journal! So what do we do about this? I think we ha-ve to stop considering „Climate Research" as a legitimate peer-reviewed journal. Perhaps we should encourage our colleagues in the climate re-search community to no longer submit to, or cite papers in, this journal"* (*„Das war die Gefahr, wenn man die Skeptiker immer dafür kritisiert, dass sie nicht in Peer-review Magazinen publizieren. Offensichtlich haben sie eine Lösung dafür gefunden - die Übernahme eines Journals! Was unternehmen wir also? Ich denke wir sollten damit aufhören, „Climate Research" als ein legitimes wissenschaftliches Journal anzusehen. Und wir sollten unsere Kollegen in der Klimawissenschaft dazu ermutigen, nicht mehr länger Artikel in diesem Journal zu veröffentlichen oder zu zitieren.")* Die Sünde, welche „Climate Research" begangen hatte, war die Publikation einer kontroversen Studie. Der innere Kreis der CRU wollte den Herausgeber dafür bestrafen. Jones enger Vertrauter Tom Wigley schrieb, nur um die Debatte anzuheizen, an Timothy Carter, der den Klimawandel für die finnische Regierung untersucht, *Herausge-ber Hans von Storch publiziere „Mist-Wissenschaft."* Prof. Hans von

Storch ist aktuell Direktor des deutschen Klimaforschungszentrums in Geesthacht sowie Professor für Meteorologie der Universität Hamburg und wurde im Buch schon mehrfach erwähnt. Und weiter in diesem E-Mail-Austausch: *Note that I am copying this view only to Mike Hulme and Phil Jones. Mike's idea to get editorial board members to resign will probably not work - **must get rid of von Storch too**, otherwise holes will eventually fill up with people like Legates, Balling, Lindzen, Michaels, Singer, etc. (.... müssen auch von Storch loswerden ....)*

Die Fälschung im wissenschaftlichen IPCC-Bericht von 2007 über den Zustand der Himalaya-Gletscher

Im Januar 2010 wurde die Weltgemeinschaft mit der Meldung überrascht, dass das vom Weltklimarat angekündigte Verschwinden der Himalajagletscher auf einem Fehler beruhe. Natürlich kann in einem wissenschaftlichen Bericht immer mal eine Zahl falsch sein. Jedoch muss man dann dazu auch stehen, die falsche Aussage unverzüglich revidieren und nicht alle Hebel in Bewegung setzen, den Fehler zu verteidigen. Genau dies geschah aber seitens der politischen IPCC-Führung. Im November 2009 setzte eine sehr scharfe Auseinandersetzung zwischen dem indischen Umweltminister und dem früheren Eisenbahningenieur der TATA-Company und jetzigen Weltklimarats-Chef, dem Friedens-Nobelpreisträger Rajendra Pachauri, ein. Der Umweltminister und indische Klimaforscher waren über die Aussage in dem IPCC-Bericht erstaunt, dass die Himalajagletscher im Jahre 2035 fast verschwunden sein sollen. In der Diskussion bezichtigte aber Pachauri den indischen Umweltminister schließlich sogar der Arroganz, er berücksichtige nicht die Arbeiten seriöser Wissenschaftler. Und überhaupt: anderslautende Aussagen als die des IPCC seien „Vodoo" -Wissenschaft.

Was war geschehen? Der russische Gletscherforscher V. M. Kotlyakov hatte 1996 einen umfangreichen Bericht für die UNESCO geschrieben und die Vermutung geäußert, durch die Erderwärmung könnten die Himalajagletscher im Jahre 2350 um 80% geschrumpft sein [98]. Diese Jahreszahl wurde ohne Kritik vom WWF (World Wildlife Fund), der über keine Klima-Expertise verfügt, akzeptiert und als Zahlendreher 2035 an das IPCC weitergegeben. Sie stand dann in dem IPCC-Bericht von 2007.

Tatsächlich war es kein Zahlendreher, denn auf die katastrophalen

Konsequenzen dieser Zahl kam es dem IPCC ja gerade an. Es ist unglaubwürdig, dass sich niemand im wissenschaftlichen Stab des IPCC, der für Kontrolle verantwortlich zeichnet, die Herkunft dieser Zahl nicht näher angesehen hätte! Die Himalaja-Gletscherschmelze gehörte zu den meist zitierten Katastrophenszenarien überhaupt. Millionen Mensch in Asien würden an Wassermangel leiden, an Durst sterben oder als Klimanomaden und Umweltflüchtlinge die westliche Welt überfluten.

Es war kein Zahlendreher, es war kalt kalkulierte Propaganda auf einer IPCC-intern bestens bekannten Unwahrheit in einer falschen Zahl von zentraler Bedeutung! Der besagte IPCC-Bericht verschwieg ferner ganz nebenbei, dass Experten davor gewarnt hatten, von einem statistischen Zusammenhang zwischen weltweitem Temperaturanstieg und immer häufigeren und schrecklicheren Umweltkatastrophen zu sprechen. Im IPCC-Bericht vom Jahre 2001 lesen wir es in Abschnitt 2.7, der sich ausführlich mit den Folgen eines Klimawandels auf Extremwetterereignisse befasste, noch völlig anders: Es gibt keine Beweise für zunehmende Extremwetterereignisse, Überschwemmungen, Hurrikane usw. (s. hierzu auch Kap. 6 des Buchs). Im Übrigen publizierte Kotlyakov im Jahre 2008 zum Thema der Komplexität der Klimaforschung und rückte dabei von seiner ehemaligen Vermutung zur Abnahme der Himalaja-Gletscher bis 2350 wieder ab [99]. Im Januar 2010 endlich war die Position von Pachauri unhaltbar geworden. Er räumte „Prognosefehler" im Bericht des IPCC vom Jahre 2007 ein. Den einzig angemessenen Schritt nach diesem IPCC-Informations-Desaster unternahm Pachauri leider noch nicht (Februar 2010) - seinen Rücktritt.

Die Fälschung im wissenschaftlichen IPCC-Berichts von 2007 über den Zustand des Amazonas-Regenwalds

Die Bedrohung des Regenwaldes am Amazonas stammt nicht vom Klimawandel sondern vom Holzeinschlag. Der ausführliche Artikel hierzu in [3].

Die Fragwürdigkeit der Berechnung von Globaltemperaturen

In Kap. 3 des Buchs wurde bereits beschrieben, wie fragwürdig der Begriff „globale" Erwärmung ist. Dies wird, wie sich inzwischen herausstellte, auch von den mit den einschlägigen Untersuchungen befassten

IPCC-Experten in vertraulichen E-Mails bestätigt. So schrieb Ex-CRU-Direktor Jones dazu in einer der ClimateGate Mails *„Even with the instrumental record, the early and late 20th century warming periods are only significant locally at between 10-20% of grid boxes."* *(Sogar gemäß Messungen ist die Erwärmung des frühen und späten 20. Jahrhunderts nur lokal zwischen etwa 10-20% der Überdeckungszellen signifikant).* Der Klimawandel auch und gerade der achtziger und neunziger Jahre des letzten Jahrhunderts muss also keineswegs global gewesen sein. Er könnte sich durchaus als bloßer Methoden-Artefakt herausstellen. Diese Frage wird leider erst in einigen Jahren, wenn das umfangreiche Datenmaterial von nunmehr unabhängigen Experten geprüft und ausgewertet worden ist, endgültig entschieden sein. Man braucht aber nicht unbedingt nur in entwendete E-Mails des Hadley-Zentrums hineinzusehen, um zu einer ähnlichen, die globale Erwärmung bezweifelnden Schlussfolgerung zu gelangen. Ein Blick in eine Fachveröffentlichung, der auch der medienpräsente deutsche Experte, Hans-Joachim Schellnhuber als Mitautor verantwortet, reicht ebenfalls aus, wie es unter 3.4 bereits beschrieben wurde.

Der Meteorologe Josph D'Aleo hat die Bedenken der Fachwelt den Globaltemperaturen gegenüber in folgenden vier Punkten zusammengefasst [1]:

1.) Die Computerprogramme zur Berechnung der Durchschnittstemperaturen wurden massiv verändert. Dadurch ist das Endergebnis nicht mehr der Durchschnitt von wirklichen Temperaturen an realen Orten. Stattdessen nutzen die Forscher Daten von Orten, die hunderte Kilometer entfernt sein können und wenden sie auf ein anderes Gebiet an.

2.) Die Anzahl der Messstationen ist dramatisch reduziert worden, von etwa 6000 bis in die späten 80er Jahre auf heute etwas mehr als 1000.

3.) Dabei sind vor allem solche Stationen eliminiert worden, die in kühleren Gegenden, in höheren Breiten oder höheren Höhen lagen, also solche, deren Temperatur niedriger ist.

4.) Die Temperaturen selbst wurden durch sogenannte „Homogenisierung" verändert, einem Prozess, der fast ausschließlich zu höheren Temperaturen zu führen scheint.

Das jahrelange, illegale Zurückhalten der Temperaturdaten des Headley-Zentrums, um eine unabhängige Kontrolle zu verhindern

Leider ist das Zurückhalten von Daten nicht nur im Hadley-Skandal eine von Forschern gelegentlich geübte, illegale Usance. Denn es ist zu bedenken, dass wissenschaftliche Daten mit dem Geld des Steuerzahlers ermittelt wurden und der momentane Besitzer kein Recht auf Zurückhaltung hat. Im angloamerikanischen Rechtsraum gibt es sogar ein „freedom of information act", also die juristisch verbindliche Verpflichtung zur Verfügbarstellung wissenschaftlicher Daten. Lassen wir nun stellvertretend eines der zahlreichen E-Mails selber sprechen, so z.B. das von Phil Jones im Jahre 2005 an Michael Mann: *The two MMs have been after the CRU station data for years. If they ever hear there is a Freedom of Information Act now in the UK, I think I'll delete the file rather than send to anyone. (Die beiden MM - Anmerkung: gemeint sind die Statistiker McIntyre und McKittrick - sind schon Jahre hinter den CRU-Daten her. Wenn sie jemals herausbekommen, dass es nun in England ein Gesetz zur Freiheit der Information gibt, werde ich die Daten eher löschen, als sie irgend jemand zur Verfügung zu stellen).*

Schlussendlich soll noch eine E-Mail von Kevin Trenberth vom 14. Okt. 2009 an Michael Mann zitiert werden, aus der hervorgeht, wie viel von den Beteuerungen der IPCC-Fraktion zu halten ist, die gegenwärtige globale Abkühlung seit etwa 10 Jahren existiere nicht, oder sie sei nur ein Interludium der Natur:

The fact is that we can't account for the lack of warming at the moment and it is a travesty that we can't. The CERES data published in the August BAMS 09 supplement on 2008 shows there should be even more warming: but the data are surely wrong. Our observing system is inadequate. (Tatsache ist, dass wir das momentane Ausbleiben der Erwärmung nicht erkären können, und es ist ein Witz, dass wir's nicht können. Die CERES Daten, veröffentlicht im Aug. BAMS 09 Anhang 2008 zeigen, dass es sogar noch mehr Erwärmung geben müsste: aber die Daten sind sicher falsch. Unser Beobachtungssystem ist inadäquat)

Diese Beispiele von „ClimateGate" mögen genügen. Ob aus ihnen rechtswidrige Handlungen der beteiligten Forscher im strafrechtlichen Sinne ableitbar sind, wird in in England und den USA gegenwärtig rechtsanwaltlich geprüft. Phil Jones, der Direktor des Headley-Zentrums, ist bis zur Klärung dieser Fragen von seinem Amt zurückgetreten. Dies trifft aber nicht den Punkt. Die E-Mails der IPCC-Advocacy-Experten und alle weiteren, bis heute aufgedeckten Verfehlungen des IPCC zeigen ein Verhalten und eine im Graubereich liegende, fast als kriminell zu bezeichnende Energie nicht nur eines einzelnen Forschers (so etwas gab es und wird es immer wieder geben), sondern einer maßgebenden und weltweiten **Gruppe von Wissenschaftlern und der politischen Führung des IPCC**. Die Vorgänge erinnern an die Usancen dunkler Geschäftsbetrüger, nicht an die von honorigen, öffentlich bestallten Professoren. Da weitreichende und kostspielige politische Entscheidungen auf der Aussagenbasis genau dieser Leute, die ganz offensichtlich vor keiner Durchstecherei zurückschreckten, in vielen Ländern der westlichen Welt getroffen wurden und leider immer noch getroffen werden, sollten sich Politiker, die ihren Wählerauftag ernst nehmen, den folgenden Vorschlägen dieses Buchs anschließen:

Die IPCC-Berichte sind der Begutachtung unabhängiger Experten zu unterziehen, wobei insbesondere auch ausreichend viele Kritiker-Fachleute in den Expertengruppen vertreten sein müssen. Solange das Ergebnis dieser Reviews nicht feststeht, sind kostspielige CO_2-Emissionsvermeidungsaktionen auszusetzen. Das IPCC ist aufzulösen!

Die Klimawissenschaft muss wieder in Ruhe ihrer Arbeit nachgehen können und in guter wissenschaftlicher Tradition wertneutral werden. Wissenschaftliche Resultate - vor allem unsichere - dürfen nicht als Speerspitzen eines undemokratischen Feldzugs zur Durchsetzen grüner Ideologien missbraucht werden, wie es auch in Deutschland insbesondere von einigen PIK-Professoren gehandhabt wird.

8 Energie

Die Wahrheit ist unser kostbarstes Gut,
setzen wir sie sparsam ein!
(Mark Twain)

Energiepolitik und CO_2-Problematik gehören zusammen, denn Kraftwerke, die auf der Verbrennung von Erdöl, Erdgas oder Kohle basieren, sind Quellen anthropogener CO_2-Emissionen. Wir wissen inzwischen, dass eine maßgebliche globale Erwärmung durch anthropogenes CO_2 höchst unwahrscheinlich ist, um es zurückhaltend auszudrücken. Heißt dies nun in logischer Konsequenz, wir können mit unserem bisherigen Energieverbrauch so weitermachen wie bisher? „Nein"! Grund sind aber nicht die CO_2-Emissionen, sondern der zunehmende Preis fossiler Brennstoffe infolge ihrer Endlichkeit. Insbesondere ist hierbei das zwar noch lange verfügbare, aber zunehmend kostspieliger aus dem Boden zu gewinnende Erdöl angesprochen. Erdgas und Kohle werden dagegen für die Menschheit noch für längere Zeit mit moderatem Förderaufwand zur Verfügung stehen.

Insbesondere das Erdöl wird von kommenden Generationen für die chemische Industrie und als hochwertiger Treibstoff für Flugzeuge benötigt. Es ist daher zunehmend weniger sinnvoll, Erdöl und später auch Erdgas für Heizung und Erzeugung von Elektrizität durch den Schornstein zu jagen. Wird, wie in diesem Buch propagiert, durch eine nachhaltige umweltgerechte Energiewirtschaft das Verbrennen von Erdöl und Erdgas reduziert, entfallen damit naturgemäß auch die hierbei anfallenden CO_2-Emissionen. Ferner entspannen sich für Deutschland globalpolitische Konfliktherde, denn Erdöl und Erdgas stammen vorwiegend aus politisch unsicheren Regionen. Mit der hier aufgestellten Forderung, das Verbrennen von Öl und Gas so rasch wie möglich zu reduzieren, scheint auf den ersten Blick Übereinstimmung mit den Forderungen der IPCC-

Meinungsvertreter in Deutschland zu bestehen. Dies trifft aber nicht zu.

Zunächst einmal wäre damit das hier über viele Kapitel behandelte CO_2-Problem, falls es überhaupt real existiert, keinesfalls gelöst, denn es verbleibt noch die Kohleverbrennung. Außerdem kann die gegenwärtige Politik in Deutschland, die auf dem so wirkungsvollen Katastrophenbild einer apokalyptischen, globalen Erwärmung durch menschgemachtes CO_2 basiert, nicht einfach zurückgedreht werden. Dieses Bild hat infolge jahrelanger Desinformation der deutschen Öffentlichkeit den Charakter einer unverrückbaren Schadens-Ikone angenommen. Der politische Glaubwürdigkeitsverlust wäre zu hoch. Und noch eines ist zu betonen:

CO_2 verbreitet sich überall in der Atmosphäre, so dass alle Reduktionsmaßnahmen - seien sie nun sinnvoll, oder nicht - zwangsweise nur unter globalen Gesichtspunkten wirken. In globalem Maßstab ist der deutsche Beitrag an CO_2-Vermeidung, wie er durch Windräder und Solarstromanlagen erzielt werden kann, praktisch Null. Deutsche Windräder oder Solarstromanlagen können nicht mit dem Argument gestützt werden, eine gefährliche globale Zunahme des Treibhausgases CO_2 zu verhindern.

Im Hinblick auf deutsche CO_2-Vermeidung kann nur von einer volkspädagogischen Maßnahme die Rede sein, wobei die Frage entsteht, wer erzogen werden soll. Da wir in Deutschland, völlig unabhängig von unserem energiewirtschaftlichen Gebaren, keinen Einfluss auf die Kohlendioxidbilanz des Globus ausüben können, kann mit Erziehung doch wohl nur die anderer Nationen gemeint sein. Dieses Thema kennen wir aber doch schon aus unserer unseligen Vergangenheit und sollten noch einmal überdenken, ob wir unbedingt wieder die ganze Welt von der ungemeinen Gefährlichkeit der Kernenergie und der ebenso ungemeinen „Nützlichkeit und Wirtschaftlichkeit" von Windrädern und Photovoltaik überzeugen müssen.

Die wichtigste sachliche Frage ist nunmehr die, welche Formen der Energiegewinnung in Deutschland in welchem Zeitraum am sinnvollsten sind. Ein Umschwenken muss früher oder später erfolgen, dies steht außer Frage. Mögliche Antworten werden hierzulande besonders kontrovers und emotionsgeladen diskutiert, weil sie hoffnungslos mit Ideologie überfrachtet sind. Im Folgenden werden die wichtigsten Punkte einer

ideologiefreien, nationalen Energiepolitik mit den wichtigsten Neben-
aspekten beleuchtet. Das Thema gäbe Stoff für ein weiteres Buch ab
und kann hier nur knapp behandelt werden. Um eine ausreichende Dis-
kussionsbasis zu erhalten, werden im folgenden Abschnitt zunächst die
gesetzlichen Fördermaßnahmen der deutschen Regierung für alternative
Energien zusammengestellt.

8.1 Maßnahmen der deutschen Bundesregierung

Die folgende Zusammenstellung zeigt die fiskalischen und technisch-
wirtschaftlichen Maßnahmen, mit denen der deutsche Staat den Energieverbrauch im Hinblick auf Umwelt- und Klimaschutz steuern will:

Kyoto-Protokoll:
Die CO_2-Emissionsreduzierungen, die mit dieser Vereinbarung verknüpft
sind, sollen an dieser Stelle nicht im Einzelnen geschildert werden. Eine
kritische Zusammenstellung bieten sogar Rahmstorf und Schellnhuber
[135], einer von beiden war Mitglied der deutschen Delegation in Kyoto. Sogar von diesen fast missionarischen Vertretern der kommenden
Klimakatastrophe wird das leider noch nicht in die breitere Öffentlichkeit gelangte Faktum eingestanden, dass das Kyoto-Protokoll nutzlos
ist und es nur als politischer Einstieg in weit massivere Maßnahmen
angesehen werden kann. Auf Grund seiner sachlichen, nicht politischen
Irrelevanz wird das Kyoto-Protokoll hier nicht weiter behandelt.

Emissionshandel:
Die Bezeichnung lässt an den ehemaligen Ablasshandel der römisch-
katholischen Kirche denken, der durch Martin Luther zum Schisma führte. Beim Emissionshandel wird jedem Staat eine jährliche Obergren-
ze der Emissionen festgesetzt, und dementsprechend werden Zertifikate
verteilt oder versteigert. Die Vorstellung ist dabei, einen Knappheits-
preis für CO_2 zu erzeugen. Vermittels handelbarer Zertifikate können
Betreiber von Kraftwerken entscheiden, ob es kostengünstiger ist, CO_2-
Emissionen zu reduzieren und nicht benötigte Rechte zu verkaufen oder
umgekehrt zusätzliche Zertifikate zu erwerben. Die sog. Verschmutzungs-
rechte gelten sogar für Klimaschutzprojekte in Entwicklungsländern. Der
abstruse Mechanismus der Zertifikate arbeitet allerdings nicht zufrie-

denstellend, weil in einer ersten Phase zuviele Rechte verteilt wurden. Um eine stellvertretende Größenordnung zu nennen, belastet der CO_2-Emissionshandel die deutsche Wirtschaft und den Verbraucher bis zum Jahre 2020 mit 84 Milliarden Euro, so berichtet es des Handelsblatt vom 30.1.2008.

Letzlich ist der Emissionshandel nur eine weitere Steuer auf Elektrizität, denn alle Kosten dieses unsinnigen und für den Naturschutz völlig unwirksamen Handels werden dem Verbraucher entzogen und landen in den Taschen des deutschen Fiskus.

Das im Jahre 2000 auf den Weg gebrachte Gesetz wurde im Jahre 2004 nachgebessert, wobei die Fördersätze, vor allem der Stromeinspeisung, je nach Energiequelle noch einmal erhöht wurden. Gleichzeitig wurde die Senkung der Subventionen vereinbart, um die erneuerbaren Energien mittelfristig konkurrenzfähiger zu machen [30].

Bild 8.1 zeigt nun die Aufteilung der Stromerzeugung in Deutschland. Hierbei ist zu beachten, dass wegen der unterschiedlichen Benutzungsdauern der verschiedenen Kraftwerksarten die Anteilsverteilung bei der Leistung und der Arbeit sehr verschieden ist. Da die Kernkraftwerke die niedrigsten Brennstoffkosten aller thermischen Kraftwerke aufweisen, wird dort aus wirtschaftlichen Gründen eine möglichst hohe Benutzungsdauer angestrebt (über 7000 h). Bei den dargebotsabhängigen Energien ist die Benutzungsdauer im Wesentlichen durch das Dargebot von Wind (1.800 h Onshore, 4000 h Offshore) und Photovoltaik (800 h) abhängig.

Gesetz über erneuerbare Energien (EEG):
Das EEG-Gesetz wurde geschaffen, um die Nutzung von Wind, Sonne, Wasserkraft und Biomasse zur Gewinnung von elektrischem Strom zu fördern. Das EEG oktroyiert dem wehrlosen Verbraucher via Zwang auf die Netzbetreiber unwirtschaftlichen Ökostrom auf, was zu den höchsten Strompreisen in Europa führte. Wenn diese neue Steuer in ordnungsgemäßer Haushaltsausweisung in die Bundeskasse fließen würde, wäre dies nicht einmal das Schlimmste. Tatsächlich erfolgt aber etwas anderes. Das Geld wird den Windrad- und Photovoltaikbetreibern als Subventionen ihrer Anlagen direkt überschrieben. Wir haben es hier mit einem Schattenhaushalt zu tun, der einer verfassungsrechtlichen Prüfung kaum standhalten würde. Es wurde hier bereits schon einmal betont:

Der vernünftige Zeitgenosse, der sich weigert, eine hoch unwirtschaftliche Form der Energieerzeugung (Photovoltaik) auf sein Hausdach zu schrauben, wird gezwungen, diese Maßnahme seinem Nachbarn zu finanzieren.

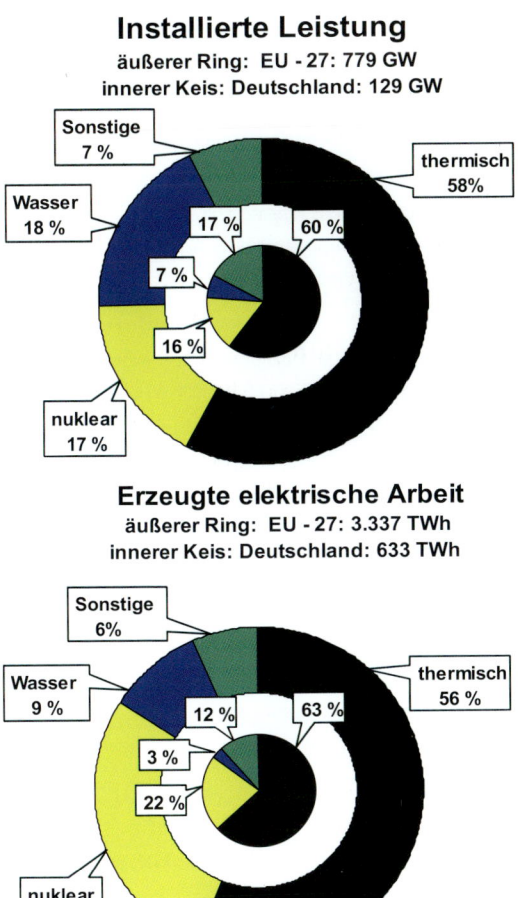

Bild 8.1: Stromerzeugungsmix in Europa und Deutschland in 2007 [2]

Öko-Steuer:

Mit dieser Steuer auf Benzin und Strom, die ausschließlich den privaten Verbraucher betrifft, soll zum sparsameren Energieverbrauch beigetragen werden. Die Erlöse aus dieser Steuer fließen in die Rentenkasse.

Kraft-Wärme-Koppelung (KWK):

Im Gegensatz zu rein thermischen Kraftwerken wird bei der KWK gleichzeitig elektrischer Strom und Wärme abgegeben und hierdurch ein höherer Gesamtwirkungsgrad als bei der reinen Stromerzeugung erreicht. Der Wirkungsgrad eines Kraftwerks wird von der Temperaturdifferenz zwischen dem oberen und unteren Temperaturgrenzwert des Kraftwerksprozesses bestimmt, wobei das Kühlwasser mit dem unteren Grenzwert von beispielsweise 30 ^{0}C in der klassischen Anlage nutzlos abgeleitet wird und die im Kühlwasser enthaltene Wärme somit verloren ist. Hebt man dagegen die Temperatur des Kühlwassers auf beispielsweise 60 ^{0}C an, sinkt zwar der Wirkungsgrad der Elektrizitätserzeugung, das Kühlwasser ist nun aber für Heizungszwecke nutzbar, so dass Elektrizitätserzeugung und Heißwassererzeugung zusammen einen höheren Gesamtwirkungsgrad aufweisen.

Dabei muss allerdings ein Abnehmer für die Kühlwasserwärme zur Verfügung stehen, in aller Regel ein Fernwärmenetz, das bei Neubau mit hohen Investitionskosten verbunden ist. Bei Kraftwerken ohne KWK geht die Restwärme, wie schon erwähnt, über den Kondensator und Kühlturm an die Umwelt verloren. Im Vergleich zu den momentan besten Technologien der getrennten Erzeugung von elektrischem Strom und Wärme können mit KWK-Anlagen etwa 10% bis 25% an Primärenergie (Kohle, Gas) eingespart werden. Die Energiewirtschaft hat in 2001 zugesagt, die KWK auszubauen. Die Vereinbarung mit der Energiewirtschaft wird durch ein entsprechendes Gesetz des Jahres 2002 ergänzt.

Förderung von Heizanlagen und Gebäudesanierung:

Der Einbau von Heizungen, die erneuerbare Energien verwenden, also von Sonnenkollektoren, Wärmepumpen etc. wird staatlich gefördert, ebenso die Wärmedämmung von Dächern und Fenstern. Das Förderprogramm wird von der Kreditanstalt für Wiederaufbau (KfW) verwaltet und wies für den Zeitraum von 2006 bis 2009 jährlich etwa 1,4 Milliarden Euro auf. Inzwischen wurden die Bestimmungen geändert.

Energieausweis:
Grundlage für diesen Ausweis, der inzwischen auch für bereits bestehende Häuser bei Eigentumswechsel verlangt wird, ist die Energie-Einsparverordnung, die vor kurzem noch durch eine Zusatznovelle verschärft wurde. In dieser Verordnung werden verbindliche Richtlinien gesetzt, wobei eine europäische Vorschrift in nationales Recht umgesetzt wurde.

Bio-Treibstoff:
Benzin aus Pflanzen, also Bio-Ethanol oder Bio-Diesel war jahrelang steuerbefreit, weil bei Verbrennung nur das CO_2 freigesetzt wird, das zuvor in den Pflanzen gebunden war. Die CO_2-Bilanz verschlechtert sich aber deutlich, wenn der Energieaufwand zur Erzeugung dieser Treibstoffe mitberücksichtigt wird. Zwischen 2002 und 2006 hat sich auf Grund der steuerlichen Vorteile die Produktion von Bio-Treibstoff in Deutschland vervierfacht. Seit August 2006 wird aber auch Bio-Sprit besteuert, ferner eine Beimischung in konventionelle Treibstoffe vorgeschrieben. Über die ökologischen Nachteile von Bio-Sprit ist bereits viel publiziert worden. Dieser Ersatz für fossilen Treibstoff ist unter Umweltgesichtspunkten hochgradig schädlich [45]. Um einen 100-Liter-Tank mit Bioethanol zu füllen, braucht man soviel Getreide, wie ein Mensch lebenslang zur Nahrung benötigt. Gemäß einer US-Studie ist Bio-Treibstoff stark umweltschädlich [167], was nicht verwundert, wenn man allein den hohen landwirtschaftlichen Flächenverbrauch und das Verdrängen der Produktion von Nahrungspflanzen in Betracht zieht. Der brasilianische Regenwald wird abgeholzt, um für Soja und weitere Kulturpflanzen, aber auch für die Viehhaltung Platz zu schaffen, die wiederum von dem Zuckerrohranbau zum Zweck der Biotreibstoffgewinnung verdrängt wurde [41]. Zur Herstellung von einem Liter Bioethanol werden etwa 4500 Liter Wasser verbraucht [177].

CO_2-Steuer
Diese, in 2009 eingeführte neue KfZ-Steuer ist jedem Autofahrer geläufig. Sie ist an Widersinn unüberbietbar, wie es jeder Chemiker bestätigen kann. Die Kraftstoffverbrennung im Motor erzeugt nämlich in stöchiometrischem Verhältnis zur verbrannten Benzinmenge das Naturgas CO_2, und dieses Verhältnis kann nicht verändert werden. Somit ist die CO_2-Steuer eine Benzin-Steuer - je weniger Sprit ein Auto verbraucht, umso weniger CO_2 erzeugt es. Über eine zusätzliche Benzinsteuer hätte

sich der Wähler allerdings in gefährlicher Weise erregt, eine CO_2-Steuer konnte die Politik dagegen mit der Rettung der Welt vor dem „Wärmetod" begründen. Die CO_2-Steuer ist, salopp ausgedrückt, nichts anderes als Verdummung des Autofahrers, denn unter 5.1 hatten wir bereits überschlägig berechnet, dass die Größenordnung von CO_2 aus weltweitem Autoverkehr und weltweiter Atmung aller Menschen etwa die gleiche ist. Diese Abschätzung kann jeder Gymnasialschüler nachvollziehen.

Zieht man nüchterne Bilanz, sind in der bundesdeutschen Agenda vernünftige Maßnahmen Mangelware. Sinnvoll ist die Förderung der unspektakulären, aber energiesparenden Heizanlagen, die Förderung der Gebäudesanierung, der Energieausweis und vor allem die Kraft-Wärme-Koppelung. Alle anderen Maßnahmen der deutschen Regierung sind entweder unwirksam oder belasten den Konsumenten, ohne dass irgendeine Form von nachhaltigem Umweltschutz oder gar wirtschaftlicher Stromerzeugung gegeben ist. Auch Amüsantes darf dabei nicht fehlen, denn das Glühlampenverbot der EU in 2009 erinnert an die Verrücktheiten, mit denen Gulliver während seiner Besuche bei exotischen Zwerg- und Riesenvölkern konfrontiert wurde.

Die Kritik wird in den kommenden Abschnitten im Einzelnen belegt. Zur Einstimmung sei aber zuerst ein Artikel von Stefan Dietrich aus der FAZ vom 16.1.2007 zitiert, der die Inkonsequenz und Sinnlosigkeit der deutschen Umwelt- und Energiepolitik schildert und nichts an Aktualität verloren hat. Er ist nachfolgend in Auszügen auszugsweise wiedergegeben:

Richtigerweise machen sich Politik und Öffentlichkeit Gedanken über die Zuverlässigkeit unserer russischen Öl- und Erdgaslieferanten. Aber wie ist es eigentlich um die Verlässlichkeit der deutschen Politik auf dem Energiesektor bestellt? In den sechziger und siebziger Jahren gab es eine große Koalition der Atomfreunde, von der die SPD schon in den Achtzigern nichts mehr wissen wollte. Die rot-grüne Regierung Schröder zwang die Konzerne schließlich, die Kernkraftwerke vorzeitig abzuschreiben, und konzentrierte alle Förderinstrumente auf den Ausbau der Wind- und Solarenergie. Welche Farbe die Bundesregierung im Jahr 2020 haben wird, wenn 20 Prozent des deutschen Strombedarfs mit erneuerbaren Energien gedeckt werden sollen, weiß niemand. Mit ziemlicher Sicherheit aber wird sie die Energiepolitik der Jahrtausendwende in Grund und

Boden verdammen - und abermals eine Wende einleiten. Denn bis dahin wird der erste Öltanker auf einen der zu Hunderten in Nord- und Ostsee stehenden Rotormasten geprallt sein; es wird mehrfach zu Netzzusammenbrüchen mit europäischen Auswirkungen gekommen sein, und es wird immer lautere Kritik daran geben, dass Deutschland zwar bei der Nutzung erneuerbarer Energien mit an der Weltspitze liegt, aber beim Klimaschutz trotzdem schlecht abschneidet........... All das sind absehbare Folgen des von Rot-Grün eingeschlagenen und von der großen Koalition fortgeführten Kurses.............Die Warnungen von Energiefachleuten, dass der Ausbau der Regelenergie mit dem der Windkraft nicht Schritt halte, werden buchstäblich in den Wind geschlagen. Und krampfhaft beschwiegen wird, dass der Neubau von Kohle- und Gaskraftwerken mit Sonderregelungen bei der Vergabe von Emissionsrechten forciert werden soll. Das passt nun wirklich nicht mehr in die von Umweltminister Gabriel beschworene schöne neue Welt der „Erneuerbaren" . Aber sein Parteichef Beck will es nun einmal so, weil er ahnt, dass das rot-grüne Konzept nicht aufgeht: Mit Sonne, Wind und Gasturbinen allein lassen sich die deutschen Kernkraftwerke bis 2020 nicht ersetzen. Diese Rechnung hat immer nur auf dem Papier gestimmt. Schon das Klimaschutzziel der Regierung Kohl, das sich die erste Regierung Schröder ausdrücklich zu eigen machte - den Kohlendioxydausstoß von 1990 bis 2005 um 25 Prozent zu senken -, wurde vorzeitig begraben. Es war nicht realistisch. Wie realistisch ist die Zusage, die Gabriel kürzlich auf der Klimaschutzkonferenz in Nairobi abgab: vierzig Prozent weniger CO_2 bis 2020 in Deutschland, falls sich die EU insgesamt auf ein Reduktionsziel von dreißig Prozent verpflichtet? Überhaupt nicht. Schon die Konditionierung macht deutlich dass sie nicht ernst gemeint war. In Wirklichkeit ist in Deutschland gegenwärtig der Bau von 38 Gas- und Kohlekraftwerken mit einer Gesamtleistung von 24.000 Megawatt und einem jährlichen Kohlendioxidausstoß von 120 Millionen Tonnen geplant. Das ist genau die Emissionsmenge, die von den bestehenden Kernkraftwerken vermieden wird. Mit diesen Investitionen würde das Klimaschutzziel der Regierung Kohl für 2005 nicht einmal im Jahr 2020 erreicht. Gabriel aber verkündet weiter, die Leistung der auslaufenden Kernkraftwerke könne mühelos durch erneuerbare Energien kompensiert werden, ohne dass die Emissionen zunehmen. Und die sogenannte kritische Öffentlichkeit rech-

net nicht einmal nach, ob das denn stimmen kann. Einem Publikum, das sich im Fernsehen dampfende Kühltürme von Kernkraftwerken als Giftschleudern vorsetzen lässt, ohne zu protestieren, kann man vieles weismachen. Klimaschutz ist populär, Atomkraft wird abgelehnt - es genügt, diese Einstellung zu vertreten, um selbst populär zu sein. Da diese Politik aber auf Ideologie beruht, wird sie der Realität nicht standhalten. Jede Wette: Die erste Ölpest an den Stränden Ostfrieslands wird auf die SPD großen Eindruck machen. Und wenn Deutschland beim Klimaschutz ins Hintertreffen gerät, werden Sozialdemokraten gegen die „Dreckschleudern" zu Felde ziehen, die sie jetzt heimlich fördern. Vorerst aber sorgt sich die Koalition vorwiegend um die finanzielle Absicherung der Offshore-Investoren. Während Windpark-Betreiber an Land ihre Anschlusskosten selbst tragen müssen, wurden die milliardenschweren Kosten für die Seekabel kurzerhand auf die Verbraucher abgewälzt. Sollten sich die Offshore-Windplantagen als Fehlinvestitionen erweisen, würde der dann fällige neue „Energiekonsens" für die Verbraucher noch erheblich teurer als der letzte. Denn die privaten Investoren, die jetzt mit der Aussicht auf zweistellige Renditen Milliarden ins Wasser setzen, werden nach ihrer Insolvenz kaum für die Beseitigung ihrer Anlagen geradestehen. Und die Konzerne, die im Vertrauen auf die Zuteilung günstiger Emissionsrechte neue Kohlekraftwerke errichten, würden ebenfalls den Staat in Regress nehmen, falls die Politik wieder davon abrückte. Die Finnen werden es noch hell und warm haben, wenn in Deutschland die Lichter ausgehen. Sie setzen auf kontinuierliche Stromproduktion aus Biomasse und auf die besonders energieeffiziente Kraft-Wärme-Koppelung. Die Grundlast wird mit Nuklearstrom gedeckt. Das ist ein vernünftiger Energiemix. Aber Finnland hat auch das bessere Bildungssystem.

8.2 Weltbevölkerung und Energieverbrauch

Eine allgemein akzeptierte Form von nachhaltiger, umweltschonender Energieerzeugung gibt es nicht. Allerdings ist ein weltumspannender Trend in Richtung Kernenergie festzustellen [28], wobei die höchste Wirtschaftlichkeit der Kernkraft, verglichen mit allen anderen Energieerzeugungsarten, sowie die politisch oft unsichere Versorgungssituation von Erdöl und Erdgas die maßgebenden Faktoren sind. Angesichts einer näher rückenden Verknappung des Erdöls wird die Abhängigkeit der reichen Industrieländer von oft unstabilen Förderregionen immer gefährlicher. Die Politik in Deutschland will dagegen die Kohleverbrennung ausbauen, was primär und für einen begrenzten Zeitraum weniger Jahrzehnte, wie weiter unten gezeigt wird, gar nicht einmal unvernünftig ist. Dabei erweist sich nun die jahrelange Indoktrination über die Klimaschädlichkeit des CO_2 als kontraproduktiv. Durch massive Einsprüche und Gerichtsurteile, ist im Deutschland des Jahresbeginns 2010 kein Neubau eines größeren Kohlekraftwerks mehr durchsetzbar.

Betrachten wir nun den Ressourcenverbrauch global! Warum braucht die Menschheit soviel Energie? Hierauf gibt es viele Antworten, die wesentliche ist aber:

> Zuviele Menschen bevölkern die Erde, welche auf akzeptablem zivilisatorischen Niveau wohnen, kochen und vielleicht auch autofahren wollen.

Den Beweis, dass dies zutrifft, würde eine Untersuchung liefern, die zeigte, wie mit einer zeitkonstanten halbe Milliarde Menschen anstelle von nunmehr etwa 6,5 Milliarden diese halbe Milliarde in hochindustrialisierten Ländern leben würde. Umwelt- und Energieprobleme der Menschheit gäbe es nicht mehr. Bereits die heute anstehenden Katastrophen, die sich aus dem ungebremsten Wachstum der Bevölkerungen unterentwickelter Länder ergeben, lassen die CO_2-Problematik ins Lächerliche zurücksinken. Eine Milliarde Menschen ohne sauberes Trinkwasser und ausreichende Nahrung, ausufernde Slums in Großstädten, die die Zehn-Millionen-Einwohnergrenze längst überschritten haben und unregierbar geworden sind, sich abzeichnende Kriege nicht mehr um Öl sondern um Wasser, sinkende Grundwasserspiegel, Immigrationsdruck sowie drohende Pandemien durch zu enge räumliche Verbindungen von Nutztieren und Bevölkerung sind spontan zu nennen.

Die wirkungsvollste und humanste Umweltschutzmaßnahme, sowie zugleich die beste Maßnahme des Energiesparens bestünde daher in einer Begrenzung der Weltbevölkerung, die sehr langfristig in ein behutsames Rückfahren übergehen sollte.

Über einen sinnvollen endgültigen Bevölkerungsstand unseres Planeten gibt es sicher unterschiedliche Auffassungen, aber es scheint festzustehen, dass die gegenwärtige Zahl von über sechs Milliarden bereits viel zu hoch ist. China hat für die eigene Nation über den Zeitraum von inzwischen zwei Generationen schon mit rigiden Begrenzungsmaßnahmen gehandelt. Irgendwann einmal wird man den Weg in Richtung von mindestens einem Weltbevölkerungsstillstand gehen müssen, denn fortlaufendes Wachstum stößt unabdingbar immer an katastrophale Grenzen.

Durch ihren politischen Einfluss in der EU und in internationalen Organisationen kann die deutsche Politik die internationale Agenda zur Begrenzung der Weltbevölkerung beeinflussen. Über Entwicklungshilfe, die an wirkungsvolle Maßnahmen des Empfängerlandes zur Eindämmung des Bevölkerungswachstums gebunden ist, könnte sanfter, spürbarer Druck ausgeübt werden. Entwicklungshilfe kann ferner wesentlich wirkungsvoller als bisher eingesetzt werden.

Gut angelegtes Geld wäre in der Schul- und Universitätsausbildung des Empfängerlandes aufgehoben, wobei mit Schulbildung nicht das Auswendiglernen von Religionsbüchern gemeint ist. Warum nicht deutschen Lehrern ohne Anstellung die Möglichkeit der Arbeit in Entwicklungsländern geben? Familienplanung könnte finanziell unterstützt werden usw. Insbesondere ist der Bildungsstand von Mädchen und jungen Frauen zu fördern, denn die Zusammenhänge zwischen Bildung und späterer Familiengröße sind bekannt. Die deutsche Politik sollte sich nachdrücklich von allen Staaten distanzieren, die eine Gleichstellung von Frauen behindern, auch wenn dies mit momentanen politischen Nachteilen verbunden ist. Alle diese Maßnahmen machten Sinn und würden sich im Gegensatz zu der auf andere Nationen bereits befremdlich wirkenden, schullehrerhaften Propagierung einer völlig nutzlosen CO_2-Vermeidung langfristig günstig auswirken.

8.3 Energiesparen

Eine wichtige Säule der Energiewirtschaft auf nationaler Ebene ist das Energiesparen. Hier ist die Technik zum Teil auf dem richtigen Weg, insbesondere im Gebäudesektor, der Beleuchtung mit LED's etc. Allerdings steckt der Teufel im Detail. Wenn man beispielsweise für Wartung und Reparatur einer energiesparenden Heizungsanlage mehr Geld ausgeben muss, als man an Brennstoffkosten einspart, trägt dies nicht zu dem erwünschten Sparwillen bei. Einigen Lesern werden vielleicht Hausbesitzer bekannt sein, die ihre alte abgelaufene Heizungsanlage gerne gegen eine energiesparende Brennwertheizung ausgetauscht hätten, aber auf private Meinungsnachfrage bei einem befreundeten Heizungsmonteur hin wieder auf einen robusten älteren Anlagentyp mit höherem Verbrauch zurückgriffen. Man kann es ihnen nicht verdenken.

Der Gesetzgeber sollte sich daher auch einmal um Maßnahmen Gedanken machen, wie der Verbraucher vor Herstellern umweltgerechter Anlagen geschützt werden kann, die durch überhöhte Wartungsaufwendungen infolge leichtfertig in Kauf genommener oder gar bewusst eingebauter Mängel unnötige Kosten verursachen. Wenn beispielsweise, wie in der Brennwertanlage des Verfassers geschehen, Dichtungsringe mangelnder Qualität nur von einem Fachmann im Rahmen von auffällig kurzen Wartungsintervallen immer wieder zu Höchstpreisen ersetzt werden müssen, soll der ein Schelm genannt werden, der sich hierbei etwas Böses denkt.

> Bei Energiesparmaßnahmen müssen wieder mehr Techniker und weniger Volkswirte oder Juristen das politische Sagen und Entscheiden haben.

Bereits einfache Rechnungen, die jeder Fachmann, aber auch jeder Laie, der in der Schule ein wenig aufgepasst hat, bei ausreichender Information über Ressourcen, Kosten und elementaren physikalischen Gesetzen mit einem Taschenrechner durchführen kann, legen offen, ob es beispielsweise sinnvoll ist, per Gesetzgebung Glühbirnen zu Gunsten von Sparleuchtbirnen zu verbieten, die Photovoltaik auf Hausdächern zu fördern, Windräder zu installieren etc.

Betrachten wir beispielsweise die Glühbirnenfrage! Da weltweit knapp ein Fünftel der erzeugten elektrischen Energie für Beleuchtungszwecke verwendet wird, sind Sparmaßnahmen auf dem Beleuchtungssektor interessant. Schon in einem Einfamilienhaus, das ausschließlich mit Glühbirnen beleuchtet wird, kann der konsequente Einsatz von Sparlampen je nach Beleuchtungsgewohnheiten der Bewohner die jährliche Stromrechnung spürbar verringern. Zur Grobabschätzung genügt ein Blick auf die Gesamtstromkosten der Jahresabrechnung, von denen grob 20% den Beleuchtungsanteil ausmachen. Sparlampen weisen bei gleicher Lichtstärke nur etwa ein Fünftel des Stromverbrauchs von gleich hellen, klassischen Glühlampen auf. Damit errechnen sich die eingesparten Kosten bei ausschließlicher Verwendung von Sparlampen als 80% von 20%, also grob 15% der Kosten des Hauses für elektrischen Strom, denn der etwa 10fach höhere Anschaffungspreis einer Sparlampe (Grobwerte: Glühlampe 1 Euro, Sparlampe 10 Euro) wird durch ihre etwa 15fach längere Lebensdauer wieder wett gemacht. Als Nachteil ist die oft als unangenehm empfundene Spektralverteilung von Sparlampen zu nennen. Ferner mindert die Heizwirkung von Glühlampen im Winter infolge eingesparter Heizkosten die Rechnung wieder ein wenig. In Zukunft werden an die Stelle der Sparlampen wohl die sehr energiegünstigen und vor allem optisch interessanteren Leuchtdioden treten, so dass auf dem Beleuchtungssektor wirksame Einsparmöglichkeiten bestehen, ohne Einbußen an Beleuchtungsqualität hinnehmen zu müssen. Gesetzliche Maßnahmen, die Glühbirnen verbieten, sind aber angesichts der geschilderten Größenordnungen maßlos übertrieben und werden die Energiesituation in Deutschland nicht entscheidend verbessern.

Ein zweites Beispiel liefert die Solarenergie. Hier ist sorgfältig zwischen Erzeugung von Solarstrom (Photovoltaik) und Erzeugung von Wärme zu unterscheiden. Letzteres macht hierzulande für sommerliche Anwendungen Sinn, falls die Wirtschaftlichkeitsrechnung stimmt. Photovoltaik ist dagegen in größerem Maßstab in Deutschland technisch-wirtschaftlich völlig ungeeignet, wie unter 8.4 im Detail belegt wird. Sogar in Ländern mit höchster Sonneneinstrahlung ist nirgendwo der großflächige Einsatz der Photovoltaik vorgesehen. In der kalifornischen Mojave-Wüste wird beispielsweise aktuell das alte Verfahren, mit Hilfe von Spiegeln eine Flüssigkeit zu verdampfen und damit Turbinen zu betreiben, der Photovoltaik vorgezogen [29]. Dies unter vielen anderen Gründen auch wegen einer Eigenschaft von Solarzellen, über die nur Fachleute Bescheid wissen: Wenn sie sehr starker Sonneneinstrahlung ausgesetzt werden - was ja im Prinzip erwünscht ist - werden sie heiß und ihr ohnehin schon sehr kleiner Wirkungsgrad von ca. 15% nimmt noch weiter ab. Zu Solar-Photozellen weiter unten mehr.

Nun zur Erzeugung von Wärme mit Hilfe der Sonne (Solarthermie)! Lesern mit Reiseerfahrung in Süditalien werden die dort so bezeichneten 'panele solare' bekannt sein, preiswerte Wasserdurchlauferhitzer auf vielen Dächern zur Erzeugung von Heißwasser. Diese oft im Eigenbau installierten Anlagen sind sinnvoll, wenn auch leider nicht immer zur rechten Zeit parat, denn bei 40 ^{0}C im Hochsommer duscht man gerne kalt, wenn es aber gegen Ende September auch in Süditalien kälter und regnerisch wird, bleibt das warme Wasser aus, und es muss elektrisch oder mit Gas nachgeheizt werden. Auch hierzulande sind Solar-Warmwassersysteme interessant, wenn auf saubere Installation und gute Materialien geachtet wird, damit die ganze Geschichte nicht nach ein paar Jahren leckt. Vor allem ist die Integration dieser Systeme bis hin zu Wasch- und Spülmaschinen anzustreben.

Warmwasserbereitung mit Hilfe der Sonne ist schon aus technisch-physikalischen Gründen sinnvoll, weil Erdöl und Gas viel zu hohe Temperaturen beim Verbrennen erzeugen. Diese Eigenschaft ist für die Warmwasserbereitung, die maximale Temperaturen von nur etwa 60 ^{0}C benötigt, weitgehend nutzlos. Beim Stichwort Verbrennungstemperatur ist daran zu erinnern, dass für einen guten Wirkungsgrad von Verbrennungsmaschinen aus physikalischen Gründen hohe Temperaturen nötig sind. Dies macht den fossilen Energieträger Erdöl besonders für den Antrieb von Autos und Flugzeugen bestens geeignet. Müllverbrennung, um eine weitere mögliche Energiequelle zu nennen, erzeugt dagegen nur vergleichsweise niedrige Temperaturen und stellt daher keinen guten Ersatz für Kohle zur Elektrizitätserzeugung dar.

Der Wähler kann daher nur aufgefordert werden, bei jeder neuen gesetzlichen Maßnahme, die die Technik betrifft, misstrauisch zu werden, vielleicht sogar seine alten Schul-Physikbücher und den Taschenrechner wieder hervorzuholen und selber nachzurechnen. Es ist einfacher als man vermutet. Der größte technische Unsinn, wie er sehr oft hierzulande in Gesetzesform gegossen wird, ließe sich dann vielleicht schon an der Wahlurne vermeiden.

Eine Aufforderung geht besonders an die überregionalen Tageszeitungen. Sehr viel mehr konkrete, korrekte und allgemeinverständlich aufbereitete Berechnungen in wichtigen technischen Fragen, die zur politischen Entscheidung anstehen, wären hilfreich, ferner sind Quellenangaben wünschenswert. Als einzige Tageszeitung, die bei technischen oder naturwissenschaftlichen Themen oftmals Originalquellen angibt, ist die Neue Zürcher Zeitung (NZZ) lobend hervorzuheben. Wenn man heute in eine Tageszeitung hineinschaut und zu einem technischen Thema - wählen wir einmal die Frage nach dem CO_2-Ausweis für Kraftfahrzeuge - Information sucht, ist der technisch nicht versierte Leser meist nur auf die empörten Leserbriefe von Fachleuten angewiesen. Technische Angaben sind auch in guten Zeitungen oft unsinnig und wertlos. So werden beispielsweise in Beiträgen zum Klimaschutz bei Emissionsangaben oft die zugehörigen Zeiträume vergessen, in technischen Artikeln grundsätzlich Drücke mit Gewichtskräften gleichgesetzt und ähnliche Fehler mehr begangen. In die Zeitungsredaktionen gehören mehr technisch-naturwissenschaftlich vorgebildete Mitarbeiter, die zuverlässig berichten können.

8.4 Alternative Energien

Zur ersten Information zeigt Bild 8.2 die Kostenanteile der wichtigsten Methoden zur elektrischen Stromerzeugung als gemittelte Werte. Beim Betrachten des Bildes entsteht sofort die Frage, wie sich diese so unterschiedlichen und volkswirtschaftlich relevanten Kosten erklären. Das vorliegende Kapitel widmet sich der ausführlichen Antwort, wobei nur Windräder und Photovoltaik betrachtet werden. Diese beiden Methoden werden zur Zeit am stärksten subventioniert, sind heftig umstritten und am weitesten verbreitet.

Es wurde schon betont, dass die hierzulande propagierten Windräder und Solarstromanlagen unter nüchternen technisch-wirtschaftlichen Gesichtspunkten ungeeignet sind, einen sinnvollen und nennenswerten Beitrag zur Energieversorgung unseres hochindustrialisierten Landes zu leisten. Die Zahlen in Bild 8.1 unter 8.1 und Bild 8.2 unter 8.4 sprechen für sich. Alternative Energien werden tatsächlich nur durch kostspielige Subventionen künstlich am Leben erhalten und sind infolgedessen ausschließlich ideologisch und keinesfalls sachlich begründbar. Das oft gehörte Argument, hiermit würden Arbeitsplätze geschaffen, verfehlt den Punkt. Diese hoch subventionierten Arbeitsplätze gehen auf der anderen Seite durch den Kaufkraftverlust der Stromverbraucher, die unter den hohen Energiekosten stöhnen, wieder verloren. Die Ingenieure, die Windräder bauen, fehlen für anderweitige, wirklich nützliche Anwendungen.

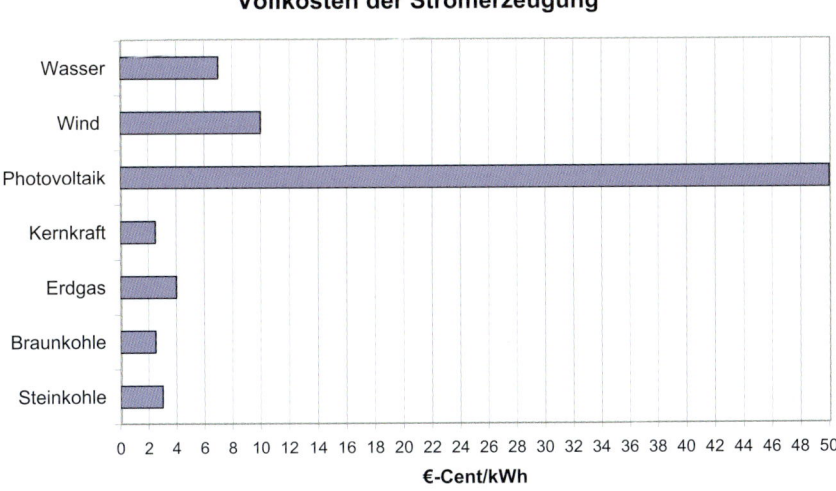

Bild 8.2: Kosten der Stromerzeugung. Datenquelle [80]

Betrachtet man die Kosten der Photovoltaik in Bild 8.2, wird man an Zeiten der Dämonenfurcht und des Hoffens auf **Erlösung durch übersinnliche Mächte** erinnert. Heutzutage wird jedes mit Solarstromzellen versehene Schuldach von Schülern, Eltern und Lehrern gleichermaßen als die Rettung vor dem globalen Wärmetod und „Endlösung" unserer Stromversorgung begrüßt, aber ein durchgebrannter Transformator in einem Kernkraftwerk als eine dicht vor dem GAU angesiedelte Störung gefürchtet.

Diese Hexenfurcht hat wenigstens die gute Seite, dass deutsche Kernkraftwerke inzwischen den weltweit wohl höchsten Sicherheitsstand aufweisen. Aber welch ein unangebrachter Optimismus bei der Solarstromgewinnung auf der einen und welch ein Pessimismus bei der Nutzung der Kernenergie auf der anderen Seite! Es ist ein Rückfall in die Zeiten vor der Aufklärung. Die faktische Nutzlosigkeit von Windkraft und Photovoltaik ist natürlich zu belegen. Hierbei werden in bewährter Vorgehensweise die maßgeblichen Einflussgrößen betrachtet.

Anlagen zur elektrischen Stromerzeugung, wie Kohlekraftwerke, Windräder, Kernkraftwerke usw. müssen drei Grundforderungen genügen:

1. **Die Leistungsdichte D des Mediums muss groß sein.**
2. **Der Wirkungsgrad des „Kraftwerks" muss groß sein.**
3. **Das „Kraftwerk" muss regelbar sein und seine Stromerzeugung darf nicht von unkontrollierbaren äußeren Umständen abhängen.**

Schauen wir uns die erste Bedingung näher an! Mit „Dichte" ist der Quotient einer bestimmten Größe zur Fläche A (bzw. Volumen oder Masse) gemeint. Die Flächendichte der Leistung W ist somit D = W / A. Stellen wir dies als $W = D \cdot A$ um, dann erkennt man sofort: Ist die Leistungsdichte D des Mediums sehr klein, muss A sehr groß sein, um auch das gewünschte Produkt Leistung W hinreichend groß werden zu lassen. Im Klartext: man muss unwirtschaftlich großflächige Anlagen bauen, um genügend Leistung abrufen und damit ausreichend Energie „ernten" zu können. Bei Windrädern sind es die riesigen Propeller, die dem Wind eine möglichst große Angriffsfläche A bieten sollen.

Die extrem geringe Leistungsdichte von verwertbarem Wind bzw. verwertbarer Sonneneinstrahlung stellt nur einen unter mehreren „Pferdefüßen" von Windrädern und Photovoltaik dar. Er ist aber der maßgebende, zu den weiteren kommen wir noch. Die geringe Leistungsdichte von Wind ist eine unmittelbare Erfahrung, denn man kann sich noch gerade gegen einen Sturm von vielleicht v = 90 km/h = 25 m/s Windgeschwindigkeit stemmen - dies ist etwa die maximale Arbeits-Windgeschwindigkeit von Windrädern, bei höherem v müssen sie abgeschaltet werden. Gegen strömendes Wasser mit seiner tausendfach höheren Dichte und daher tausendfach höherer Leistung (gleiches v und gleicher Strömungsquerschnitt) wäre ein Dagegenstemmen schon bei wesentlich geringeren Strömungsgeschwindigkeiten unmöglich oder gar tödlich. Wasserturbinen sind daher ungleich effizienter als Windräder.

Und dass man seine Hand nicht in einen Kohleofen steckt, lernt jedes Kleinkind, denn die Leistungsdichte der Kohleverbrennung ist sehr hoch. Andererseits spielt jedes Kind gerne in der sommerlichen Sonne, weil es aus Erfahrung weiß, dass es wegen der extrem geringen Leistungsdichte dieser Energiequelle hierzulande meist nur angenehm warm und keineswegs lebensgefährlich ist. Dies als unmittelbar anschauliche Einschätzung der Leistungsdichten von Wind, Sonne und Kohle.

Ein näherer Blick auf Größenordnungen kann insbesondere die Verhältnisse der Windenergie detaillierter ins richtige Licht rücken: Die maximale, im Jahresmittel zur Verfügung stehende Leistungsdichte von Wind reicht von 35 W/m^2 in Bayern bis zu 450 W/m^2 Offshore Nordsee. Das ist miserabel wenig, denn es entspricht beim Erinnern an frühere „Glühbirnenzeiten" gerade einmal 0,35 x 100-W-Glühbirnen pro Quadratmeter in Bayern und 4,5 x 100-W-Glühbirnen pro Quadratmeter in der Nordsee. Windkraftanlagen treiben daher **naturgesetzlich** einen unwirtschaftlich hohen Aufwand beim „Energiepflücken" [20].

Weiter unten werden Windräder nochmals im Detail aufgegriffen, jetzt aber zur zweiten Grundgesetzlichkeit von Energie-Erzeugungsanlagen, dem **Wirkungsgrad**: Die vom Medium (Kohle, Uran, Wind, Sonne...) dargebotene Primärenergie kann prinzipiell niemals vollständig in die gewünschte elektrische Energie umgewandelt werden. Das Verhältnis von umgewandelter zu dargebotener Energie ist der Wirkungsgrad. Er ist grundsätzlich kleiner als 1 und wird meist in Prozent von 0 bis 100% angegeben.

Der Wirkungsgrad spielt in den technischen Ausführungen von Kraftwerken verständlicherweise eine große Rolle, denn er ist sozusagen bares Geld. Für unsere allgemeine Betrachtung ist er aber - die Photovoltaik ausgenommen - fast nebensächlich. Wir wollen auf die Wirkungsgradfrage nicht weiter eingehen, als sehr grobe „Hausnummer" liegen die Wirkungsgrade aller „Kraftwerke" incl. der Windräder so um die 40% bis 50%, die einzigen Ausnahmen von dieser Faustregel machen Photozellen mit nur 15% und Wasserturbinen mit über 90% Wirkungsgrad.

Bei den alternativen Energien ist tatsächlich die zu kleine Leistungsdichte der entscheidende Pferdefuß, der diese Anlagen zur Energiegewinnung prinzipiell und unabänderlich unwirtschaftlich macht. Mehr als ein Medium mit kleinster Leistungsdichte hergibt, kann auch mit dem besten „Kraftwerk" nicht herausgeholt werden.

Der Autor hatte nach einem Vortrag das Vergnügen, eine interessante diesbezügliche Bemerkung eines Jura-Studenten beantworten zu dürfen. Dieser meinte: *„Ihren Ausführungen zur Photovoltaik und Windenergie muss ich widersprechen. Über Jahre hat sich die Leistung meines Computers mehr als vertausendfacht. Das erwarte ich selbstverständlich auch von den alternativen Energien"*. Es dauerte einige Zeit, bis der freundliche junge Mann endlich begriff, dass man aus einer Kuh auch mit einer „atomgetriebenen" Melkmaschine nicht mehr herausholen kann, als das, was sie im Euter hat.

Einige aufschlussreiche Zahlen zur Leistungs- bzw. Energiedichte: 1 t Steinkohle liefert 3000 kWh elektr. Energie, 1 t Braunkohle liefert 800 kWh, 1 kg U-235 hat den Energieinhalt von 2500 t Steinkohle, also das 2,5 Millionenfache an Energie von Steinkohle, 3% angereichertes Uran U-235 hat den 10.000-fachen Energieinhalt von Steinkohle, mit „Brüten" den 100.000-fachen Energieinhalt von Steinkohle. Man ersieht hieraus schon, ohne groß rechnen zu müssen, den prinzipiellen Kostenvorteil der Kernenergie und der Kohle- und Gasverbrennung infolge der hohen Leistungsdichten dieser Brennstoffe.

Windenergie in Deutschland:
Windenergie ist hoffnungslos unwirtschaftlich und im höchsten Maße landschaftsschädigend. Die grob 10% Windenergieanteil an der deutschen Stromerzeugung sind wegen ihres unregelmäßigen Dargebots im Grunde unbrauchbar und können angesichts der inzwischen im deutschen Binnenland kaum noch zu erhöhenden Anzahl von Windrädern glücklicherweise nicht mehr wesentlich ansteigen. Eine Vergrößerung des Windkraftanteils ist nur noch durch unvertretbare Gewaltmaßnahmen gegen Landschaft und Bewohner möglich, weswegen man inzwischen alte Anlagen an der gleichen Stelle durch größere Maschinen ersetzt und in Richtung Offshore weiterbaut.

Aber auch diese Maßnahmen sind technisch und wirtschaftlich nutzlos, wie es die detaillierte Studie von Thomas Heinzow, Richard Tol und Burghard Brümmer in einer Kooperation der Universitäten Hamburg, Amsterdam und Pittsburg (USA) nachweist [69]. Die zu erwartende Lebensdauer von Windrädern beträgt maximal 20 Jahre, die jährlichen Wartungs- und Reparaturkosten betragen 6% bis 9% der Investitionssumme. Je größer Windräder werden, umso geringer ist ihre Effizienz, gemessen am eingesetzten Kapital. Die stetige Vergrößerung der Windradsysteme führt also zur Verschlechterung ihres ohnehin bereits verschwindenden Nutzens.

Windräder sind überhaupt nur im Verbund mit schnell reagierenden Gaskraftwerken oder Kernkraftwerken brauchbar, die die notwendige Regelung und den Versorgungsausgleich bei unregelmäßigem Windaufkommen übernehmen. Die zu langsam reagierenden Kohlekraftwerke sind dazu nicht geeignet. Die Flexibilität von Kernkraftwerken bei der Lastregelung wurde seitens von grünen Lobbygruppen übrigens stets gerne verschwiegen. Fakt ist aber: Die zulässigen Laständerungsgeschwindigkeiten wurden bei allen deutschen Kernkraftwerken in der Auslegung berücksichtigt: Zulässig sind eine sprungartige Änderung der Lastanforderung von 10% der Nennleistung und darüber hinaus eine Änderung von 10% pro Minute. Dieser Wert kann beim Siedewasserreaktor bis auf maximal 60% pro Minute angehoben werden. Ein solcher Einsatz wird bei einer Einspeisung von Windkraft von 15 bis 25% unverzichtbar [166]. Daraus folgt:

Windräder können grundsätzlich keine konventionellen Kohle-, Gas- oder gar Kernkraftwerke ersetzen.

Die jedem Fachmann geläufige physikalische Gesetzmäßigkeit aller Strömungsmaschinen, die besagt, dass sich die von einem Windrad abgegebene Leistung proportional zur **dritten Potenz** der Windgeschwindigkeit verhält, ist dem Laien leider unbekannt und stellt sozusagen noch einen „Pferdefuß" dar. Sie ist im Folgenden, weil so wichtig, kurz abgeleitet, der hieran nicht interessierte Leser kann diese Zeilen übergehen: Die kinetische Energie eines Volumenelements dV von Luft der Dichte ρ und der Geschwindigkeit v ist $E = \frac{1}{2}mv^2 = \frac{1}{2}\rho v^2 dV$. Pro Zeiteinheit trifft auf die Fläche A senkrecht zum Luftstrom das Luftvolumen vA, so dass die maximal zur Verfügung stehende Windleistung P_W, die frei wird, wenn der Wind vollständig abgebremst würde, durch $P_W = \frac{1}{2}\rho A v^3$ gegeben ist.

Im Klartext bedeutet v^3, dass Windräder nur in einem sehr schmalen Windgeschwindigkeitsfenster nennenswerte Beiträge ins Netz einspeisen. Bläst der Wind beispielsweise nur halb so schnell wie in Maximalgeschwindigkeit, verbleiben wegen $(1/2)^3 = 1/8$ gerade noch kümmerliche 12% Leistung übrig. Liegt die Windgeschwindigkeit dagegen höher als das Maximum von etwa 25 m/s, müssen die Rotorblätter wegen zu hoher Materialbelastung verstellt werden, und es ist keine weitere Leistungssteigerung mehr möglich. Sich drehende Windräder suggerieren zwar Energieerzeugung, dabei ist dem Laien aber unbekannt, dass hier nur bei ausreichend starkem Wind tatsächlich nennenswert Strom erzeugt wird.

Der große Flächenverbrauch der Windnutzung spricht für sich. Für die Windnutzung ist grob die 300-fache Fläche eines konventionellen Kraftwerks und die 600-fache eines Kernkraftwerks erforderlich und dies in einem Land, welches dicht besiedelt ist. Der hohe Flächenverbrauch hat auch strömungstechnische Gründe, denn der gegenseitige Abstand von Windrädern kann nicht beliebig verkleinert werden. Wollte man ein Kernkraftwerk durch Windräder ersetzen, entspräche dies mehr als 100 km Windrädern hintereinander. Da ein Windrad, gemessen an seiner Größe und dem Materialaufwand, nur sehr wenig Leistung erbringt, sind viele dieser Maschinen an weit vom Verbraucher gelegenen Orten erforderlich. Dadurch entstehen hohe Kosten für neue Stromleitungen.

Das Problem langer, kostspieliger Leitungen verschärft sich noch bei Offshore-Windanlagen, ferner wird es hier verstärkt Korrosionsprobleme am Windradaufbau selber geben, die die Lebensdauer der Offshore-Anlagen einschränken und den Betrieb verteuern werden [124]. Der inzwischen fast schon gebetsmühlenartig von der Windradlobby wiederholte Hinweis auf das „Netz" als Puffer für den schwankenden Windstrom übersieht dabei Folgendes: Auch ein europaweites Netz kann eine mögliche landesweite Windflaute ohne die schon erwähnten Gas- und Kernkraftwerke nicht ausgleichen. Es wird vermehrt zu Netzzusammenbrüchen kommen, je mehr Windradstrom eingespeist wird. Vermehrter Ausgleich mit Gas- und Kernkraftwerken bedeutet ferner, dass diese Pufferkraftwerke im Normalbetrieb mit **reduzierter** Leistung, also bei wesentlich **kleinerem Wirkungsgrad** laufen müssen, was die Stromerzeugungskosten weiter in die Höhe treibt. Von den Kosten, die dieses „Netz" zusätzlich verursachen wird, soll erst gar nicht gesprochen werden.

Auf die Landschaftsschädigung durch Windräder soll hier nicht weiter eingegangen werden, Spötter sprechen von überdimensionalen Vogelscheuchen. Wenn es nur lustig wäre! Für die bemitleidenswerten Anrainer ist es bitterer Ernst, wie es die unzähligen juristischen Klagen und Einsprüche der durch entarteten Umweltschutz Geschädigten zeigen. Nüchtern betrachtet stellt die Windradindustrie ein Nischenprodukt her. Windräder sind nur für interessante Sonderanwendungen in Ländern mit starkem, gleichmäßigem Windaufkommen und an entlegenen Orten, die keine elektrische Stromzufuhr oder lokale Kraftwerke aufweisen, geeignet.

Bild 8.3: So könnte es in ganz Deutschland aussehen, wenn der WGBU-Pfad zur Nachhaltigkeit konsequent umgesetzt werden würde [155]. Bildquelle: Bernd Kothe, Halle/Saale.

In industriealisierten Ländern mit knappem Land, mäßigem Wind und hoher Bevölkerungsdichte sind Windräder niemals wirtschaftlich sondern nur umweltschädigend und haben dort nichts zu suchen.

Photovoltaik in Deutschland:

Photovoltaik belegt nur einen verschwindenden Anteil an der deutschen Elektrizitätserzeugung, grob ein halbes Prozent. Die Sonnenleistung beträgt bei senkrechtem Einfall außerhalb der Atmosphäre ca. 1360 W/m^2. Den Boden erreicht davon nur noch ein Bruchteil. Nachts fehlt sie vollständig und bei Wolkenbedeckung sowie in anderen Jahreszeiten als dem Hochsommer ist sie extrem reduziert. An Solarstromanlagen in unserem Lande kommt im Winter und bei schlechtem Wetter so gut wie nichts mehr an. Dann reicht die Sonnenstrahlung gerade noch für das empfindliche menschliche Auge aus, um die Zeitung zu lesen, und alle Zeiger in den Anlagen stehen auf Null.

Die Fläche der Solarzellen muss im Idealfall durch Nachführung stets direkt auf die Sonne zeigen, mit anderen Winkeln sinkt der Wirkungsgrad rapide. Infolge des noch ungünstigeren Verhältnisses von Energieausbeute zu Erstellungsaufwand als bei der Windkraft wird die Photovoltaik von der Bundesregierung auch am stärksten subventioniert. Es ist aber ein Irrtum anzunehmen, mit immer moderneren und kostengünstigeren Solarzellen, etwa auf der Basis von Kunststoff, an den unabänderlich ungünstigen Kostenverhältnissen der Photovoltaik Grundlegendes ändern können.

Ein Fallbeispiel kann dies verdeutlichen: Noch zu DM-Zeiten wurde für das Müllkompostwerk Wieblingen, einem Stadtteil von Heidelberg, eine Solarstromanlage von 300 kW Peakleistung gebaut - Kosten 4 Mio. DM, also 2 Mio. Euro; mit Peakleistung ist die höchstmögliche Leistung bei günstigster Sonneneinstrahlung gemeint. Die Stadtwerke Heidelberg geben auf Nachfrage an, dass pro 1 kW Peakleistung im Jahr 850 kWh elektrische Energie zu erwarten sind. Rechnet man um, entspricht dies einer zeitgemittelten, fiktiven Dauerleistung der Solaranlage von etwa 30 kW. Die viel kleinere Dauerleistung, verglichen mit der Peakleistung, ergibt sich auf natürliche Weise, weil es nachts dunkel ist, im Winter weniger Sonnenstrahlung einfällt, die Sonne nicht immer senkrecht auf die Solarfläche scheint etc. Dividiert man also die vom Hersteller einer Photovoltaikanlage angegebene Peakleistung durch 10, erhält man als gute Faustregel die durchschnittliche Dauerleistung dieser Anlage in Süddeutschland - es sind grob 10 W im Jahresmittel an Leistung, die aus 1 m^2 Solarfläche herauszuholen ist. Was kann man aus den Zahlen der Heidelberger Anlage lernen? 30 kW entsprechen der Leistung eines Kleinwagens, hierzu braucht man nur in einen KfZ-Schein hineinzusehen. Daraus folgt:

Der Heidelberger Steuerzahler hat für einen Kleinwagenmotor, dessen Betrieb nicht der Eigentümer sondern die Natur bestimmt, 2 Mio. Euro auf den Tisch geblättert.

Immerhin verbraucht dieser Motor keinen Treibstoff, bei seinem Preis wohl nur ein schwacher Trost. Allerdings hat Vater Staat zugesagt, über 20 Jahre lang für jede von diesem Motor erzeugte elektrische Energieeinheit von 1 kWh einen halben Euro zuzuschießen. Heidelberg hat sich mit solchen Initiativen an die Spitze der Bewegung alternativer Energien gesetzt, und seine ehemalige Oberbürgermeisterin Beate Weber wurde für diesen bodenlosen Unsinn und die Verschwendung von Steuergeldern auch noch mit Umweltpreisen ausgezeichnet.

Inzwischen sind Solarstromzellen zwar preisgünstiger geworden, das geradezu absurd schlechte Verhältnis von Kosten zu Energieausbeute hat sich damit aber nicht grundlegend geändert. Allein die Herstellung von Photozellen verbraucht beim Sintern bereits fast soviel Energie, wie es der spätere Betrieb einbringt. Aber auch zukünftige Entwicklungen, etwa Solarzellen auf organischer Basis, werden das schlechte Abschneiden der Photovoltaik in Deutschland nicht maßgebend verbessern können, diese Module haben einen noch schlechteren Wirkungsgrad als die Zellen auf kristalliner Basis.

Eine Kilowattstunde Kohle- oder Kernenergiestrom kostet etwa 3 Ct., wir zahlen dann ein Vielfaches infolge zusätzlicher Steuern. Strom aus Wind kostet etwa 10 Ct./kWh, aus Sonne sogar 50 Ct./kWh. Sonnenstrom wird dementsprechend mit rd. 50 Ct. über 20 Jahre lang subventioniert (inzwischen wurde die Subvention etwas verringert), verständlich, denn ohne diese massive Stützung würde selbst den gutwilligsten Ökofreaks die Lust am Geldhinauswerfen vergehen. Bei all diesen Maßnahmen ist zu bedenken, dass kein Grund für die Subventionierung besteht. Wie schon gezeigt wurde, gibt es keinen positiven Umwelteffekt durch Windräder oder Photovoltaik, im Gegenteil, insbesondere Windräder verunstalten ganze Landstriche und schädigen Anrainer (Schattenwurf, Lärm) sowie Kleinlebewesen und Vögel.

Die folgende Abschätzung zeigt den absurd hohen Flächenverbrauch, wenn man Photovoltaik zur vollständigen Stromerzeugung Deutschlands heranziehen würde: Der Stromverbrauch Deutschlands beträgt $600 \cdot 10^9$ kWh im Jahr. Aus 1 m^2 Photozelle sind im Jahresmittel bestenfalls 10 W Leistung herauszuholen, d.s. bei 8760 Jahresstunden ca. 88 kWh im Jahr. Um den Strombedarf Deutschlands zu decken, wären daher $600 \cdot 10^9/88 \approx 7 \cdot 10^9$ Quadratmeter Photozellen nötig. Ein aus diesen Zellen gebildetes Quadrat besitzt eine Kantenlänge von rd. 84 km!

Wollte man aus Sonnenstrahlung über alle Tages- und Jahreszeiten gemittelt ausreichend Strom zur Versorgung Deutschlands einfangen, müsste dazu mehr als die doppelte Fläche des Saarlandes mit Photozellen belegt werden. Aber auch dieser Aufwand wäre nutzlos, denn die Sonne scheint nicht immer

Wasserkraft

Die günstigere Wasserkraft ist hierzulande leider beschränkt. Länder mit großen Gebirgen, wie die Schweiz oder Österreich, haben es in dieser Hinsicht besser als wir. Ganz generell schneidet aber die Erzeugung von elektrischem Strom aus mechanischer Energie, auch der des Wassers, gegenüber der aus fossilen Brennstoffen oder gar aus nuklearem Brennstoff nicht gut ab. Ein Zahlenbeispiel mag genügen, um ein Gefühl für die Größenordnung zu erhalten: Die einer Tonne Wasser zugeführte Wärmeenergie von grob 2,5 Grad hat rechnerisch den gleichen Wert wie die mechanische Energie, um diese Tonne einen Kilometer weit senkrecht hochzuheben (Anmerkung: mechanische Energie und Wärme sind nicht gleichwertig, tatsächlich ist mehr als der rechnerische Wärmewert zur technischen Nutzung erforderlich).

Bisher war nur von **Leistungsdichte** und **Wirkungsgrad** die Rede. Nun ist es an der Zeit noch den letzten „Pferdefuß" näher zu beleuchten, der die Windenergie und der Photovoltaik endgültig ins technisch-wirtschaftliche Abseits befördert. Windräder und Photozellen liefern nur dann Energie, wenn die Natur es will, nicht dann, wenn wir sie benötigen. Daher muss bei kurzfristigen Dargebotsschwankungen für Ausgleich gesorgt werden - hiervon war bereits die Rede. Kann man aber die elektrische Energie nicht besser speichern, damit der Überschuss nicht verloren geht? Leider nein, genauer gesagt, nur in einem sehr geringen Ausmaß!

Das Speichern von elektrischer Energie ist höchst aufwendig und kostspielig. Praktisch ist es, von Ausnahmen wie der Nutzung von Speicherseen mit ausreichenden Höhenunterschieden abgesehen (bei Stromüberschuss wird hochgepumpt, bei Stromknappheit wird im Turbinenbetrieb elektrischer Strom erzeugt), nur mit Batterien oder über Umwege, wie Wasserstofferzeugung, Druckluftspeicherung in unterirdischen Kavernen u.a.m. möglich. Dabei geht aber wieder ein maßgebender Anteil der gewonnen Energie verloren. Wenn also im Herbst bei hohem Windaufkommen die mittel- und norddeutschen Tiefebenen mit den unzähligen dort installierten Windrädern durchgeblasen werden, gibt es keine Verwendung für den Überschuss, und wenn umgekehrt elektrische Energie benötigt wird, bleiben Wind bzw. Sonne aus.

Der absurde Anachronismus von Energieerzeugung aus Wind und Sonne wird im öffentlichen Bewusstsein von der zutreffende Tatsache verdunkelt, dass bei der mittelalterlichen Form der Energieerzeugung mit Hilfe von Windmühlen tatsächlich fortschrittlichste Technik zum Zuge kommt. Moderne Windräder sind Perlen des deutschen Maschinenbaus.

Vielleicht kann dem gutgläubigen Laien, der meint, mit diesen Anlagen würde tatsächlich ein wertvoller Beitrag zu unserer Energieversorgung und zum Klimaschutz geleistet, ein anschaulicher Vergleich weiterhelfen. Steine und Mauerwerk bearbeitet man heute bekanntlich mit Schlagbohrmaschinen und elektrischen Steinsägen. Niemandem würde es noch einfallen, hierfür mit noch so modernen Methoden hergestellte Handmeißel und Handhämmer (Windräder und Solarstromanlagen) in riesiger Anzahl zu verwenden, wie dies noch beim Bau der Pyramiden im alten Ägypten der Fall war.

Beim Einsatz von Windrädern und Photovoltaikanlagen in Deutschland wird mit technologisch hochwertigsten Kanonen auf Energiespatzen geschossen.

Nicht nur unser Nachbar Frankreich, auch die neuen EU Länder im Osten haben es besser begriffen als wir. Sie bauen die Kernenergie aus und werden vielleicht einmal mit billigem Strom gegen den hochsubventionierten deutschen Wind- und Solarstrom auf unserem heimischen Markt antreten.

Die geschilderten Größenordnungen sind im Auge zu behalten, wollte man das von unserer Kanzlerin Angela Merkel in 2007 verkündete Ziel, die erneuerbaren Energien für Deutschland bis 2020 zu verdreifachen, einhalten. Hierzu müssten Dutzende neue Talsperren (wo in Deutschland?), über 50.000 neue Windräder und tausende Kilometer neue Hochspannungsleitungen gebaut werden, eine Horrorvorstellung für jeden Umweltschützer, der diese Bezeichnung verdient.

Bei vernünftigen Kriterien gänzlich unvorstellbar ist schließlich die unter *Der WBGU-Pfad zur Nachhaltigkeit* [135] geäußerte Forderung der Autoren Rahmstorf und Schellnhuber, nur auf alternative Energien zu setzen oder gar die unter wirtschaftlichen Gesichtspunkten nutzlose Methode, CO_2 aus fossilen Kraftwerken im Boden zu versenken, zu sequestrieren, wie der Fachausdruck lautet. Was Sequestrierung bedeutet, schildert der Chemiker C.-L. Voss anschaulich an Hand einer stöchiometrischen Betrachtung der Verhältnisse: [40] *„Bei der Verbrennung (ideale Umstände einmal angenommen) von einer Tonne Kohle (Kohlenstoff) werden knapp 3,7 Tonnen CO_2 freigesetzt, das sind etwa 1900 Kubikmeter. Für diesen chemischen Vorgang werden der Luft etwa 1900 Kubikmeter Sauerstoff entzogen. Dieses Volumen ist in zirka 9300 Kubikmeter Luft enthalten. Würde die erste von der Energiewirtschaft in Betracht gezogene physikalische Abscheidungsvariante umgesetzt, so müssten also je Tonne verbrannter Kohle die oben angegebene Menge CO_2 gekühlt, verflüssigt, transportiert und anschließend umweltgerecht entsorgt werden. Bei diesem Verfahren müsste folglich ein erheblicher Teil der durch die Verbrennung erzeugten Energie dazu aufgewendet werden, die Kühler, Kompressoren und Transportsysteme zu betreiben. Dieser zusätzliche Aufwand erzeugte entsprechend mehr CO_2. Bei der zweiten, nasschemischen Variante würde das Verbrennungsabgas mit Kalkwasser behandelt, wobei je Tonne des zu bindenden CO_2 etwa 2,3 Tonnen synthetischen Kalks als Müll anfiele. Das benötigte Kalkwasser müsste natürlich zuvor erzeugt werden. Hierzu bräuchte man gebrannten Kalk. Dieser würde aus Kalkstein natürlicher Lagerstätten gewonnen, würde dann unter hohem Energieaufwand erhitzt, wobei er CO_2 an die Atmosphäre abgibt. Es ist leicht einzusehen, dass bei diesem Verfahren pro Einheit des bei der Kohleverbrennung entstehenden und zu entfernenden CO_2 anderwärts eine Einheit CO_2 freigesetzt würde....“*

Das Sequestrieren von CO_2 verschlägt tatsächlich jedem Fachmann, der vom Bau solcher Systeme nicht gerade wirtschaftlich profitiert, die Sprache. Vielleicht hilft hier ein stöchiometrisch-chemisches Grundpraktikum zusammen mit einem kleinen Lehrbuch über wirtschaftliches Basiswissen weiter.

Die großen Energieunternehmen sind aber verständlicherweise keineswegs abgeneigt. Wie schon beschrieben wurde, und wie es aus betriebswirtschaftlichen Erwägungen heraus auch völlig in Ordnung ist, machen sie praktisch jeden technischen Unsinn mit, der mit Subventionen und Kosten für den Verbraucher, also im Klartext, mit dem eigenen Gewinn verbunden ist. Und es ist zu betonen, dass dies nicht verwerflich ist, denn Unternehmen sind ihren Aktionären oder Anteilseignern ausschließlich dazu verpflichtet, Gewinne zu machen. Geschieht dies im Rahmen der gesetzlich zulässigen Regeln, ist dies völlig in Ordnung und wird hier auch keineswegs kritisiert.

Die Autoren Rahmstorf und Schellnhuber vertreten die WBGU-Philosophie in ihrem Buch [135] und sind überdies aktuelle WBGU-Mitglieder [155]. In ihrem Buch fehlt allerdings jedwede mit realistischen Zahlen belegte Erläuterung darüber, wie der WBGU-Pfad zur Nachhaltigkeit zu realisieren sei, ohne unser Land in eine vorindustrielle Diaspora zu verwandeln und in seiner industriellen Wettbewerbsfähigkeit zu vernichten. Die WBGU-Empfehlung, die Kernenergie aufzugeben und insbesondere die hierzulande unsinnige Photovoltaik und Windkraft zu einer maßgeblichen Säule der Energieversorgung zu machen, stellt eine irreale Vision dar und ist nur unter einer **Öko-Diktatur** zu verwirklichen. Ein Wort zum WGBU erscheint angebracht: Seine Veröffentlichungen können frei aus dem Internet als pdf-Dokumente heruntergeladen werden. Schaut man sich diese an, staunt man nicht schlecht. Aufmachung und Stil sind Eins zu Eins von den IPCC-Berichten abgekupfert, sogar die Zusammenfassungen für Politiker fehlen nicht. Eine gegenwärtig „objektive" personelle Besetzung des WBGU gehört daher in den Bereich des Humors, wir haben es vielmehr mit dem verlängerten Arm des IPCC zu tun.

Was die alternativen Energien im allgemeinen angeht, so ist selbstverständlich jede Möglichkeit, die nachhaltigen, umweltgerechten und technisch-wirtschaftlich sinnvollen Kriterien entspricht, zu ergreifen. Die energetische Nutzung der aus landwirtschaftlichen Betrieben anfallenden Biomasse kann, falls Wirtschaftlichkeit gegeben ist, beispielsweise dazugehören, Windräder und Photovoltaik, wie schon betont und belegt wurde, in unserem Lande nicht. Geothermie, d.h. die Ausnutzung von heißen Stellen unter dem Erdboden zur Energieerzeugung, wie sie in vulkanaktiven Gegenden, z.B. der Eifel, vorkommen, wäre eine weitere sinnvolle Option, sie ist aber leider nur an wenigen geeigneten Orten in Deutschland anwendbar. Gezeiten-Höhenänderungen können für Gezeitenkraftwerke genutzt werden, wie es zum Teil bereits in Frankreich geschieht. Leider sind alle diese interessanten Möglichkeiten beschränkt und können daher keine ausschlaggebende Rolle für die Energiewirtschaft unseres Landes spielen.

8.5 Kernenergie

Einzige sachlich sinnvolle Alternative zur alternativen Energieerzeugung bestünde national zur Zeit im Ausbau des Anteils der Kernenergie, die auf Spaltung von Kernen schwerer Elemente basiert. International ist hier ohnehin bereits der Weg beschritten, und wir werden uns bei weiterer Abstinenz von dieser heute effizientesten Energieerzeugungsform bald von Ländern mit weit höherem Kernenergieanteil als bei uns umgeben sehen. Inzwischen ist der Sicherheitsstandard von Kernkraftwerken nicht nur in Deutschland ausreichend hoch. Wie Schweden und Finnland zeigen [38], ist das Problem der Entsorgung abgebrannter Kernbrennstoffe durchaus lösbar, wenn man mittelalterlicher Hexenfurcht entsagt. Hier ist noch viel Aufklärungsarbeit zu leisten, um die gröbsten Irrtümer zu beseitigen. Jahrtausende lang drohende, hoch radioaktive Abfallstoffe, die eine Gefährdung der Menschheit darstellen sollen, sind eine Chimäre. Hoch radioaktiver Abfall ist kurzlebig, er zerfällt rasch, sehr langlebiger Abfall ist dagegen nur schwach radioaktiv und relativ ungefährlich.

Natürlich denkt jeder, der bei Kernkraftwerken aus Sicherheitsgründen Bedenken trägt, an die Katastrophe von Tschernobyl. So gut wie unbekannt ist aber, dass dieser Reaktortyp noch nirgendwo an anderer Stelle auf der Welt für die zivile Stromerzeugung eingesetzt wurde. Die russische Akademie der Wissenschaften hat vor dem Bau dieses Reaktors wegen seiner inhärenten Unsicherheit offiziell protestiert, das Militär wollte den Reaktor aber unbedingt haben. Die vielen Toten des Unglücks sind zu beklagen (es waren ohne die Spätfolgen einzurechnen, unmittelbar etwa 50 Menschen), in diesem Zusammenhang ist aber zu betonen, dass in Deutschland noch keine einzige Person durch einen Reaktorunfall ums Leben kam. Das kann von den vielen Kohlekumpeln, die bei Grubenunglücken ihr Leben ließen, wohl nicht behauptet werden.

Auf der anderen Seite ist die Informationspolitik und das Verantwortungsbewusstsein der deutschen Kernkraftindustrie nicht gerade als „gelungen" zu bezeichnen. Es ist nicht nachzuvollziehen, warum zumindest der Reaktor eines Kernkraftwerks nicht grundsätzlich unterirdisch plaziert wird, fast jedes Parkhaus baut man schließlich heute unter die Erde. Der Kernstrompreis würde sich dadurch nur unwesentlich verteuern und eine der Hauptbedenken - der Absturz eines Großfluzeugs unmittelbar auf die Reaktorkuppel - wäre beseitigt.

Das unglückliche Agieren in der Endlagerfrage und das hektische Agieren der Politik danach sind aus den Medien (Stand Feb. 2010) bestens bekannt. Aber auch hier sieht die Wirklichkeit wesentlich anders aus, als man es dem deutschen Wähler weismachen wollte [5].

Es sei erwähnt, dass es seit längerem einen inhärent sicheren Kernkraftwerkstyp gibt, den Thorium-Kugelhaufen-Reaktor, dessen Prototyp vor Jahren in Jülich entwickelt wurde, der aber damals noch eine Reihe von technischen Problemen bis zur Praxisreife aufwies. Die bei den heute verwendeten Reaktortypen theoretisch mögliche Kernschmelze (GAU) ist beim Kugelhaufen-Reaktor prinzipiell unmöglich. Die Forschung an diesem Reaktortyp wurde auf Betreiben der damaligen rot-grünen Bundesregierung eingestellt und praktisch alles deutsche Know-How verschenkt. Inzwischen wird der Thorium-Reaktor (im Englischen *pebble bed* Reaktor) in China, Indien und Südafrika zur Serienreife weiterentwickelt. In diesem Zusammenhang ist weiter zu erwähnen, dass Thorium nicht waffenfähig ist und damit das Problem der Proliferation für den Kugelhaufen-Reaktor entfällt. Am Paul Scherrer Institut in der Schweiz wird an Konzepten für völlig neue Reaktorgenerationen gearbeitet, die ebenfalls inhärent sicher sein werden [151]. Es sollte nachdenklich stimmen, dass inzwischen alle EU-Länder incl. der Schweiz ernsthaft über den Ausbau der Kernenergie nachdenken.

Das oft vernommene Argument endlicher Uranvorräte ist falsch, denn hier sind die Lagerstätten im Gegensatz zum Erdöl und Erdgas in ihren Kapazitäten noch lange nicht einmal ansatzweise gut genug bekannt oder gar ausgebeutet. Uran und Thorium wird es im Gegensatz zu Kohle, Erdöl und Erdgas noch für viele tausende Jahre und bei Gewinnung von Uran aus Meerwasser praktisch unbegrenzt geben. Zu diesem Thema ein Literaturauszug [77]:

Die wirtschaftlich förderbaren Uranreserven (definiert durch den maximalen Förderpreis pro Kilogramm nach heutigem Stand der Technik) wurden von der Internationalen Atomenergie Organisation (IAEFA) und der OECD Nuclear Energy Agency (NEA) im Jahr 2006 (letzte Veröffentlichung) im so genannten Red Book ausgewiesen. Demnach sind - je nach Höhe der unterstellten Förderkosten und der Sicherheit ihrer Erfassung - insgesamt noch zwischen 1,73 und 9,4 Millionen Tonnen Uran hinreichend gesichert als wirtschaftlich abbaubar, zu Gewinnungskosten von <130 US-$ pro kg Natur-Uran. Rechnet man vermutete Vorräte hinzu, die sich zu diesem Preis möglicherweise fördern ließen, beläuft sich der Vorrat auf insgesamt 16,9 Millionen Tonnen Uran (Äquivalent zu ~260 Jahren heutigen Verbrauchs). Ein anderer Ansatz zur Berechnung des maximalen Preises, zu dem Uran wirtschaftlich abgebaut werden kann, ergibt sich aus der Konkurrenzsituation aller Energieträger. Demnach ist die Förderung von Uran zu solchen Preisen wirtschaftlich, zu denen die aus dem Uran gewinnbare Energie nicht teurer ist als die von anderen fossilen Energieträgern. Aufgrund ihres geringen Preises und der weltweiten Handelbarkeit empfiehlt sich die Steinkohle als Vergleichsenergieträger. Bei einem unterstellten Steinkohlepreis von 50 $/t, einem Steinkohleheizwert von 30 MJ/kg und einer Uranenergiedichte von 600.000 MJ/kg ergibt sich ein am Markt maximal erzielbarer Uranpreis von 1000 $/kg. Diese sehr grobe Abschätzung zeigt überdies, dass die Preisgrenze von 130 $/kg, anhand der gegenwärtig die wirtschaftlichen Reserven kalkuliert werden, sehr gering ist und die Reserven daher äußerst konservativ kalkuliert sind. Der derzeitige (2006) Uranbedarf für die weltweit über 441 Kernkraftwerke liegt bei rund 68.000 Tonnen pro Jahr. Allein die Europäische Union hat einen jährlichen Bedarf von etwa 20.000 Tonnen Uran. Seit 1990 (Ende Kalter Krieg) bis heute wurde allerdings fast die Hälfte des Uranverbrauchs nicht durch den laufenden Uranabbau gedeckt, sondern beispielsweise aus der Abrüstung von Kern-

waffen oder aus Lagerbeständen von Uran und Plutonium (auch aus der Wiederaufarbeitung), dies geht aus Schweizer Veröffentlichungen hervor. Diese Bestände sind nun in den USA erschöpft, und der Preis für Uran hat sich innerhalb von sechs Jahren bis Ende 2006 verfünffacht. Das Red Book weist aber für Russland weitere Reserven aus der Abrüstung aus. Den Berechnungen zur Wirtschaftlichkeit liegt allerdings die Annahme zugrunde, dass fortgeschrittene Methoden zur Kernbrennstoffnutzung nicht in Betracht gezogen werden. So sinkt die Relevanz der Förderkosten mit der Effizienz der Nutzung. Darüber hinaus würde, sollten die konventionellen Reserven knapp werden und der Uranpreis dadurch steigen, auch der Abbau sogenannter unkonventioneller Reserven wirtschaftlich, selbst wenn die Kosten für deren Abbau in der Zukunft durch ausgereiftere Technologien nicht weiter sinken sollten. Über die Wiederaufbereitung bereits abgebrannter Brennstäbe wird nicht aufgebrauchtes spaltfähiges Material recycelt - dadurch sinkt der Bedarf an gefördertem Uran bei gleicher Energieabgabe. Bei heutigen Reaktoren wird üblicherweise etwa 60-70% des spaltbaren ^{235}U in den Brennelementen tatsächlich gespalten. Durch Wiederaufarbeitung ließe sich der Anteil auf bis zu 100% steigern und so der Verbrauch frischen Urans um ein Drittel senken. Weiterhin wird ^{239}Pu und ^{241}Pu abgetrennt, das wiederum als spaltbares Material in der Form von MOX genutzt werden kann. Wenn das Uranisotop ^{238}U in Schwerwasserreaktoren eingesetzt wird oder in Brutreaktoren (sogenannten „schnellen Brütern") in Plutonium transmutiert wird, kann damit die Menge des spaltbaren Materials praktisch um den Faktor 100 vergrößert werden, da 99,3% des in der Natur vorkommenden Urans ^{238}U ist. In diesem Fall sinkt der Bedarf an Natururan - und selbst die gesicherten Vorräte reichen noch mehrere tausend Jahre - bzw. mehrere Jahrhunderte, wenn die Menschheit theoretisch den gesamten Primärenergiebedarf mit Atomenergie abdecken würde. Die Exploration nach neuen Uran-Abbauorten befindet sich noch am Anfang. Zum ersten Mal seit der Nachkriegszeit wurde wieder 2005/6 signifikant mehr in die Exploration investiert. Wenn neben dem Uran auch Thorium als Brennstoff zum Einsatz kommt, steigt die Größe, die insgesamt aus den gesicherten Vorkommen gezogen werden kann, noch einmal drastisch an, da Thorium dreimal häufiger als Uran ist. Wenn unkonventionelle Reserven wirtschaftlich erschlossen werden können, weil der Rohstoff Uran *effizienter genutzt wird, so kommen ca. 20 Mio. Tonnen Uran in Phosphatlagerstätten und potentielle 4 Mrd. Tonnen Uran, das im Salzwasser der Ozeane gelöst ist, zur Geltung. Die Technologie, um Phosphatlagerstätten auszubeuten, ist technisch ausgereift und führt heutzutage zu Kosten von ca. 100 $ pro kg geförderten Urans. Um Uran aus Salzwasser zu gewinnen, wird eine Technik benutzt, bei der Uranpartikel aus dem Salzwasser gefiltert werden. Dieses in Japan entwickelte Verfahren führt zu Kosten die fünf- bis zehnmal so hoch waren wie der Uranpreis (5600 Yen pro kg Uran, umgerechnet rund 50 Euro) zum Zeitpunkt der Studie (2001). Die Entwicklung ist noch nicht abgeschlossen und eine Verringerung der Kosten auf das drei- bis sechsfache des Preises von konventionell gefördertem Uran wird angestrebt. Während die Atomindustrie davon ausgeht, die verbleibenden Reserven mit Hilfe von Brutreaktoren in einem Brennstoffzyklus zukünftig besser nutzen zu können, wird dies von den Atomkraftgegnern als ineffizient und zu risikoreich angesehen."*

Transmutation zur Beseitigung der Kernabfälle

Auch für das Entsorgungsproblem gibt es Vorschläge für neue Wege, die Transmutation. Hierzu sei nachfolgend der Experimentalphysiker Wolfgang Demtröder, em. Professor der Universität Kaiserslautern zitiert [21]:

In einem Linearbeschleuniger werden Protonen auf eine Energie von 800-1000 MeV beschleunigt und auf ein Target aus geschmolzenem Blei-Bismut-Eutektikum geschossen. Dabei entstehen viele schnelle Neutronen. Man nennt diese Art der Neutronenerzeugung durch hochenergetische Partikel, bei der Neutronen von einem schweren Kern abgedampft werden, auch Spallation. Damit diese Neutronen von den Spaltprodukten der Kernspaltung effizient absorbiert werden, müssen sie abgebremst werden. Dies geschieht in einem Graphitmoderator, der die Spallationsquelle zylinderförmig umgibt. Durch den Moderator fließt eine flüssige Lösung der Abfallprodukte des Kernreaktors. Sie bestehen aus zwei verschiedenen Anteilen: den durch Neutronenanlagerung im Reaktor entstandenen Actiniden (Plutonium, Neptunium, Americium und Curium) und die bei der Kernspaltung entstandenen Spaltprodukte wie Jod, Cäsium, Krypton, etc. Durch Neutronenanlagerung werden die Actiniden (Plutonium, Uran) gespalten, und die dabei frei werdende Energie kann wie bei einem Kernreaktor zu 20% für den Beschleuniger und zu 80% als abzugeben-

de Energie genutzt werden. Der Neutronenbeschuss der Spaltprodukte wandelt diese um in andere Kerne (Transmutation). Sind diese kurzlebig, so zerfallen sie schnell und geben ihre Energie als Nutzwärme ab. Sind sie stabil, werden sie aus dem Kreislauf extrahiert, weil sie dann ja nicht mehr radioaktiv sind. Die langlebigen Nukleide werden wieder dem Volumen unter Neutronenbeschuss zugeführt. Abschätzungen und erste Versuche haben ergeben, dass mit diesem Verfahren etwa 99,9% der Actiniden gespalten werden und mindestens 99% der Spaltprodukte in ungefährliche Isotope umgewandelt werden können. Sollten sich diese Abschätzungen in der Praxis bestätigen, so wäre das größte Problem der Kernenergie, nämlich die Lagerung radioaktiver Abfälle, gelöst.

Bis zur technischen Realisierung ist noch ein gutes Stück Weges zu beschreiten. Die wissenschaftliche Forschung auf diesem Gebiet wird vor allem in Frankreich und in den USA vorangetrieben. Deutschland ist nur mit sehr kleinen Arbeitsgruppen von den Forschungszentren Jülich und Karlsruhe daran beteiligt. Die Forschung zur Transmutation ganz allgemein steht tatsächlich erst am Anfang.

Mit dem International Thermonuclear Experimental Reactor (ITER) in Cadarache (Frankreich) wird in internationaler Zusammenarbeit der EU incl. Schweiz, Japan, Russland, China, Südkorea, Indien und den USA ein zwar theoretisch schon lange bekanntes, aber technisch völlig neues Konzept der Energiegewinnung verfolgt. Es ist die Kernverschmelzung der Wasserstoffisotope Tritium oder Deuterium, wobei die Energiegewinnung analog den physikalischen Vorgängen in unserer Sonne erfolgt. Zur Erinnerung sei erwähnt, dass die heute existierenden Reaktoren umgekehrt auf der Kernspaltung des schweren Elements Uran basieren. Die erzielten Fortschritte bei der Kernfusion waren bisher extrem langsam, weil die erforderliche Technologie völlig neue Anforderungen an Material und Verfahren stellt. Daher kann heute auch noch nichts darüber ausgesagt werden, ob sich das Konzept der Kernfusion einmal als technisch-wirtschaftlich sinnvoll erweisen wird. Die Kernfusion ist inhärent sicher, allerdings auch nicht völlig frei von radioaktivem Abfall, der im wesentlichen in den Reaktorwänden des Fusionsofens entsteht. Die Größenordnungen an strahlendem Abfall sind hier aber weitaus geringer als beim Spaltreaktortyp. Deutschland sollte mit wesentlich höheren Forschungsbeiträgen dieses zukunftsweisende Projekt

stärker unterstützen, als es bisher erfolgte, denn hier sind sie gut ange-
legt.

Die Einteilung von Kernkraftwerken in Generationen

Die heute laufenden Kernkraftwerke zählen zur 2. Generation, die sich
im langjährigen Betrieb bewährt hat und bei der noch kein gefährlicher
Störfall dokumentiert ist [93]. Die Entwicklung der 3. Generation begann
Anfang der 90-er Jahre. Diese Reaktoren werden nach und nach die 2.
Generation ersetzen. Ihre Hauptmerkmale sind eine erheblich bessere
Nutzung des Brennstoffs sowie neuartige passive Sicherheitssysteme, die
ohne Energiezufuhr von außen oder gar Eingriffe des Bedienungsperso-
nals auskommen. Meist sind es Leichtwasserreaktoren als Siede- oder
Druckwassertypen [94].

Die Kraftwerkstypen der 4. Generation werden erst in etwa 2 De-
kaden baureif sein. Sie sind dann inhärent sicher, d.h. eine gefährliche
Kernschmelze ist grundsätzlich unmöglich. Ferner wird hier der radioaktive Abfall nur noch einen Bruchteil der früheren Reaktoren betragen
und maßgebend kürzere Halbwertszeiten aufweisen. Dem internationalen Konsortium, das die Entwicklung dieser Kernkraftwerkstypen voran-
treibt, gehören Argentinien, Brasilien, Kanada, Frakreich, Japan, Südkorea, Südafrika, die Schweiz, England und die USA an - Deutschland
fehlt [95]! Es wird für Deutschland unabdingbar werden, die Forschung
auf dem Sektor der friedlichen Kernenergienutzung wieder aufzunehmen,
sich hier schnellstens wieder auf die vorderen technologischen Plätze zu
positionieren und nach Auslaufen der heutigen älteren Kern- und Kohlekraftwerke die Grundversorgung der 4. Generation von dann inhärent
sicheren Kernkraftwerken zu übertragen. Wir werden es ohnehin tun
müssen, denn auf Dauer wird sich kein modernes industrialisiertes Land
die irrationale Abstinenz von der Kernenergie leisten können.**Die Ängs-
te vor der zivilen Nutzung der Kernenergie sind rational nicht
nachvollziehbar**.

Bemerkenswerterweise und von den deutschen Grünen völlig unbemerkt propagiert sogar der bereits erwähnte Vorsitzende des IPCC, der
Inder Rajendra Pachauri die Kernenergie. Er führt aus [126] *„... therefore, nuclear power provides an opportunity to enhance energy sources
and cut pollution levels ..."*

8.6 Verkehr

Schneidet man hierzulande das Thema der Autonutzung an, wird es besonders irrational. Praktisch noch nie hat es ein deutscher Politiker gewagt, sich gegen die althergebrachten Rechte des Bürgers an seinem liebsten Spielzeug zu positionieren. Seine politischen Überlebenschancen würden gegen Null gehen. Unsere Industrie lebt in hohem Maße von der Autoproduktion, so dass niemals das Tabuthema allgemeiner Geschwindigkeitsbegrenzungen ernsthaft aufgegriffen wurde. Auto- und LkW-Verkehr schädigen die Umwelt durch Ressourcenverbrauch, Lärm und schädliche Abgase (nicht durch CO_2). Abgase von Düsenverkehrsflugzeuge erscheinen wegen der die hohe Atmosphäre beeinflussenden Aerosole besonders bedenklich.

Das von Autos erzeugte CO_2 spielt dagegen überhaupt keine Rolle. Wie schon beschrieben, dürfen CO_2-Steuern sachlich zutreffend als grober Unfug bezeichnet werden. Das weltweit von der Erdbevölkerung beim Ausatmen erzeugte CO_2 ist in der Größenordnung mit dem CO_2 aus den Auspuffrohren aller Autos auf unserem Globus vergleichbar (Berechnung s. unter 5.1).

Zur Vermeidung von Missverständnissen: Kein Unsinn ist es, durch massive steuerliche und gesetzliche Maßnahmen den Treibstoffverbrauch von Autos entscheidend zu senken, wobei automatisch der CO_2-Ausstoß, als proportional zum verbrannten Treibstoff, mitgesenkt wird. Im Sinne der *Ressourcenschonung* allerdings, sowie einer Vermeidung von Aerosolbildung in hohen Atmosphärenschichten durch den Flugverkehr wären folgenden vier Maßnahmenblöcke für eine nachhaltige und umweltgerechte deutsche Verkehrspolitik zielführend und sollten auf den Weg gebracht werden:

A. Ausbau des Schienennetzes und weitgehende Verlagerung vom LkW auf die Bahn. Dies käme nicht nur der Umwelt, sondern auch unseren lokalen landwirtschaftlichen Erzeugern zugute.

B. Bessere Telematik im Straßenverkehr. Dadurch lassen sich Verkehrsdurchsatz maximieren, Treibstoff einsparen und Unfälle verhindern.

C. Steuerliche Maßnahmen in Richtung eines echten 3-Liter-Autos. Der Trend zu immer schwereren und größeren Autos, wie z.B. den 4WD-Fahrzeugen, die im australischen Busch, aber nicht auf deutschen Strassen sinnvoll sind, muss sich umkehren. Die heutigen, überdimensionierten Motoren sind bei sinnvollen Höchstgeschwindigkeiten um 100 km/h unwirtschaftlich. Ein PkW zum sicheren Transport von 5 Personen muss wesentlich leichter werden. Mit neuen Materialien, wie z.B. Kohlefaserverbundwerkstoffen sowie einer Begrenzung der Höchstgeschwindigkeit auf etwa 110 km/h ist dies zu schaffen. In allen anderen Ländern der Welt sind Geschwindigkeitsbegrenzungen dieser Größenordnung selbstverständlich. Langfristig ist eine weitgehende Abkehr vom Erdöl aber auch von Biotreibstoffen, die die Umwelt schwer schädigen, unabdingbar.

D. Kurzfristig die Weiterentwicklung und später wohl das völlige Aufgeben heutiger Flugzeugturbinen zugunsten neuer Antriebe mit nahezu verschwindenden Abgaswerten, insbesondere den für die hohe Atmosphäre so schädlichen Aerosolen. Die Fluggeschwindigkeiten werden hierzu wohl wieder sinken müssen.

Ein letztes Wort zum Elektroauto. Dieser Hoffnungsträger wird sich als Flop erweisen, was bereits aus der Bemerkung eines hohen Managers der Firma Bosch hervorging, der von einem hübschen „Werbegag" sprach. Warum ist das so? Nach effizienten Batterien forscht man praktisch schon ab dem Zeitpunkt, als es industrielle Elektrizität gab. Dass hier noch größere Entwickungssprünge möglich sind, ist äußerst unwahrscheinlich. Die „Hausnummern" moderne Auto-Lithium-Ionen Batterien sind Gewichte um 150 kg und Preise um 15.000 Euro. Ihr Energieinhalt entspricht etwa dem 1/40 eines gefüllten Benzintanks. Das Aufladen ist eine langwierige, stundenlange Prozedur. Den Vorsprung eines Faktors 40 werden Batterien wohl niemals aufholen können.

Auch Hybridfahrzeuge sind nur kostspielige Spielzeuge, um dem Nachbarn zu imponieren. Brennstoffzellen, Wasserstoff als Antriebsmedium u.a.m. haben einen zu schlechten Wirkungsgrad. Technisch am vernünftigsten erscheint noch der Pressluftmotor [132], allerdings dürfte die Automobilindustrie hieran kein Interesse haben, denn er ist zu einfach und verspricht infolgedessen zu wenig Profit. Das Prinzip ist einfach: In einem bis zwei Kubikmeter wird Pressluft gespeichert. Selbst Fachleute sind überrascht, wenn sie nachrechnend feststellen, wie hoch der Energicinhalt eines solchen Behälters - abhängig vom Druck natürlich, der etwa 100 bis 200 bar betragen sollte - sein kann. Die in Pressluft gespeicherte Energie liegt in ihrer wertvollsten mechanischen Form vor, d.h. es gibt nur geringe Reibungsverluste bei ihrer Umsetzung auf den Antrieb des Fahrzeugs. Bremsen kann zur Wiedererhöhung des Behälterdrucks ausgenutzt werden. Nachteilig ist der relativ hohe Raumbedarf für die Pressluft und die potentielle Gefahr, die von einem solchen Behälter bei einem Unfall ausgeht.

Leider geht daher wohl kein Weg an der Erkenntnis vorbei, dass die chemische Speicherung von Energie für den Autoantrieb in Form von Kohlenwasserstoffen (Benzin etc.) immer noch technisch-wirtschaftlich die optimale Lösung bleiben wird. Wie wir gesehen haben, spielt der CO_2-Ausstoß von Autos keine Rolle. Die tatsächlich schädlichen Verbrennungsprodukte werden dagegen schon heute fast vollständig durch moderne Motorsteuerung, Katalysatoren und Filter entfernt. Um vom Erdöl wegzukommen, wird es daher wohl einmal in weiterer Zukunft sinnvoll werden, mit Hilfe von Kernkraftwerken Benzin zu synthetisieren. Eine ähnliche Synthese aus dem Grundstoff Kohle erfolgte bereits im zweiten Weltkrieg mit dem berühmten Fischer-Tropsch-Verfahren und hatte sich damals bestens bewährt [50].

8.7 Technische Bildung in Deutschland

Nur ausreichende technische Allgemeinbildung eines maßgeblichen Anteils der Wahlbevölkerung bewirkt sinnvolle politische Entscheidungen zu Gesetzen, die Technik, Umwelt und Energiewirtschaft betreffen. Insofern hat das Thema der technisch-naturwissenschaftlichen Ausbildung vieles mit der hier behandelten CO_2-Problematik zu tun. Es wird sich im Folgenden zeigen, wie Fehlinformation und Fehlsteuerung der Klimapolitik wirkungsvoll durch eine katastrophale deutsche Bildungspolitik begleitet wird.

Wenn man einer zwar politisch wirksamen, aber eines ausreichend technischen Grundwissens entbehrenden Mehrheit, wie es heutzutage in Deutschland bereits der Fall ist, jeden technischen Unsinn ungestraft vorsetzen kann, dann nützen auch die Einwände der technischen Intelligenz nichts mehr. Politiker beherrschen die Grundrechenarten und sie wissen, dass sie Mehrheiten zum überleben brauchen. Mehrheiten sind bei schlechtem Bildungsstand der Wahlbevölkerung leichter mit irrationalen Appellen als mit rationalem Handeln und dem Aussprechen von zutreffenden technischen Zusammenhängen einzufangen. Dies erklärt hinreichend, was sich zur Zeit umwelt- und energiepolitisch in Deutschland abspielt.

In diesem Zusammenhang darf auch eine schädliche, die deutsche Bildungsschicht traditionell durchdringende Auffassung vom Stellenwert technischer Bildung nicht übersehen werden: **In jeder guten Gesellschaft kann man, ohne unangenehm aufzufallen, das bekannte „in Mathematik und Physik war ich schon immer schlecht" stolz von sich geben, ohne als Dummkopf zu gelten. Insbesondere der Ingenieurberuf wird von vielen Bildungsbürgern oft mit Herablassung angesehen und im Grunde verachtet.**

Dagegen wäre die Bemerkung peinlich, noch nie etwas von Goethes Faust gehört zu haben. Angesichts des hohen technischen und naturwissenschaftlichen Kenntnisstands von Goethe wäre das Eingeständnis von technischer Ignoranz in seiner Gesellschaft kaum wohlwollend aufgenommen worden. Im Übrigen dürfen sich die angesprochenen Bildungsbürger über den ihnen von den Politikern aufgebrummten technischen Unsinn nicht beklagen. Sie haben es nicht besser verdient.

Die deutsche Schul- und Hochschulpolitik der letzten Jahrzehnte war durch **Inkompetenz, Ideologie und brutale Mitteleinsparungen** geprägt. Die technische Allgemeinbildung der breiten deutschen Bevölkerung, insbesondere aber der heutigen Schüler (und späteren Wähler) befindet sich infolge akutem Mangel an guten Lehrern der Fächer Physik und Technik im freien Fall. Man braucht noch nicht einmal an die schlechten PISA-Plätze im internationalen Schulvergleich und den unübersehbaren Zusammenhang zwischen Akzeptanz der Kernenergie und den PISA-Siegen von Finnland zu erinnern. Die pro Student den Hochschulen gewährten Mittel sinken stetig. Die Bezahlung von neu berufenen Professoren hat sich mit einer kräftig beschnittenen Besoldungsstruktur (W an Stelle von C), von der Öffentlichkeit unbemerkt, um grob ein Drittel gegenüber der Vergangenheit verringert und lässt der Hochschulleitung über gewährte oder verweigerte „Zulagen" ausreichend Spielraum, um unbequeme oder politisch unerwünschte Kollegen an die Leine zu legen.

Durch neue Landesgesetze, die von den Medien und anfänglich auch von den Hochschulangehörigen selber völlig unbemerkt blieben, wurden die Hochschulgremien kastriert und die Entscheidungsbefugnisse in die Hände von Polit-Rektoren gelegt. Diese neuen Hochschulleiter werden inzwischen von öffentlichen Wahlgremien, im Klartext von den jeweiligen Kultusministerien ausgesucht und eingesetzt - von demokratischen Wahlen, wie früher durch den Hochschulsenat alleine, kann keine Rede mehr sein. Der im Nachkriegsdeutschland politisch unabhängige Professor ist zum Auslaufmodell geworden, und damit ist es auch mit der politischen Unabhängigkeit der Forschung als eines der wertvollsten Güter einer auf technischen Fortschritt angewiesenen Industrienation vorbei.

Und keine Hochschulrektorenkonferenz hat gegen diese Entwicklungen protestiert! Gerade die besten Forscher ziehen es angesichts dieser Zustände und nicht zuletzt der unzumutbaren W-Gehälter wegen inzwischen vor, im Ausland zu bleiben und nicht mehr zurückzukehren. An diesen Verhältnissen ändern auch Exzellenzinitiativen und die zwei deutschen Nobelpreise für Physik und Chemie in 2007 nichts. Deren Laureaten sind emeritierte Vertreter einer längst verflossenen Professorengeneration, die noch das Glück hatten, über eine für ihre Forschung und Lehre angemessene Umgebung, Ausstattungsbasis und Besoldung zu verfügen.

Technische Universitäten und Fachhochschulen haben in jüngster Zeit einschneidende und für unser Land ungemein schädliche Reformen über sich ergehen lassen müssen. Für einen unsinnigen, nur fiskalisch motivierten Bachelor-Grad (in den geisteswissenschaftlichen Fächern ist der Bachelor vielleicht sinnvoll) wurde das deutsche Ingenieur- und naturwissenschaftliche Diplom von weltweit einzigartiger Reputation ohne erkennbare Notwendigkeit weggeworfen. Die FAZ schrieb zum Verlust des Dipl.-Ing. zutreffend [43]: *„Die deutsche Hochschule hat sich ohne Not und in einer Mischung von Phrasengläubigkeit und bürokratischer Konsequenz um eines ihrer besten Stücke gebracht."*

Die deutsche Industrie klagt, wie schon immer, über Ingenieurmangel.

In Wirklichkeit geht es um etwas anderes. Mit dem Ingenieur-Bachelor wird unser bewährtes duales Ausbildungssystem ausgehebelt und das für unsere industrielle Wettbewerbsfähigkeit so erfolgreiche Gleichgewicht zwischen Meistern, Technikern und Ingenieuren zerstört. Das Beispiel Australien zeigt mustergültig, wozu ein gewaltsam hoher Akademikeranteil (es sind dort über 40%) führt. Die meisten dieser Akademiker beherrschen nichts Brauchbares, denn es gibt dort akademische Grade für Tourismus und ähnliches mehr, also für Ausbildungsgänge, die an Hochschulen nichts zu suchen haben. Diese Verhältnisse steuern wir auch hierzulande an. In Australien herrscht inzwischen trotz der hohen Akademiker-Quote dramatischer Mangel an Ingenieuren, Technikern und Ärzten.

Wann werden es endlich Abgeordnete und Wähler in Deutschland begreifen, dass Politiker, die sich inkompetent mit Reformen profilieren wollen (s. auch „den Fall Rechtschreibereform") wirksam und so schnell wie möglich aus dem Verkehr gezogen werden müssen!

9 Kritische wissenschaftliche Manifeste

Die folgenden Ausführungen orientieren sich an der sorgfältigen Recherche von Dr. Rainer Link [97]: Die Glaubensgemeinde der Apologeten - des durch Emission von CO_2 hervorgerufenen Klimawandels mit katastrophalen Folgen für die Menschheit noch in diesem Jahrhundert - beruft sich für ihr Glaubenscredo auf zwei Säulen:

I. 98% der Klimawissenschaftler seien der Meinung, dass der aktuelle Klimawandel menschgemacht sei (Al Gore, 1992).
II. Am Bericht des IPCC (Intergovernmental Panel on Climate Change) wären Tausende von Wissenschaftlern beteiligt. Claudia Kempfert, Deutsches Institut für Wirtschaftsforschung, behauptete sogar allen Ernstes in der Talkrunde Dellings Woche des WDR 2008, es seien 8.000.

Beide Aussagen I. und II. sind falsch. Fangen wir mit der Zahl der an den IPCC Berichten beteiligten Wissenschaftler an! Den Bericht des wichtigsten Teils des letzten IPCC Berichtes, Fourth Assessment Report FAR in der Arbeitsgruppe 1 WG1, The Scientific Basis, haben insgesamt 720 Autoren erstellt. Diese wurden von 656 Gutachtern überprüft. Der Bericht der WG 1 umfasst 11 Kapitel. Im Schnitt waren somit an jedem der unabhängigen Kapitel 65 Autoren und 60 Gutachter beteiligt [112]. „Tausende" Wissenschaftler waren es also bei der Erarbeitung der physikalischen Grundlagen, dem essentiellen Teil des IPCC Berichtes, keineswegs. Die meisten der Autoren hatten keinen Einfluss auf die Zusammenfassung für Politiker, Summary for Policy Makers und somit auch keinen Einfluss auf die Formulierungen.

Kommen wir nun zur Aussage, es sei ein allgemeiner Konsens unter den Klimatologen und Wissenschaftlern, dass die von den beiden Institutionen GISS, dem Goddard Institute for Space Studies der NASA, USA und CRU, der Climatic Research Unit der University of East Anglia, UK, angegebene gemittelte globale Temperaturzunahme von 0,8 ^{0}C im vergangenen Jahrhundert zum größten Teil anthropogenen Ursprungs sei. Nebenbei: Die unter „Climategate" bekannt gewordenen Manipulationen lassen Zweifel an der wissenschaftlichen Zuverlässigkeit dieser beiden Institutionen aufkommen (s. auch unter 7.4), um die es aber hier nicht gehen soll.

Im Folgenden werden vielmehr die Manifeste und Petitionen genannt, die von vielen tausenden Naturwissenschaftlern, Klimawissenschaftlern und sogar Nobelpreisträgern unterschrieben wurden und die die vom IPCC und verwandten Instituten - in Deutschland vor allem das Potsdamer Institut für Klimafolgenforschung PIK - vorgetragene alarmierende Temperaturerhöhung durch Erhöhung der CO_2 Konzentration in der Atmosphäre nicht mittragen. Alle führen das Märchen vom Konsens ad Absurdum.

Beginnen wir zur Einstimmung mit einem, der es leider und offensichtlich auch nicht besser weiß, oder dessen Berater es ihm verschweigen, dem US Präsidenten Barrack Obama, dessen Aussage zum anthropogen erzeugten Klimawandel *„Wenige Herausforderungen, denen sich Amerika und die Welt gegenübersieht, sind wichtiger, als den Klimawandel zu bekämpfen. Die Wissenschaft ist jenseits aller Diskussion, und die Fakten sind klar"* die folgende Reaktion hervorrief: *„**With All Due Respect, Mr. President. But This Is Not True"*** . Mehr als 150 Wissenschaftler haben diesen Aufruf unterschrieben [122].

Die wichtigsten öffentlichen Manifeste von Klimaforschern, die an der Politik des IPCC Kritik üben, sind das Leipziger Manifest [76] von 1995 und 1997, der Heidelberger Aufruf [73] von 1992, die kanadische Petition [48] dem Jahre 2006 und die Oregon-Petition [78]. Wie sehr solche Aufrufe die Schärfe der Kontroverse in der Wissenschaftsgemeinde und vor allem der Wissenschaftspolitik widerspiegeln, zeigt beispielsweise der Ablauf der jüngsten kanadischen Petition. Nur wenige Tage später erfolgte eine weitere Petition an die gleiche Adresse, nämlich den kanadischen Ministerpräsidenten Stephen Harper, nun aber von kanadischen IPCC-Meinungsvertretern [168]. Der kurze Reaktionszeitraum dieser Replik spricht für sich und bedarf keines weiteren Kommentars.

Weitere Manifest sind der Minority Report des US-Senats vom Dez. 2008 und ergänzt im März 2009 [115] und in Deutschland der offene Brief vom Juli 2009 an die Physikerin und Kanzlerin Frau Dr. Merkel, in dem bis heute schon etwa 400 Wissenschaftler und engagierte Bürger fordern, „die Kanzlerin möge sich nicht länger den offensichtlichen Fakten gegenüber verschließen und von der Pseudoreligion der anthropogenen Erwärmung ablassen" [114].

Von den hier bekannten Umfragen sind zu nennen: Die Umfrage unter Experten der Staatlichen Wetterämter der USA (1997) [156], die Oreskes-Studie im Auftrag des IPCC (2004) [127], die GKSS Umfrage (2007) [61] und die Kepplinger/Post Umfrage (2008) [90].

In jüngster Zeit hat sich eine Gegenorgansiation zum IPCC mit dem Kürzel ICSC (International Climate Science Coalition) etabliert, die sich aus aktiven und vielen im Ruhestand befindlichen Klimaforschern zusammensetzt. Das ICSC ist mit der Manhatten-Erklärung hervorgetreten, die sich mit ca. 500 Unterzeichnern, meist Klimaexperten, an das IPCC und die Öffentlichkeit richtet. Die Erklärung ist auf der ICSC-Homepage aufgeführt [174], richtet sich gegen die unsachliche und ausschließlich politisch motivierte Hysterie einer faktisch nicht begründbaren Bedrohung durch anthropogenes CO_2 und fordert, sich endlich den echten Umweltproblemen, wie sie auch hier bereits in der Einleitung aufgezählt wurden, zuzuwenden. Nun zu den Manifesten und Umfragen im Einzelnen:

Das Leipziger Manifest
Das Leipziger Manifest ging aus einem internationalen Symposium über die Treibhauskontroverse in Leipzig, 9-10. Nov. 1995, und in Bonn, 10-11. Nov. 1997 hervor.

Der Heidelberger Aufruf
Er ging ursprünglich aus dem „Earth Summit" in Rio de Janeiro von 1992 hervor und wurde zum ersten Mal am 1.6.1992 im Wall Street Journal mit 46 Unterzeichnern veröffentlicht. Gegenwärtig haben 4000 Personen, darunter die überwiegende Anzahl Fachwissenschaftler mit 72 Nobelpreisträgern unterzeichnet. Der Aufruf wurde von besonders scharfen Kritikern des IPCC wie Fred Singer begrüßt, der die Bewegung *Science and Environmental Policy Project* gegründet hat [163].

Die Oregon-Petition

Sie weist 17.800 Unterzeichner auf, von denen bei weitem nicht alle Klimaexperten sind, wendet sich gegen das nutzlose Kyoto-Protokoll und hat ihren Namen vom Oregon Institute of Science and Medicine, das die Petition in den Jahren 1999 bis 2001 organisierte.

Die kanadische Petition

Sie erschien am 6.4.2006 in der Financial Post (Kanada), war als offener Brief an den kanadischen Ministerpräsidenten gerichtet und wurde von 61 Wissenschaftlern, vorwiegend Klimaexperten unterschrieben. Sie ist unter 10.2, vom Verf. aus dem Englischen übersetzt, ebenfalls im Wortlaut aufgeführt.

Der Minority Report des US-Senats

Im Dezember 2008 und ergänzt im März 2009 wanden sich über 700 Wissenschaftler mit dem so genannten „U.S. Senate Minority Report" (auch als Inhofe Report bezeichnet) an den Senat der Vereinigten Staaten. Die Unterzeichner wehrten sich gegen den so genannten Konsens, dass der Mensch für die Erwärmung hauptsächlich verantwortlich gemacht werden kann. Im Report steht, dass die 700 Wissenschaftler die Zahl der an der Zusammenfassung für Politiker des IPCC beteiligten Wissenschaftler (52) um das mehr als 13 fache übersteigt. Sie führten insbesondere die Messungen an, die die alarmistischen, von Modellen unterstützten Prophezeihungen widerlegen.

Der offene Brief vom Juli 2009 an die Physikerin und Kanzlerin Frau Dr. Merkel In einem offenen Brief vom Juli 2009 an die Physikerin und Kanzlerin Frau Dr. Merkel fordern fast 320 Wissenschaftler und Bürger, „die Kanzlerin möge sich nicht länger den offensichtlichen Fakten gegenüber verschließen und von der Pseudoreligion der anthropogenen Erwärmung ablassen." Und weiter: „Die Temperaturmessungen ab 1701 widerlegen anthropogen verursachte Temperaturschwankungen."

Die Umfrage unter Experten der Staatlichen Wetterämter der USA (1997)

Im Jahre 1997 hat die Organisation 'Citizen for a Sound Economy Foundation' eine Umfrage unter den 48 Staatlichen Klimaexperten der USA zum Thema Klimawandel durchführen lassen. 36 von Ihnen haben an der

Umfrage teilgenommen. 90% der Befragten waren der Meinung, dass die Veränderungen in der globalen Temperatur auf natürliche Zyklen zurückzuführen sind. 89% sagten, dass die Wissenschaft nicht in der Lage ist, die nur von Menschen verursachten Temperaturänderungen zu isolieren und zu messen.

Die Oreskes-Studie im Auftrag des IPCC (2004)

Um dem überzeugenden Beweis gegen den einhelligen Konsens aller Wissenschaftler aus der Umfrage unter Experten der Staatlichen Wetterämter der USA (1997) zu begegnen, ließ die UN (IPCC) Naomi Oreskes (Science, Bd. 306, 2004) eine Untersuchung der Zusammenfassung von 978 Artikeln in Fachzeitschriften zwischen 1993 und 2003 durchführen, die sie unter dem Stichwort „Global Climate Change" im Information Science Institute der Universität Süd-Kalifornien gefunden hatte. Ihr Ergebnis war, dass 75% den behaupteten Konsens vertreten, dass die Menschen eine globale Naturkatastrophe durch die Verbrennung fossiler Rohstoffe verursachen.

Die GKSS Umfrage (2007)

Im Jahre 2007 veröffentlichten die Klimawissenschaftler Hans von Storch und Dennis Bray (GKSS Forschungszentrum Geesthacht Bericht No.1, ISSN 0344-9629) eine anonyme Umfrage unter ca. 1250 Klimawissenschaftlern, von denen 40% antworteten. Dies ist für derartige Umfragen eine sehr hohe „Response-Rate" . Die Frage „Ist der gegenwärtige Stand der Wissenschaft weit genug entwickelt, um eine vernünftige Einschätzung des Treibhausgaseffektes zu erlauben?" beantworteten nur 69% mit Zustimmung. Die Frage „Können Klimamodelle die Klimabedingungen der Zukunft voraussagen?" beantworteten 64% ablehnend! Das verwundert insofern nicht, denn bereits unter 5.6 wurde ausgeführt, was das IPCC selber von seinen Klimamodellen hält. Das wissen natürlich auch die führenden Klimatologen. Leider informieren sie darüber die Öffentlichkeit nicht.

Die Kepplinger/Post Umfrage (2008)

Im September 2008 veröffentlichten Hans M. Kepplinger und Senja Post von der Universität Mainz in deren Forschungsmagazin eine anonyme Online-Umfrage unter den 239 identifizierten deutschen Klimawissenschaftlern. 133 (44%) von ihnen nahmen an der Befragung teil. Kepplinger: „Die Mehrheit der Wissenschaftler war der Ansicht, dass die Voraussetzungen für eine Berechenbarkeit des Klimas gegenwärtig noch nicht gegeben ist. Dies betrifft die Menge und Qualität der empirischen Daten, die Qualität der Modelle und Theorien sowie die Kapazität der verfügbaren Analysetechniken. Nur eine Minderheit von 20% glaubt, dass die empirischen und theoretischen Voraussetzungen für die Berechnung des Klimas heute schon gegeben seien."

Es ist bemerkenswert, dass keines dieser Manifeste, Petitionen oder Umfragen auch nur die geringste Resonanz in den deutschen Medien erfuhr. Überflüssig zu erwähnen, dass der offene Brief an die Bundeskanzlerin, den immerhin eine ganze Reihe von fachnahen Hochschulprofessoren, darunter auch Klimaforscher, unterschrieben haben, noch nicht einmal eine Eingangsbestätigung des Bundeskanzleramts zur Folge hatte. Und noch etwas: ein oft verwendetes Argument der IPCC-Apologeten lautet „es gibt praktisch keine ernsthaften, peer-reviewten Artikel in seriösen Fachzeitschriften, die der IPCC-Auffassung widersprechen" . Auch dies trifft nicht zu - trotz der erfolgreichen Verhinderung solcher Fachaufsätze durch das CRU-Kartell (s. unter 7.4). Der ScienceScepticalBlog [9] hat über 450 solcher Fachaufsätze gezählt - mit detaillierter Quellenangabe, wo sie zu finden sind.

Zum Anschluss dieses Kapitels sei die kleineste aller Petitionen, die kanadische Petition im Wortlaut und mit Aufführung aller Unterzeichner als stellvertretendes Beispiel vollständig aufgeführt (vom Autor ins Deutsche übersetzt):

„Sehr geehrter Herr Ministerpräsident: Als akkreditierte Experten der Klimawissenschaft und deren Nachbardisziplinen schreiben wir Sie an, um vorzuschlagen, ausgewogene und umfassende öffentliche Beratungs-Gespräche abzuhalten, die die wissenschaftliche Grundlage der Pläne der Bundesregierung zum Klima-Wandel überprüfen. Dies würde vollständig mit Ihrer kürzlichen Verpflichtung übereinstimmen, eine Überprüfung des Kyoto-Protokolls einzuleiten. Obwohl viele von uns den gleichlautenden Vorschlag den damaligen Ministerpräsidenten Martin und Chretien machten, antwortete keiner von ihnen, und bis jetzt ist keine formelle, unabhängige klimawissenschaftliche Überprüfung in Kanada eingeleitet worden. Ein großer Teil der Dollar-Milliarden, die für die Erfüllung des Kyoto-Protokolls in Kanada vorgesehen sind, wird ohne eine angemessene Berücksichtigung der jüngsten Entwicklungen in der Klima-

wissenschaft verschwendet sein. Beobachtungsdaten stützen die heutigen Computer-Klima-Modelle nicht. Somit gibt es auch wenig Gründe, den Modellvoraussagen für die Zukunft Vertrauen zu schenken. Genau dies aber taten die Vereinten Nationen, als sie das Kyoto-Protokoll schufen und förderten und tun es auch jetzt noch mit ihren Katastrophen-Prophezeiungen, auf denen dann Kanadas Klimapolitik basiert. Aber auch wenn die Klimamodelle realistisch wären, wären die Auswirkungen auf die Umwelt Kanadas unbedeutend, ebenso, wenn Kanada die Erfüllung der Verpflichtungen von Kyoto oder anderer Pläne zur Treibhausgas-Reduktion hinauszögerte, um das Ergebnis der Beratungen abzuwarten. Wenn Sie Ihre Regierung anweisen würden, zum frühestmöglichen Zeitpunkt ausgewogene öffentliche Anhörungen einzuberufen, wäre dies eine äußerst kluge und verantwortungsvolle Handlungsweise. Wenn auch die selbstsicheren Erklärungen von wissenschaftlich unqualifizierten Umweltgruppen für sensationelle Schlagzeilen sorgen, so sind sie doch keine Grundlage für eine ausgereifte politische Formulierung. Das Studium des globalen Klimawandels ist, wie Sie selber gesagt haben, eine noch im Entstehen begriffene Wissenschaft, vielleicht die komplexeste, welche jemals in Angriff genommen wurde. Es wird vermutlich noch viele Jahre dauern, bis wir das Klimasystem der Erde richtig verstehen werden. Nichtsdestoweniger wurden bedeutende Fortschritte erzielt, seit das Kyoto-Protokoll kreiert wurde und viele davon mindern unsere Besorgnis über zunehmende Treibhausgase. Wenn wir bereits in der Mitte der 1990er Jahre gewusst hätten, was wir heute über das Klima wissen, dann gäbe es das Kyoto-Protokoll fast mit Sicherheit nicht, weil wir zu dem Schluss gekommen wären, es sei unnötig. Wir sind uns der Schwierigkeiten jeder Regierung, die eine vernünftige, wissenschaftsbasierte Politik formuliert, bewusst, wenn die lautesten Stimmen ständig in die Gegenrichtung drängen. Wenn jedoch offene, unvoreingenommene Beratungen einberufen würden, hätten die Kanadier die Möglichkeit, von Fachleuten beider Seiten der Debatte in der Gemeinschaft der Klimawissenschaft zu hören. Wenn die Öffentlichkeit zu der Erkenntnis gelangt, dass es unter den Klimawissenschaftlern keinen Konsens über die relative Bedeutung der unterschiedlichen Ursachen für den globalen Klimawandel gibt, dann wird die Regierung sich in einer weitaus besseren Position befinden, Pläne zu entwickeln, welche der Realität entsprechen und so-

wohl der Umwelt als auch der Wirtschaft nützen. „Klimawandel findet statt" ist eine bedeutungslose Phrase und wird von Aktivisten immer wieder gebraucht, um die Öffentlichkeit davon zu überzeugen, dass sich eine Klimakatastrophe anbahnt und die Menschheit deren Ursache ist. Beide Befürchtungen sind unberechtigt. Globale Klimaänderungen beruhen zu allen Zeiten auf natürlichen Ursachen und es ist immer noch unmöglich, die menschliche Einwirkung von dem natürlichen „Rauschen" zu unterscheiden. Die Verpflichtung der neuen kanadischen Regierung, die Verschmutzung von Luft, Wasser und Boden zu reduzieren, ist lobenswert, aber Geldmittel einzusetzen, um „den Klimawandel zu stoppen" , ist unsinnig. Wir benötigen eine Fortsetzung der intensiven Erforschung der wirklichen Ursachen des Klimawandels und müssen unseren, am stärksten gefährdeten Bürgern helfen, sich dem anzupassen, was immer die Natur uns künftig bescheren wird. Wir glauben, dass es für die kanadische Öffentlichkeit und die Entscheider in der Regierung erforderlich und angemessen ist, die ganze Geschichte dieses sehr komplexen Themas anzuhören. Es ist nur 30 Jahre her, dass viele der heutigen Untergangspropheten uns erzählten, die Welt befinde sich inmitten einer globalen Abkühlungskatastrophe. Die Wissenschaft aber entwickelte sich weiter und tut dies immer noch, auch wenn es viele vorziehen, dies nicht zur Kenntnis zu nehmen, da es nicht zu vorfestgelegten politischen Plänen passt. Wir hoffen, dass Sie unseren Vorschlag sorgfältig prüfen werden, und sind jederzeit bereit und in der Lage, Sie mit mehr fachlicher Information zu diesem äußerst wichtigen Thema zu versorgen. Kopie an: Rona Ambrose, Minister für Umwelt, und Gary Lunn, Minister für Bodenschätze..."

Alle Unterzeichner:

Dr. Ian D. Clark, professor, isotope hydrogeology and paleoclimatology, Dept. of Earth Sciences, University of Ottawa

Dr. Tad Murty, former senior research scientist, Dept. of Fisheries and Oceans, former director of Australia's National Tidal Facility and professor of earth sciences, Flinders University, Adelaide; currently adjunct professor, Departments of Civil Engineering and Earth Sciences, University of Ottawa

Dr. R. Timothy Patterson, professor, Dept. of Earth Sciences (paleoclimatology), Carleton University, Ottawa

Dr. Fred Michel, director, Institute of Environmental Science and associate professor, Dept. of Earth Sciences, Carleton University, Ottawa

Dr. Madhav Khandekar, former research scientist, Environment Canada. Member of editorial board of Climate Research and Natural Hazards

Dr. Paul Copper, FRSC, professor emeritus, Dept. of Earth Sciences, Laurentian University, Sudbury, Ont.

Dr. Ross McKitrick, associate professor, Dept. of Economics, University of Guelph, Ont.

Dr. Tim Ball, former professor of climatology, University of Winnipeg; environmental consultant

Dr. Andreas Prokoph, adjunct professor of earth sciences, University of Ottawa; consultant in statistics and geology

Dr. David Nowell, M.Sc. (Meteorology), fellow of the Royal Meteorological Society, Canadian member and past chairman of the NATO Meteorological Group, Ottawa

Dr. Christopher Essex, professor of applied mathematics and associate director of the Program in Theoretical Physics, University of Western Ontario, London, Ont.

Dr. Gordon E. Swaters, professor of applied mathematics, Dept. of Mathematical Sciences, and member, Geophysical Fluid Dynamics Research Group, University of Alberta

Dr. L. Graham Smith, associate professor, Dept. of Geography, University of Western Ontario, London, Ont.

Dr. G. Cornelis van Kooten, professor and Canada Research Chair in environmental studies and climate change, Dept. of Economics, University of Victoria

Dr. Petr Chylek, adjunct professor, Dept. of Physics and Atmospheric Science, Dalhousie University, Halifax

Dr./Cdr. M. R. Morgan, FRMS, climate consultant, former meteorology advisor to the World Meteorological Organization. Previously research scientist in climatology at University of Exeter, U.K.

Dr. Keith D. Hage, climate consultant and professor emeritus of Meteorology, University of Alberta

Dr. David E. Wojick, P.Eng., energy consultant, Star Tannery, Va., and Sioux Lookout, Ont.

Rob Scagel, M.Sc., forest microclimate specialist, principal consultant, Pacific Phytometric Consultants, Surrey, B.C.

Dr. Douglas Leahey, meteorologist and air-quality consultant, Calgary

Paavo Siitam, M.Sc., agronomist, chemist, Cobourg, Ont.

Dr. Chris de Freitas, climate scientist, associate professor, The University of Auckland, N.Z.

Dr. Richard S. Lindzen, Alfred P. Sloan professor of meteorology, Dept. of Earth, Atmospheric and Planetary Sciences, Massachusetts Institute of Technology

Dr. Freeman J. Dyson, emeritus professor of physics, Institute for Advanced Studies, Princeton

N.J. Mr. George Taylor, Dept. of Meteorology, Oregon State University; Oregon State climatologist; past president, American Association of State Climatologists

Dr. Ian Plimer, professor of geology, School of Earth and Environmental Sciences, University of Adelaide; emeritus professor of earth sciences, University of Melbourne, Australia

Dr. R.M. Carter, professor, Marine Geophysical Laboratory, James Cook University, Townsville, Australia

Mr. William Kininmonth, Australasian Climate Research, former Head National Climate Centre, Australian Bureau of Meteorology; former Australian delegate to World Meteorological Organization Commission for Climatology, Scientific and Technical Review

Dr. Hendrik Tennekes, former director of research, Royal Netherlands Meteorological Institute

Dr. Gerrit J. van der Lingen, geologist/paleoclimatologist, Climate Change Consultant, Geoscience Research and Investigations, New Zealand

Dr. Patrick J. Michaels, professor of environmental sciences, University of Virginia

Dr. Nils-Axel Morner, emeritus professor of paleogeophysics & geodynamics, Stockholm University, Stockholm, Sweden

Dr. Gary D. Sharp, Center for Climate/Ocean Resources Study, Salinas, Calif.

Dr. Roy W. Spencer, principal research scientist, Earth System Science Center, The University of Alabama, Huntsville

Dr. Al Pekarek, associate professor of geology, Earth and Atmospheric Sciences Dept., St. Cloud State University, St. Cloud, Minn.

Dr. Marcel Leroux, professor emeritus of climatology, University of Lyon, France; former director of Laboratory of Climatology, Risks and Environment, CNRS

Dr. Paul Reiter, professor, Institut Pasteur, Unit of Insects and Infectious Diseases, Paris, France. Expert reviewer, IPCC Working group II, chapter 8 (human health)

Dr. Zbigniew Jaworowski, physicist and chairman, Scientific Council of Central Laboratory for Radiological Protection, Warsaw, Poland

Dr. Sonja Boehmer-Christiansen, reader, Dept. of Geography, University of Hull, U.K.; editor, Energy & Environment

Dr. Hans H.J. Labohm, former advisor to the executive board, Clingendael Institute (The Netherlands Institute of International Relations) and an economist who has focused on climate change

Dr. Lee C. Gerhard, senior scientist emeritus, University of Kansas, past director and state geologist, Kansas Geological Survey

Dr. Asmunn Moene, past head of the Forecasting Centre, Meteorological Institute, Norway

Dr. August H. Auer, past professor of atmospheric science, University of Wyoming; previously chief meteorologist, Meteorological Service (MetService) of New Zealand

Dr. Vincent Gray, expert reviewer for the IPCC and author of The Greenhouse Delusion: A Critique of Climate Change 2001, Wellington, N.Z.

Dr. Howard Hayden, emeritus professor of physics, University of Connecticut

Dr. Benny Peiser, professor of social anthropology, Faculty of Science, Liverpool John Moores University, U.K.

Dr. Jack Barrett, chemist and spectroscopist, formerly with Imperial College London, U.K.

Dr. William J.R. Alexander, professor emeritus, Dept. of Civil and Biosystems Engineering, University of Pretoria, South Africa. Member,

United Nations Scientific and Technical Committee on Natural Disasters, 1994-2000

Dr. S. Fred Singer, professor emeritus of environmental sciences, University of Virginia; former director, U.S. Weather Satellite Service

Dr. Harry N.A. Priem, emeritus professor of planetary geology and isotope geophysics, Utrecht University; former director of the Netherlands Institute for Isotope Geosciences; past president of the Royal Netherlands Geological & Mining Society

Dr. Robert H. Essenhigh, E.G. Bailey professor of energy conversion, Dept. of Mechanical Engineering, The Ohio State University

Dr. Sallie Baliunas, astrophysicist and climate researcher, Boston, Mass.

Douglas Hoyt, senior scientist at Raytheon (retired) and co-author of the book The Role of the Sun in Climate Change; previously with NCAR, NOAA, and the World Radiation Center, Davos, Switzerland

Dipl.-Ing. Peter Dietze, independent energy advisor and scientific climate and carbon modeller, official IPCC reviewer, Bavaria, Germany

Dr. Boris Winterhalter, senior marine researcher (retired), Geological Survey of Finland, former professor in marine geology, University of Helsinki, Finland

Dr. Wibjorn Karlen, emeritus professor, Dept. of Physical Geography and Quaternary Geology, Stockholm University, Sweden

Dr. Hugh W. Ellsaesser, physicist/meteorologist, previously with the Lawrence Livermore National Laboratory, Calif.; atmospheric consultant.

Dr. Art Robinson, founder, Oregon Institute of Science and Medicine, Cave Junction, Ore.

Dr. Arthur Rorsch, emeritus professor of molecular genetics, Leiden University, The Netherlands; past board member, Netherlands organization for applied research (TNO) in environmental, food and public health

Dr. Alister McFarquhar, Downing College, Cambridge, U.K.; international economist

Dr. Richard S. Courtney, climate and atmospheric science consultant, IPCC expert reviewer, U.K.

10 Literaturverzeichnis

[1] http://tinyurl.com/y8ghyrr

[2] Prof. Dr.-Ing H. Alt, FH Aachen

[3] http://tinyurl.com/ydxqb7f

[4] http://tinyurl.com/6ywaqk

[5] http://tinyurl.com/y9897dz

[6] http://www.cpc.ncep.noaa.gov/

[7] Bakan, S., Raschke, E.: Promet 28, Heft 3/4, 85-94, Deutscher Wetterdienst (2002)

[8] Beck, E.-G.: 180 years of accurate CO_2-gas analysis in air by chemical methods, AIG News, Vol. 86, S.6-7 (2006)

[9] http://tinyurl.com/yguotrt

[10] BGR Kurzstudie: Reserven, Ressourcen und Verfügbarkeit von Energierohstoffen (2009)

[11] Braithwaite, J.R.: Glacier Mass Balance, The first 50 years of international monitoring, Progress in Physical Geographie 26, S.76-95 (2002)

[12] Wissensmagazin des ZDF am 6.6.2007

[13] Callendar, N. et al.: On the amount of Carbon Dioxide in the atmosphere, Tellus 10, S.243-248 (1958)

[14] Callion, N. et al., Timing of atmospheric CO2 and Antarctic temperature changes across Termination III, science, 299, S.1728-1731 (2003)

[15] http://tinyurl.com/yfa5atb

[16] Chou, M.D., Lindzen, R.S.: Comments on „examination of the decadal tropical mean"

[17] http://public.web.cern.ch/public/en/Research/CLOUD-en.html

[18] Christy, J., Spencer, R.: Global Temperature Report 1978-2003, Earth System, Science Center, University of Alabama, Huntsville, 8.12.2003, http://meteo.lcd.lu/globalwarming/
Christie_and_Spencer/25years_highlite.pdf (Sept. 2007)

[19] http://tinyurl.com/yh4u2vk

[20] Demtröder, Experimentalphysik, Band1, Kap. 8.9

[21] Demtröder, Experimentalphysik, Band 4, Kap. 8.3.7

[22] Deutsche Welle, 4.6.07

[23] DIE WELTWOCHE, Ausgabe 13/2007

[24] Dietze, P.: Der Klima Flop des IPCC,
http://uploader.wuerzburg.de/mm-physik/klima/cmodel.htm
(Sept. 2007)

[25] Peter Dietze „googeln"

[26] http://www.dwd.de,
http://wetterzentrale.de,
http://data.giss.nasa.gov/gistemp/station_data/,
http://tinyurl.com/ye4jynp,
http://xmarinx.sweb.cz//KLEMENTINUM.xls

[27] economist, Juli 2007, „Grey-sky thinking"

[28] economist, 8.9.07, „Nuclear power's new age"

[29] economist, 15.9.07, „Trapping sunlight"

[30] http://de.wikipedia.org/wiki/Erneuerbare-Energien-Gesetz

[31] www.eike-klima-energie.eu

[32] Emanuel,K.: Thermodynamic control of hurricane intensity, Nature, 401, S.665-669 (1999)

[33] http://tinyurl.com/37zsms

[34] FAZ vom 5.12.2004, „Die verflixte Klimakurve"

[35] FAZ vom 9.12.2004, „Sylt wird es in einigen Jahren nicht mehr geben"

[36] FAZ vom 5.4.2007, „Ihr kennt die wahren Gründe nicht"

[37] FAZ vom 7.4.2007, „Für den guten Zweck"

[38] FAZ vom 8.4.2007, „Skandinavische Verhältnisse"

[39] FAZ vom 8.4.2007, „Wissenschaftliches Stückwerk"

[40] FAZ vom 2.5.2007, Leserbrief

[41] FAZ vom 5.5.2007,„Zuckerrohr und Peitsche"

[42] FAZ vom 1.7.2007, „Gottes Berg und Teufels Beitrag"

[43] FAZ vom 7.7.2007, „Das Ende des Dipl.-Ing."

[44] FAZ vom 31.8.2007, „Alles nur Klimahysterie"

[45] FAZ vom 2.10.2007, „Biosprit in der Klimafalle, Lachgas aus Rapsdiesel: Nobelpreisträger Crutzen klagt an"

[46] FAZ vom 7.5.2008, „Das große Frösteln"

[47] FAZ vom 21.5.2008, „Weniger Wirbelstürme nach Klimawandel?"

[48] Financial Post (Kanada), 6.4.2006, http://tinyurl.com/ygdmzq

[49] Fisher, H. et al.: ice core records of atmospheric CO_2 around the last three glacial terminations, Science, 283, S.1712-1714 (1999)

[50] http://de.wikipedia.org/wiki/Fischer-Tropsch-Synthese

[51] Fleming et. al, (1998),(2000) und Milne et al. (2005), veröffentlicht in Wikipedia, http://en.wikipedia.org/wiki/Sea_level_rise

[52] http://en.wikipedia.org/wiki/Forbush_decrease

[53] Woods Hole Oceanographic Institution „googeln"

[54] Freitags-Physikkolloquium der Universität Heidelberg, 3.12.2004

[55] Friis-Christensen, E., Lassen, K.: Length of solar cicle: An indicator of solar activity closely associated with climate, science, vol. 254, S. 698-700 (1991)

[56] Gärtner, E.L.: Öko-Nihilismus, TvR Medeinverlag (2007)

[57] http://www.arm.gov/

[58] Gerlich, G.: Klima, Energie und Katastrophen - Die Lüge vom Kohlendioxid-Treibhauseffekt; „googeln" (Juli 2007)

[59] Gerlich, G.: Zur Physik und Mathematik globaler Klimamodelle; „googeln" (Juli 2007)

[60] Gerlich, G., Tscheuschner, R.D.: Falsification of the Atmospheric CO2 Greenhouse Effects within the Frame of Physics, http://www.arxiv.org/PS_cache/arxiv/pdf/0707/0707.1161v2.pdf (Juli 2007)

[61] Geesthacht Bericht No 1, ISSN 0344-9629 (2007)

[62] Gore, A., Barth, R., Pfeiffer, Th.: Eine unbequeme Wahrheit, Bertelsmann Verlag (2007)

[63] Hanel, R. et al.: The NIMBUS 4 infrared spectroscopy experiment, Journ. Geophys. Res. 77, 2629-2641 (1972), zusätzliche grafische Bildbearbeitung von H. Thieme

[64] Hebel, Insel Verlag, Band 4, S. 427, Hinweis entnommen aus dem Leserbrief von Prof. Dr. Wolfgang Harms, Direktor für Energierecht der FU Berlin, FAZ vom 2.5.07

[65] Hebert, D.: „Die Klima - Katastrophe" , TU Bergakademie Freiberg, am schnellsten mit „googeln" (Juni 2007)

[66] Hebert, D.: Der Atmosphären-Effekt, TU Bergakademie Freiberg, http://www.physik.tu-freiberg.de/~wwwan/forschung/ hb_atmosphaereneffekt2005.pdf (Juni 2005)

[67] Hebert, D.: Kohlendioxid - Lebenselexir oder Klimakiller, TU Bergakademie Freiberg, http://www.physik.tu-freiberg.de/~wwwan/forschung/ hb_kohlendioxid.pdf (Juni 2007)

[68] Hebert, D.: Erdatmosphäre und Klima (2004), TU Bergakademie Freiberg, am schnellsten mit „googeln" (Okt. 2007)

[69] Heinzow, T., Tol, R.S.J., Brümmer, B.: Offshore Windstromerzeugung in der Nordsee - eine ökonomische und ökologische Sackgasse?, Research unit Sustainability and Global Change, Hamburg University and Centre for Marine and Atmospheric Science, Hamburg (2005); ferner Leserbrief von Heinzow in der FAZ vom 8.8.07

[70] Hildesheimer Allgemeine Zeitung vom 16.4.07

[71] Henderson-Sellers, A. et al.: Tropical cyclones and global climate change - a post-IPCC assessment, Bull. Amer. Met. Soc., 79, S.19-38 (1998)

[72] http://freenet-homepage.de/klima/hochwasser.htm

[73] http://en.wikipedia.org/wiki/Heidelberg_Appeal

[74] http://tinyurl.com/64mrun

[75] http://www.wmconnolley.org.uk/sci/wood_rw.1909.html

[76] http://en.wikipedia.org/wiki/Leipzig_Declaration

[77] http://de.wikipedia.org/wiki/Uran

[78] http://en.wikipedia.org/wiki/Oregon_Petition

[79] http://de.wikipedia.org/wiki/Milankovi%C4%87-Zyklen (Juni 2007)

[80] IER, Institut für Energiewirtschaft und Rationale Energieanwendung, TH Stuttgart, 2005/2007

[81] IPCC, www.ipcc.ch, Berichte der Jahre 2001 und 2007

[82] Has Climate Variability, or have Climate Extremes Changed, Section 2.7 in TAR-02.pdf (the scientific basis), IPCC-Bericht (2001)

[83] IPCC-Report 2007, AR4-WG1_Ch08, Kap. 8.6.2, Fig. 8.14, Seite 631

[84] http://en.wikipedia.org/wiki/Hockey_stick_controversy

[85] Jaworowski, Z.: Solar Cycles, not CO2, determine Climate, 21st Century Science & Technology, http://tinyurl.com/rangl

[86] Jaworowski, Z.: CO2: The greatest Scientific Scandal of our Time, EIRscience, march 16, 2007, http://tinyurl.com/ytjkgf

[87] Jaworowski, Z.: Ice core data show no carbon dioxide increase, 21st Century, S.42-52 (1997), http://tinyurl.com/yb3obmy

[88] Karp, R.M., Rabin, M.O.: Pattern-matching algorithms. IBM journal of research and development 31(2), S.249-260 (1987)

[89] Keenlyside, N. S., Latif, M., Jungclaus, J., Kornblueh, L., Roeckner, E.: Advancing Decadal-Scale Climate Prediction in the North Atlantic Sector, Nature, 452, S.84-88 (2008).

[90] http://tinyurl.com/ylgvjgy

[91] Kiehl, J.T, Trenberth, K.E.: Earth's Annual Global Mean Energy Budget, National Center for Atmospheric Research, Boulder, Colorado (USA), www.atmo.arizona.edu/students/ crosslinks/ spring04/atmo451b/pdf/RadiationBudget.pdf

[92] http://tinyurl.com/ylsh7wf

[93] http://de.wikipedia.org/wiki/Kernkraftwerk

[94] http://www.kernenergie.ch/de/moderne-atomkraftwerke.html

[95] http://www.kernenergie-wissen.de/nextgeneration.html

[96] S. hierzu die öffentlich geäußerte Kritik des tscheschischen Ministerpräsidenten Vaclav Klaus. Mit dem Suchbegriff *Vaclav Klaus Klima* „googeln" führt zu unzähligen einschlägigen Seiten. V. Klaus hat ein Buch zum Thema mit dem Titel „blauer Planet in grünen Fesseln" vorgelegt.

[97] http://tinyurl.com/yc446pl

[98] http://tinyurl.com/yhbxn8d

[99] http://tinyurl.com/y8kk2k2

[100] Landsea, C.W. et al.: Downward Trends in the Frequency of Intense Atlantic Hurricanes during the Past Five Decades, Geographical Research Letters, Vol. 23, No. 13, S.1697-1700 (1999)

[101] Landsea, C.N.,Pielke, R.A., Mestas-Nunez, Knaff: Atlantic Basin Hurricanes: Indices of Climatic Changes. Climatic Change, no. 42; S. 89-129 (1999)

[102] Latif, M.: Herausforderung Klimawandel, Heyne-Verlag (2007)

[103] http://tinyurl.com/yfue88d

[104] Lindzen, R.S., Chou,M.-D.,Hou,A.Y.: Does the earth have an adaptive infrared iris?, Bull. Amer. Met. Soc., 82, S. 417-432 (2001)

[105] Lindzen, R.S.: Is there a basis for global warming alarm? Yale center for the study of globalisation (21.10.2005), http://tinyurl.com/yb9rdgs

[106] Lindzen, R.S.: Understanding common climate claims, http://tinyurl.com/metf8

[107] Lindzen,R.S., Choi,Y.-S.: On the determination of climate feedbacks from ERBE data, Geophysical Research Letters, Vol. 36, L16705 (2009)

[108] Malberg, H: Der solare Einfluss auf den Klimawandel in Westeuropa seit 1672, Beiträge zur Berliner Wetterkarte, 74/09, http://www.Berliner-Wetterkarte.de , ISSN 0177-3984 SO 37/09 (2009)

[109] http://tinyurl.com/ycsggq6

[110] http://tinyurl.com/yglraf2

[111] Marsh, G.: A Global Warming Primer: National Policy Analysis,Nr. 420 (2002), http://www.nationalcenter.org/NPA420.pdf

[112] http://tinyurl.com/yca2xjt

[113] http://mensch.org/5223/RadForce_print.pdf

[114] http://tinyurl.com/ltakyk

[115] http://tinyurl.com/6oqu3m

[116] Mörner, N.-A.: claim that sea level is rising is a total fraud, EIR (economics), 22.6.2007, http://tinyurl.com/2r3uwc

[117] Mudelsee, M., The phase relations among atmospheric CO2 content, temperature, and global ice volume overthe past 4200 ka., Quaternary Science review, Vol. 20, S.538-589 (2001)

[118] nature, 28.10.2004

[119] nature, Bd. 446, S. 646 und http://tinyurl.com/y9eglcj

[120] Negendank, J.: Klima im Wandel: Die Geschichte des Klimas aus geowissenschaftlichen Archiven in der Schrift von Schluchter, W., Elkins, S. 32: Klima im Wandel - eine disziplinüberschreitende Herausforderung, BTUC-AR 10/2001, ISSN 1434-6834 (2001)

[121] National Geophysical Data Center (USA), http://tinyurl.com/yennsmq

[122] http://www.cato.org/special/climatechange/

[123] Oeschger, H. et al.: Das Klima, Springer Verlag (1980)

[124] Offshore-Windparks fehlt der Rückenwind, VDI-Nachrichten, Nr. 21, 12.10.2007

[125] Permanent Service for Mean Sea Level der Universität Liverpool (PSMSL), England, veröffentlicht in Wikipedia, http://en.wikipedia.org/wiki/Sea_level_rise (Juli 2007)

[126] Times of Oman vom 8.1.2008 (Danke für den Hinweis an Dipl.-Ing. G. Schliepdieck, Berlin)

[127] Science, Bd. 306, (2004)

[128] Paltridge,G., Arking,A., Pook,M.: Trends in middle- and upper-level tropospheric humidity from NCEP reanalysis data, Theor. Appl. Climatol. 98:351-359 (2009)

[129] G. Patzelt, zweite internat. Klimakonferenz, Berlin, 4.12.2009, http://tinyurl.com/yeqdyof

[130] Petit, J.R.: Climate and atmospheric history of the past 420.000 years from the Vostok ice core, Antartica, Nature 399, S.429-436 (1999)

[131] http://tinyurl.com/yd7lh5j

[132] http://tinyurl.com/ycbbgpt

[133] Projekt Klima in historischen Zeiten,
http://www.schulphysik.de/khz.html

[134] Raghavan, S., Rajesh, S.: Trends in Tropical Cyclone Impact, A Study in Andhra Pradesh, India. Bulletin of the American Meteorological Society, 84; 635-644 (2003)

[135] Rahmstorf, S., Schellnhuber, H.J.: Der Klimawandel, C.Beck, Wissen (2007)

[136] Revelle, R., Suess, H.: Carbon dioxide exchange between atmosphere and ocean and the question of an increase of atmospheric CO2 during past decades, Tellus 9, S.18-27 (1957), http://tinyurl.com/y9egd8c

[137] Roedel, W.: Physik unserer Umwelt - Die Atmosphäre, Springer (2000)

[138] „Die Menschlichkeit auf dem Prüfstand" , FAZ, Nr. 283, S. 35, 5.12.2009

[139] Eichner, J.F., Koscielny-Bunde, E., Bunde, A., Havlin, S., Schellnhuber, H.-J.: Power-law persistence and trends in the atmosphere: a detailed study of long temperature records, Physical Review, E68, 046133 (2003). Die Arbeit ist in www.arxiv.org im Original abgreifbar.

[140] Scherrer, K., Fichtner, H.: Klima aus dem All, Physik Journal, 6. Jrg., März 2007

[141] Schönwiese, C.: Klimaänderungen, Springer Verlag (1995)

[142] Shaviv, N.J., Veizer, J.: Celestial Driver of Phanerozoic Climate?, GSA today, S. 4-10 (Juli 2003)

[143] SPEKTRUM der Wissenschaft, „Tod aus der Tiefe" , S. 33, März 2007

[144] Der TAGESSPIEGEL ONLINE vom 12.3.07

[145] Storch, V.: Professor für Biologie an der Univ. Heidelberg, persönl. Mitteilung

[146] Svensmark, H.: Cosmoclimatology: A new theory emerges, Astronomy & Geophysics, vol. 48, no. 1, S.1-18

[147] Svensmark, H., Bondo, T., Svensmark, J.: Cosmic ray decreases affect atmospheric aerosols and clouds, Geophysical Research Letters, Vol. 36, L 15101 (2009)

[148] taz vom 18.4.07

[149] http://tinyurl.com

[150] http://tinyurl.com/y9nvlaq

[151] VDI Nachrichten, 18.5.2007, „Auf dem Weg zur Generation IV künftiger Kernreaktoren"

[152] Wagner, F. et al.: Rapid atmospheric CO2 changes associated with the 8200- years-B.P. cooling event, Proceedings of the national academy of sciences, Vol. 99, No.19, S.12011-12014 (2002)

[153] http://www.wetterzentrale.de/

[154] Wissenschaftlicher Beirat der Bundesregierung (WBGU, Bericht 1997), http://www.wbgu.de/wbgu_sn1997.pdf

[155] Wissenschaftlicher Beirat der Bundesregierung, www.wbgu.de (August 2007), s. insbesondere Hauptgutachten „Energiewende" (2003)

[156] http://www.nationalcenter.org/Climatologists1097.html

[157] http://tinyurl.com/76byxf

[158] http://tinyurl.com/yl2n7kf

[159] siehe [135]/[102]

[160] Scafetta, N. et al.: Solar turbulence in earth's global and regional temperature anomalies, Physical Review E 69, 026303 (2004)

[161] www.schmanck.de (Juli 2007)

[162] www.schulphysik.de/klima.html

[163] www.sepp.org

[164] http://tinyurl.com/y8wv2fx

[165] http://wattsupwiththat.com

[166] danke an Ulrich Wolff für diese Detailinformation

[167] http://tinyurl.com/ydy7xv4

[168] www.cfcas.org/LettertoPM19apr06e.pdf

[169] www.wissenschaft.de/wissenschaft/news/162076.html

[170] www.ipcc.ch, report 2001, the scientific basis, TAR-06.pdf, S. 358, Tab. 6.2

[171] www.ipcc.ch, report 2007, the scientific basis, AR4WG1_Ch03.pdf, Fig. 3.9, S. 250

[172] www.ipcc.ch, report 2007, summary for policymakers, WG1_SFM_17Apr07, Fig. SPM.5, S. 14

[173] www.ipcc.ch, report 2007, the scientific basis, AR4WG1_Ch03.pdf, Fig. 3.6, S. 249

[174] www.climatescienceinternational.org

[175] DIE ZEIT, Nr. 16 vom 12.4.2007, „Mit dem Regen rechnen" im Archiv der DIE ZEIT im Internet frei lesbar

[176] DIE ZEIT, Nr. 24 vom 6.6.2007, „Der Bohrer im Eis" im Archiv der DIE ZEIT im Internet frei lesbar

[177] DIE ZEIT, Nr. 15, vom 4.4.07, „Raubbau am kostbarsten Gut" im Archiv der DIE ZEIT im Internet frei lesbar

[178] siehe [49]/[14]/[117]

[179] siehe [55]/[146]

[180] siehe [31][163]/[174]/[162]

[181] siehe [58]/[59]/[24]/ [65]/[66]/[67]/[68]/[85]/[86]/[87]

[182] siehe [85]/[86]/[87]

[183] siehe [67]/[13]

[184] siehe [18]/[101]/[134]

[185] siehe [104]/[16]

Sach- und Personenregister

FORUM JUNGE POLITIKWISSENSCHAFT
Herausgegeben von Gerd Langguth und Tilman Mayer

Sebastian Glatz
Die Energiesicherheit der Bundesrepublik Deutschland
Nationale Interessen im geopolitischen Kontext
Forum Junge Politikwissenschaft, Band 26
176 Seiten kart., € 19.50
ISBN 978-3-416-03315-2

Mariko Sada
Politische Entscheidungsprozesse in Japan
Forum Junge Politikwissenschaft, Band 25
130 Seiten kart., ISBN 978-3-416-03314-5
€ 16.50

Tahmina Hadjer
Die Bundeswehr in Afghanistan
Zivil-militärische Zusammenarbeit
120 Seiten kart., € 15.90
ISBN 978-3-416-03307-7

Holger J. Schmidt
Antizionismus, Israelkritik und
Antisemitismus in der deutschen Linken nach 1945
Forum Junge Politikwissenschaft, Band 23
154 Seiten kart., € 18.90
ISBN 978-3-416-03305-3

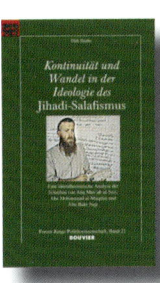

Dirk Baehr
Kontinuität und Wandel in der Ideologie des
Jihadi-Salafismus
Eine ideentheoretische Analyse der Schriften von Abu Mus'ab
al-Suri, Abu Mohammad al-Maqdisi und Abu Bakr Naji.
Forum Junge Politikwissenschaft, Band 22
220 Seiten kart., € 21.90
ISBN 978-3-416-03276-6

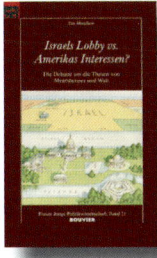

Tim Maschuw
Israels Lobby vs. Amerikas Interessen?
Die Debatte um die Thesen von Mearsheimer und Walt.
Forum Junge Politikwissenschaft, Band 21
196 Seiten kart., € 19.90
ISBN 978-3-416-03279-7

BOUVIER

Torsten Schlageter
Don't mess with ... Europe?
Die sicherheits- und verteidigungspolitischen
Ambitionen der Europäischen Union.
Forum Junge Politikwissenschaft, Band 20
549 Seiten, € 49.00
ISBN 978-3-416-03277-3

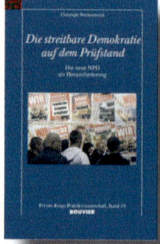

Christoph Weckenbrock
Die streitbare Demokratie auf dem
Prüfstand
Forum Junge Politikwissenschaft Band 19
215 Seiten, € 24.90
ISBN 978-3-416-03273-5

Manuel Becker
Ideologiegeleitete Diktaturen in
Deutschland
Zu den weltanschaulichen Grundlagen
im „Dritten Reich" und in der DDR
Forum Junge Politikwissenschaft Band 18
224 Seiten, € 22.90
ISBN 978-3-416-03272-8

Barbara Lier
Die Kuba-Krise 1962 im Spiegel der
deutschen Presse
Forum Junge Politikwissenschaft Band 17
243 Seiten, € 24.90
ISBN 978-3-416-03258-2

Sébastien Rippert
Die energiepolitischen Beziehungen
zwischen der Europäischen Union und
Russland 2000-2007
Forum Junge Politikwissenschaft Band 16
215 Seiten, € 22.90
ISBN 978-3-416-03253-7

Lutz Harbaum
Pariser Dilemmata im Prozess der
*Deutschen Wiedervereinigun*g
Forum Junge Politikwissenschaft, Band 15
176 Seiten, € 18.00
ISBN 978-3-416-03238-4

BOUVIER